全国革命老区县发展史丛书·广东卷

汕头市潮南区革命老区发展史

汕头市潮南区革命老区发展史编委会 编

SPM 南方出版传媒 广东人民出版社
·广州·

图书在版编目（CIP）数据

汕头市潮南区革命老区发展史 / 汕头市潮南区革命老区发展史编委会
编 —广州：广东人民出版社，2021.4
（全国革命老区县发展史丛书.广东卷）
ISBN 978-7-218-14724-6

Ⅰ.①汕… Ⅱ.①汕… Ⅲ.①区（城市）—地方史—汕头 ②潮南
区 Ⅳ.①K296.54

中国版本图书馆CIP数据核字（2020）第241905号

SHANTOU SHI CHAONAN QU GEMING LAOQU FAZHANSHI

汕头市潮南区革命老区发展史

汕头市潮南区革命老区发展史编委会 编

出 版 人：肖风华

责任编辑：谢应祥
责任校对：胡　萍
装帧设计：张力平等
责任技编：吴彦斌　周星奎

出版发行：广东人民出版社
地　　址：广州市海珠区新港西路 204 号 2 号楼（邮政编码：510300）
电　　话：（020）85716809（总编室）
传　　真：（020）85716872
网　　址：http://www.gdpph.com
印　　刷：广州市浩诚印刷有限公司
开　　本：715mm×995mm　1/16
印　　张：21　　插　页：12　　字　　数：300 千
版　　次：2021 年 4 月第 1 版
印　　次：2021 年 4 月第 1 次印刷
定　　价：88.00 元

如发现印装质量问题，影响阅读，请与出版社（020-85716849）联系调换。
售书热线：（020）85716826

微信扫描二维码 ◀◀◀
您立即获得本书主要内容/
丛书介绍。

广东省编纂《革命老区县发展史》丛书
指导小组

组　　长：陈开枝（广东省老区建设促进会会长）

副组长：林华景（广东省老区建设促进会常务副会长）

　　　　宋宗约（广东省农业农村厅二级巡视员、广东省老
　　　　　　　　区建设促进会副会长）

　　　　刘文炎（广东省老区建设促进会副会长）

　　　　郑木胜（广东省老区建设促进会副会长）

　　　　姚泽源（广东省老区建设促进会副会长兼秘书长）

　　　　谭世勋（广东省老区建设促进会副会长）

　　　　廖纪坤（广东省农业农村厅总经济师）

办公室

主　　任：姚泽源（兼）

副主任：韦　浩（广东省农业农村厅扶贫协作与老区建设处
　　　　　　　　处长）

　　　　柯绍华（广东省老区建设促进会副秘书长）

　　　　伍依丽（广东省老区建设促进会副秘书长）

汕头市编纂《革命老区县发展史》丛书
指导小组

组　长：蔡炳锐（汕头市老区建设促进会常务副会长）

成　员：刘岳金（汕头市老区建设促进会副会长）

　　　　林锦清（汕头市老区建设促进会秘书长）

《汕头市潮南区革命老区发展史》
编纂委员会

编纂委员会

顾　问：

　　　　黄俊潮（汕头市老区建设促进会会长）

　　　　张学龙（中共潮南区委书记）

　　　　吴楚斌（中共潮南区委副书记、潮南区人民政府区长）

　　　　彭建伟（中共汕头市委党史研究室主任）

　　　　肖永彤（中共潮南区委副书记）

　　　　陈邦棉（中共潮南区委常委、区委办公室主任）

　　　　郭业昭（潮南区人民政府副区长）

主　任：庄明耀（潮南区老区建设促进会会长）

副主任：吴伟东（中共潮南区委党史研究室主任）

　　　　郑廷泽（潮南区老区建设促进会常务副会长）

　　　　陈丰强（潮南区老区建设促进会副会长兼秘书长）

成　员：（由区老促会、区直各理事成员单位有关负责

　　　　人、各镇〈街道〉老促会有关负责人组成，按姓

　　　　氏笔画排序）

　　　　马家远　马楚佳　马肇义　卢志伟　古廷然

　　　　叶洪才　刘文宝　庄楚光　许壮雄　吴伟东

　　　　吴泽伟　吴钟林　吴娟吟　吴喜良　吴耀喜

　　　　张汉钦　张　宏　张周宣　张明才　杨桂阳

　　　　陈少民　陈运耿　陈松湖　陈新杰　陈增泳

　　　　周友雄　周开仁　林文君　林加钦　林存华

林启洪　林和泽　林婵雄　林镇利　欧世威
罗春强　罗辉松　罗镇盛　郑少涛　郑永延
郑克钟　郑　希　郑柏鸿　倪林辉　郭　飞
廖鹏镇　魏国文　魏焕武

编辑部

主　　编：庄明耀（潮南区老区建设促进会会长）

副主编：陈丰强（潮南区老区建设促进会副会长兼秘书长）

　　　　　郑会侠（原中共潮阳市委党史研究室副主任）

编　　辑：李坤松　陈镇文　吴钟林　郑婉纯　郑文雄

　　　　　韩裕淡

审　　稿：吴伟东（中共潮南区委党史研究室主任）

　　　　　郑艳丽（中共汕头市委党史研究室科长）

校　　对：陈镇文　吴钟林

在举国欢庆新中国成立 70 周年前夕，中国老区建设促进会王健会长请我为《全国革命老区县发展史》丛书作序，作为一名在老区战斗过并得到老区人民生死相助的老兵，回首往事，心潮澎湃，感慨万千，深感义不容辞，欣然应允。

中国革命老区，是以毛泽东为代表的中国共产党人在领导人民推翻帝国主义、封建主义和官僚资本主义三座大山，争取民族独立和人民解放伟大斗争中建立的革命根据地，在这片红色的土地上，诞生了无数可歌可泣的革命英雄儿女，为后人树起了一座不朽的丰碑，她是新中国的摇篮，是党和军队的根。

在艰苦卓绝的战争年代，老区人民把自己的命运与中华民族的命运紧紧地联系在一起，与中国共产党和人民军队的命运紧紧地联系在一起，他们生死相依，患难与共。我曾亲历过战争年代，并得到过老区红哥红嫂的救助，切身感受到发生在身边的一幕幕撼天动地的革命故事，在那极其艰难的条件下，老区人民倾其所有、破家支前，不怕艰难困苦，不怕流血牺牲。"最后一碗米送去做军粮，最后一尺布送去做军装，最后一件老棉袄盖在担架上，最后一个亲骨肉送去上战场"，这是当时伟大的老区人民为建立新中国做出巨大牺牲的真实写照，它将永远镌刻在中国共产党、中国人民解放军、中华人民共和国的历史丰碑上。他们的光辉业绩永载史册，他们的革命精神必将影响一代又一代的革命新人，造就一代又一代的民族脊梁。

在社会主义革命和建设时期，革命老区和老区人民响应党的号召，面对落后的面貌、脆弱的经济、恶劣的生态环境，他们本色不变，精神不丢，自力更生，艰苦奋斗，干一行爱一行。始终坚持"革命理想高于天"，自觉做共产主义远大理想的坚定信仰者和忠实实践者，勇于向恶劣的自然环境和贫穷落后宣战，他们在各条战线上为国建功立业，用平凡的双手创造了一个又一个不平凡的奇迹，彰显了老区人的崇高精神和人格力量。

在改革开放的伟大进程中，老区人民解放思想，勇于创新，发奋图强，攻坚克难，老区的经济社会建设取得了辉煌成就。特别是在改变中国的面貌、中华民族的面貌、中国人民的面貌、中国共产党的面貌的伟大实践中发挥了至关重要的作用。老区人民既是改革开放的参与者，也是改革开放的推动者。

艰苦练意志，危难见精神。老区人民在近百年的革命战争、社会主义建设和改革开放的伟大实践中，孕育形成了伟大的老区精神：爱党信党、坚定不移的理想信念；舍生忘死、无私奉献的博大胸怀；不屈不挠、敢于胜利的英雄气概；自强不息、艰苦奋斗的顽强斗志；求真务实、开拓创新的科学态度；鱼水情深、生死相依的光荣传统。这是党和人民宝贵的精神财富、丰厚的政治资源，是凝心聚力、振奋民族精神的重要法宝，也是社会主义核心价值观的重要内容。

中国老区建设促进会怀着强烈的政治责任感和历史使命感，组织全国各地老促会人员克服困难，尽心竭力编纂《全国革命老区县发展史》丛书，记录老区的光辉历史和辉煌成就，传承红色基因，弘扬老区精神，是功在当代，利及千秋的一件大事。手捧这部丛书的部分书稿，读着书中的故事，倍感亲切，深感这部丛书具有资政、育人、存史的社会功能，有着重要的时代和历史价值。它是不忘初心、牢记使命的源头活水，是赞颂共产党、讴歌老区人民的一部精品力作，是弘扬老区精神、传承红色记忆的丰厚载体，是一项继承优秀传统文化、弘扬革命文化、发展社会主义先进文化，坚定"四个自信"的宏大文化工程。它必将成为一种文化品牌，为各界人士了解老区宣传老区支持老区提供一部有价值的研究史料。希望读者朋友们能从中了解并牢记这些为党和民族的利益不断奉献的老区人民，从中得到教益，汲取人生奋斗的精神动力。

　　新时代赋予新使命，新起点开启新征程。让我们更加紧密地团结在以习近平同志为核心的党中央周围，坚持以习近平新时代中国特色社会主义思想为指导，增强"四个意识"，坚定"四个自信"，做到"两个维护"，弘扬老区精神，铭记苦难辉煌。为实现"两个一百年"奋斗目标，实现中华民族伟大复兴的中国梦作出新的更大的贡献！

邓清田

2019 年 4 月 11 日

　　2017 年 6 月，中国老区建设促进会组织全国各地老促会启动编纂《全国革命老区县发展史》丛书，按照"建立中国共产党、成立中华人民共和国、推进改革开放和中国特色社会主义事业"三大里程碑的历史脉络，系统书写革命老区百年历史，深入挖掘革命老区红色文化资源，这对于充实丰富中国革命史籍宝库、在新时代传承红色基因、弘扬革命精神、强固根本，对于激励人们在新的历史条件下夺取中国特色社会主义伟大胜利，实现中华民族伟大复兴的中国梦具有重要意义。

　　丛书编纂以习近平新时代中国特色社会主义思想为指导，以《中国共产党历史》《中国共产党的九十年》等重要文献为基本依据，以党的领导为核心，以老区人民为主体，以老区发展为主线，体现历史进程特征，突出时代发展特色，坚持辩证唯物主义和历史唯物主义相统一、历史真实性与内容可读性相统一的原则，书写革命老区从站起来、富起来到强起来的光辉革命史、不懈奋斗史、辉煌成就史，把老区人民的伟大贡献、伟大创造、伟大成就、伟大精神充分展示出来，形成一部具有厚重历史特征和鲜明时代特色的精品力作。这是一部培根铸魂、守正创新，既为历史立言，又为时代服务，字里行间流淌着红色血脉、催生着革命激情的传世之作。丛书的编纂出版将成为讴歌党讴歌人民讴歌时代、传播红色文化、为革命老区和老区人民树碑立传的重要载体。

　　丛书按照编年体与纪事本末体相结合、以编年体为主的编写体例确定框架结构；运用时经事纬、点面结合的方式记述史实；坚持人事结合、以事带人的原则处理人与事的关系；采取夹叙夹议、叙论结合以叙为主的方法展开内容。做到了史料与史论、历史与现实、政治与学术统一，文献性、学术性、知识性相兼容。

　　为编纂好《全国革命老区县发展史》丛书，打造红色文化品牌，中国老区建设促进会认真组织积极协调，提出政治立场鲜明、史料真实准确、思想论述深刻、历史维度厚重、时代特色突出、编写体例规范、篇目布局合理、审读把关严格、出版制作精良的编纂出版总要求，力求达到革命史籍精品的精神高度、思想深度、知识广度、语言力度，增强丛书的权威性和社会影响力。各省（区、市）、市（州、盟）、县（市、区、旗）老促会的同志，以强烈的使命感、责任感和紧迫感，勇于担当，积极作为，认真实施，组织由老促会成员、专家学者等参加的十余万人编纂队伍。编纂工作主体责任在县，省、市组织协调、有力指导、审读把关。各方面人员以高度负责的精神和科学严谨的态度，满腔热情地投入工作，为丛书编纂出版作出了重要贡献。丛书编纂工作还得到了党和国家有关部委、地方各级党委政府及有关部门的大力支持和积极参与，社会各界也给予了热情帮助。中共中央政治局原委员、中央军委原副主席、原国务委员兼国防部长迟浩田上将，对老区人民怀有深厚感情，对革命老区建设发展十分关注，欣然为《全国革命老区县发展史》丛书作总序。

　　丛书由总册和1599部分册（每个革命老区县编纂1部分册）组成，共1600册。鉴于丛书所记述的史实内容多、时间跨度长和编纂时间紧，不妥之处，敬请批评指正。

中国老区建设促进会

● 红色遗址 ●

红军石洞旧址

红军哨所旧址

英雄石洞（又称潘岱岩洞，亦称"彭湃洞"）

济美尖石洞（又称"革命石洞"，亦称"徐帅洞"）

红宫旧址（中共南山临时军事委员会旧址，又名彭杨
军校第四分校）

红场广场旧址

中共东江特委及其军委所在地旧址及中共东江特委办公旧址

中共闽粤赣边区第一次代表大会旧址

中共潮普惠县委、县苏维埃政府旧址

大南山石刻革命标语

西南红军医院旧址

红军炸炮厂旧址

红军被服厂旧址

红场革命烈士纪念碑

仙城革命烈士纪念碑

两英革命烈士纪念碑

大南山革命历史纪念馆

● 老区建设 ●

2018年中共汕头市委书记方利旭考察区纺织印染环保综合处理中心热电联供项目落实现场

2016年广东省老区建设促进会会长陈开枝（前排左四）考察潮南老区革命遗址徐帅洞和彭湃洞

城区府前玉峡南路

城区金光南路

陈店镇区一角

两英镇区一角

潮南区城区一角

● 旅游资源 ●

翠峰岩景区一角

塔山景区一角

仙湖景区一瞥

田心湾景区一瞥

● 水利建设 ●

秋风水库

大龙溪二级水库

红场水库

大龙溪水库一级水电站

金溪水库水厂

秋风水库水厂

村村通自来水工程

雷岭河整治工程

● 基础设施 ●

国道G324线潮南区过境路段

潮南区通深汕高速田心出入口陈沙大道路段

潮南区通揭惠高速雷岭出入口雷岭路段

潮南区通揭惠高速两英镇出入口路段

潮南区通揭惠高速司马浦镇出入口路段

潮南区通革命老区山区的司
神公路秋风路段

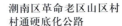

潮南区革命老区山区村
村通硬底化公路

潮南区高压输变电站

潮南区风能建设项目

● 老区荣誉 ●

潮南区被中国纺织工业联合会授予"中国内衣家居服装名城"称号

潮南区被广东省服装服饰行业协会授予"广东省服装产业转型升级重点培育产业集群"称号

潮南区峡山街道被中国纺织工业协会、中国服装协会、中国针织工业协会授予"中国家居服装名镇"称号

潮南区陈店镇被中国纺织工业协会、中国服装协会、中国针织工业协会授予"中国内衣名镇"称号。

潮南区两英镇被中国纺织工业协会、中国针织工业协会授予"中国针织名镇"称号。

● 精准扶贫 ●

"双到"扶贫使老区村旧貌换新颜。图为潮南区大南山区雷岭镇霞厝村新貌一瞥

雷岭镇鹅地村"双到"扶贫新貌一瞥

成田镇老区村家二改造小学危旧校舍后新建的教学楼

全国革命老区县教师学历提升工程北师大潮南教学点2016年春季开班仪式

潮南区推进革命烈士后裔助学工作

成田镇蓝丰村在驻村工作组帮助下发展光伏产业扶贫项目

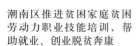

潮南区推进贫困家庭贫困劳动力职业技能培训，帮助就业、创业脱贫奔康

● 美丽乡村 ●

潮南区垃圾焚烧发电厂鸟瞰图

峡山污水处理厂沉淀池

区纺织印染环保综合处理中心建设项目一角

两英镇古厝社区生态公园一角

红场镇水美村一角

入选"全国美丽乡村示范村"的成田镇简朴村村容一瞥

庐岗镇泗和社区一角

司马浦镇华里西村一角

推进练江综合整治工程一瞥

● 公益文化事业 ●

农村老人活动中心一角

陈店镇溪南社区老人活动中心外景

南河公园一瞥

两英镇墙新文化公园一角

陇田镇仙家文体公园一角

仙城镇仙门城农民公园一角

雷岭镇鹅地村文体广场一角

西岐英歌舞场面

陇田镇华瑶社区青少年传统文化传承基地

成田镇简朴村文化室

● 支持老区 ●

支援老区基础设施建设：

仙城镇深溪社区港胞刘百川
家族捐建的金溪水库捷德桥

峡山街道桃溪社区水塘整治新貌

成田镇整治后的溪河新貌一瞥

支持老区教育事业:

潮南区峡山街道华侨陈弼臣家族捐资改建扩建的汕头市六都中学

华侨周泽荣捐资兴建的潮南区职业技术学校

乡贤陈钢民、马泽琪伉俪捐资改扩建的成田高级中学

支持老区医疗卫生事业：

港胞吴镇明投资兴建的
潮南民生医院

华侨吴宏丰捐建的庐岗镇卫生院

潮南区乡贤马少福捐建
的成田镇卫生院

● 老区党建 ●

潮南区反腐倡廉教育基地参观
学习现场

潮南区党风廉政专题教育现场

潮南区反腐倡廉教育基地学习会现场

中共潮南区委书记张学龙深入基层上微党课现场

潮南区基层党建推进会现场

潮南区贯彻习近平总书记视察广东重要讲话精神宣讲报告会现场

● 精神传承 ●

潮南区组织党员干部
缅怀革命先烈

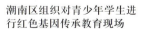

潮南区组织到大南山区红场
镇彭湃洞所在地开展爱国主
义教育主题活动现场

潮南区组织对青少年学生进
行红色基因传承教育现场

本书审稿工作会议

代表潮南区委、区政府出席本书审稿会议的副区长郭业昭（前排左四）会后与本书编委会主任、主编、区老促会会长庄明耀（前排右三）及该书主要编审人员等一起合影

微信扫描二维码
您立即开展本书的
延伸阅读。

三、潮南区被列入享受海陆丰革命老区县扶持政策
　　范围 / 218

汕头市潮南区所在的大南山革命老区是海陆丰革命根据地重要组成部分，在中国现代革命历史上有着特殊的地位和重要的贡献。1928年，中国共产党早期农民运动的主要领导人之一，海陆丰农民运动和革命根据地创始人、中共东江特委书记彭湃，以及徐向前、邓发、李富春、古大存、方方等革命家，先后在这里领导革命斗争。1928年和1930年，东江特委先后两次进驻大南山里的红场石船（石船20世纪60年代改为红场公社，现改为红场镇）。1930年11月初，中共中央委员邓发和中共广东省委组织部部长李富春在大南山大溪坝村主持召开中共闽粤赣边区第一次代表大会，成立中共闽粤赣边区特委。1930年底，中共潮普惠县委在大溪坝村召开潮普惠工农兵代表大会，正式宣布成立潮普惠县苏维埃政府，隶属闽粤赣边区政府和东江苏维埃政府领导。大南山革命根据地成为东江地区党、政、军领导机关所在地，既是潮普惠土地革命斗争的领导中心，也是东江革命根据地的指挥中心。抗日战争时期大南山人民奋起投入救亡运动。解放战争时期，潮汕人民的革命武装队伍，相继以大南山为革命根据地，开展游击战争。

中华人民共和国成立后，潮南老区人民为社会主义建设作出了重大贡献和牺牲。改革开放以来，特别是党的十八大以来，潮南老区人民在区历届党政领导下，积极推进经济和社会事业的建设，取得了可喜的成绩，尤其是乘潮南纳入海陆丰革命老区振兴发展规划的东风，振兴发展建设的新浪潮正在潮南老区兴起。

今潮南区和潮阳区辖境原合称潮阳县，1993年4月撤县设县级潮阳市，至2003年1月，撤县级潮阳市分别设立汕头市潮南区和潮阳区。故在史书编纂的过程中，为了不致割断历史，潮南建区前，仍以潮阳县（市）的名称记述，记述中则对潮南有所侧重。因此，书中的"潮阳""潮阳县""潮阳市""县"除专门注释外，均指包括今天潮阳、潮南两区在内的原潮阳县。另外，一些章节如《革命老区概况》《革命遗址、文物、纪念场馆》及《革命领导人物、烈士名录》等则只限潮南区域。另一方面，考虑潮南建区以来至今未有一部完整的史书，故本书尽可能地详记史料、史实，以为存史，以飨读者。

《汕头市潮南区革命老区发展史》的出版，是贯彻落实中国老促会《关于编纂全国1599个革命老区县发展史的安排意见》和广东省老促会关于编写《革命老区县发展史》丛书的具体安排。《汕头市潮南区革命老区发展史》的出版有助于人民群众更好地铭记党的历史，发扬党的光荣传统，不忘老区贡献，宣传老区，促进老区脱贫致富，为全面建成小康社会，奋力开启新时代老区现代化建设新征程提供精神动力，具有重大的历史和现实意义。

《汕头市潮南区革命老区发展史》记述潮南区革命老区概况，各个历史时期革命老区经济、社会等方面的发展变化。同时设置附录，分别收录"革命遗址、文物、纪念场馆""革命历史文献、资料""重大革命事件、革命人物记述文章""革命领导人物、烈士名录"和"老区革命斗争大事记"五个方面内容。以简练平实的语言，客观真实地展现潮南区革命老区完整的发展史。希望通过对革命老区发展史的全面整理、翔实记录和着力宣传，继往开来，续写辉煌，打造潮南红色名片，为促进潮南全面建成小康社会，奋力开启新时代老区现代化建设新征程贡献力量，向中国共产党成立100周年献礼！

《汕头市潮南区革命老区发展史》编委会

2020年4月

1

第一章
革命老区概况

基本情况

一、区域概况

地理位置　潮南区位于广东省东部沿海，汕头市西南部，东临南海，西接普宁市，南邻惠来县，北隔练江与潮阳区相望。因地处练江中下游南岸，故称潮南。地理坐标北纬23°3′—23°18′，东经116°16′—116°40′。境域东西最大距离28公里，南北最大距离22公里。区域面积599.86平方公里，海岸线长14.7公里，海域面积4000多平方海里。城区峡山距离汕头市区33公里。

人口　2018年末，潮南区总人口148.07万人，其中城镇人口86.89万人，乡村人口61.18万人。总人口中，男性75.46万人，占50.96%；女性72.61万人，占49.04%；2018年，全区出生人口2.12万人，出生率14.94‰，死亡率4.66‰，自然增长率10.28‰。

姓氏　根据1997年普查资料显示，全区110.06万人，共有111个姓氏。其中人口最多者为陈姓，其后依次为郑、林、张、周、李、黄、吴、刘、姚姓等，10人以下者35个姓。

民族　潮南区人口历来以汉族为主，改革开放以来，随着人口流动，区内人口民族结构发生了一些变化，从全国第三至第六次人口普查可以看出，区内少数民族人口逐渐有所增加。根据2010年第六次全国人口普查资料显示，全区11个镇（街道）

共有41个民族，共计128.82万人，其中汉族128.33万人，占总人口的99.62%；少数民族40个，4852人，超过100人的有畲族、壮族、苗族、侗族、土家族、黎族、瑶族、布依族、彝族9个民族。

语言 潮南区通行的语言是潮阳话。潮阳话是潮汕方言的一种，属闽语闽南区语系和潮汕地区的闽语方言，统称潮州话或潮汕话，与现代汉语有较大差异，它保存着大量古汉语话音、语调、词汇及语言特点。区境南部的红场、雷岭及两英、仙城、胪岗、陇田等个别地区是双语言地区，绝大部分客家人既会讲客家话，又会讲潮阳话。旅外华人华侨、港澳台胞回故乡多数乡音未改，他们的后裔也多能讲潮阳话。

地形地貌 潮南区为沿海丘陵平原地形，地势自西南向东北倾斜。地形特征为"一山一江一平原"。区境西南部南山属莲花山脉大南山支脉，自西北向东南延伸，山体庞大，峰峦叠嶂，海拔多在300—400米，主峰雷岭大山为521.2米。低山丘陵分布于红场、雷岭以及仙城、两英、胪岗、成田、陇田等地之南部山区，在此地带上，丘高坡陡，坑狭谷深，海拔350米以上的山丘连绵不断。

气候 潮南区属亚热带季风气候，夏无酷暑，冬无严寒，夏长冬短，日照充足，雨量充沛，四季常青。年平均气温21.1℃，年际变化在20.5℃—21.6℃之间，变幅1.1℃。年平均降水量1830毫米，4—9月为降水集中，降水量占全年的83%。常见的灾害性天气有春季的低温、汛期的台风暴雨、晚秋季节的寒露风及冬季的低温冷害。

水系 练江发源于普宁市大南山五峰尖西南麓杨梅坪白水礤，自西向东流经区境北侧，由龟头海至海门港注入南海。练江在潮南区境内有金溪、利陂水、两英河、洪口輋水、大寮水、龙溪、华林水7条支流。另有雷岭河,发源于雷岭大山南麓,源流常年不枯。

水库塘堰 潮南区有水库塘堰143个,其中库容1000万立方米以上的中型水库有洪口畲、龙溪一级、秋风、上金溪、龙溪二级、红场、小龙溪7座;库容100万立方米以上的小(一)型水库9座,库容在100万立方米以下的小(二)型水库56座;另有分布于7个镇的塘堰71个。水库和塘堰总集雨面积221.79平方公里,总库容2.2亿立方米,正常库容1.6亿立方米,以前可灌溉耕地22.2万亩(约1.48万公顷),现在多转为居民饮用水源地和工业用水源地。

二、建置沿革

潮南区与潮阳区原合称潮阳,为粤东古邑。置县始于东晋隆安元年(397),属义安郡。

唐永徽元年(650)潮阳并入海阳县,属潮州。先天元年(712)复置潮阳县,始创县治于临昆山(在今潮阳区铜盂镇与和平镇交界的临昆山麓)。

唐元和十四年(819),潮州刺史韩愈将潮阳县治从临昆山麓迁新兴乡范厝埔。

明嘉靖四年(1525),潮阳县析出大坭、酉头、惠来三都及隆井都三分之一,置惠来县;嘉靖四十五年(1566)潮阳县析出洋乌、戎水、黄坑三都置普宁县。

1912年属广东都督府。1925年至1932年属东江行政区。1933年潮阳县析出两英圩及河浦古厝、林招等18村,置南山移垦区(1935年改称南山管理局)。

1949年10月1日中华人民共和国成立,10月22日潮阳县全境解放。12月,属潮汕临时专员公署。1952年属粤东行政公署。

1956年至1982年属汕头地区行政专员公署。1983年汕头地区与汕头市合并，称汕头市。潮阳县属汕头市辖。1993年撤销潮阳县，设立县级潮阳市，仍属汕头市代管。

1994年潮阳市析出河浦镇划归汕头市区。

2003年1月29日，经国务院批准，撤销县级潮阳市，分设潮阳区、潮南区，属汕头市辖。以峡山、井都、沙陇、田心、成田、司马浦、陈店、两英、仙城、胪岗、红场、雷岭12个镇的行政区域为潮南区的行政区域。区人民政府驻峡山镇。2003年12月，峡山镇改为峡山街道办事处，为潮南区人民政府派出机构。潮南区于2003年3月31日衔牌揭幕。

2004年3月，沙陇镇和田心镇合并，称陇田镇。至2013年底，潮南区辖峡山、井都、陇田、成田、司马浦、陈店、两英、仙城、胪岗、红场、雷岭11个镇（街道），设村（社区）232个。其中，老区镇6个，老区村177个。

三、资源物产

土地资源　潮南区域面积599.86平方公里，其中耕地总资源26.55万亩（约1.77万公顷），常用耕地面积17.37万亩（约1.16万公顷），林地面积38.23万亩（约2.55万公顷），滩涂面积1万多亩（约666.67公顷），其余为民居、工矿企业、道路、水域等。由于人口众多，土地资源匮乏。

水资源　潮南区地处练江中下游地段，上游入境水量年均1.2亿立方米，丰水年1.6亿立方米，枯水年0.8亿立方米。全区年水资源总量5.8亿立方米，年人均拥有水资源量450立方米，仅占全国人均2200立方米的20.5%，占全省人均1700立方米的26.5%。全区用水只能依赖现有的水库塘堰，按年正常降水量1830毫米计算，年平均入库可调配水量约3亿立方米。

秋风、金溪和龙溪三大水系内的9座中、小型水库是全区最主要的供水水源区，总集雨面积173平方公里，总库容约1.7亿立方米（其中秋风水系总库容8396万立方米，金溪水系总库容2771万立方米，龙溪水系总库容5877.8万立方米），年可调蓄水量约2.6亿立方米。

矿产资源　潮南区矿产资源主要有花岗岩、石英砂、锆英石、钛铁，还有磁铁、稀土、独居石、高岭土、石灰石、云母、瓷土、石棉、锰、铅、锡等。陇田镇沿海的石英砂储量颇丰，是制造玻璃的原料。花岗岩广泛分布于区内中低丘陵及台岗地带，是优良的建筑材料。

植物资源　潮南区境内植被带有较明显的亚热带特色。分布于全区各地的林（竹）木47科125种，主要树种有马尾松、台湾相思、杉、油茶、竹、桉、木麻黄、茶等18科40多种。其中，红场镇是茶叶主产区，有白叶单丛等16个品种。农作物主要有水稻、甘薯、柑、香蕉、荔枝、青梅、脐橙等。

动物资源　畜养动物主要有猪、牛、羊、狗、猫、鸡、鸭、鹅、蜜蜂等。

名优特产　泸岗镇是著名的潮州柑主产区，有700多年的蕉柑栽培历史，是著名的"生柑之乡"；雷岭镇是著名的"荔枝之乡"，有200多年的荔枝种植历史，主栽乌叶，近些年引进种植糯米糍、妃子笑、桂味等优质品种；红场镇青梅种植历史较长，近年来引种优良品种大粒青竹梅和白刺梅，大规模引种单丛等优质茶；井都镇有数百年的萝卜栽培历史，有早种、晚种之分，早萝卜有马耳，晚萝卜有南畔州品种，将本地产萝卜腌制成菜脯，也颇负盛名；陇田镇的田心大蒜为冬种菜蔬，有近百年的历史，以干蒜头和盐渍蒜头闻名国内外。仙城镇的仙门城束沙、陈店镇的福潭糖葱薄饼、峡山街道的油麻人仔、司马浦镇的大布明糖、陇田镇的沙陇鱼丸和田心胜豆方饼等具有传统特色的特产也远近闻名。

旅游资源　潮南区现有文物古迹、景区景点49处，汕头市二类和三类旅游资源景区各两处，名胜古迹多处，还有丰富的红色旅游资源。

翠峰岩风景区。地处大南山北麓的潮南区仙城镇深溪村金竹林岭西北麓。翠峰岩始建于元至正三年（1343），传说岩上古庙圣母娘娘庙奉祀昔年于岩上修真坐化的林九姨，当地人称之为"岩娘"，自古香火旺盛。翠峰岩景区面积大，范围约5.5平方公里。景区内山岭起伏，古木参天，暑无炎夏；曲径通幽，清风徐拂，花香鸟语。1985年，翠峰岩被列为县级文物保护单位。近年景区建有相当规模的文体设施，成为游人观光、休闲、健身的好去处，被列为汕头市第二类旅游资源景区。

仙湖风景区。地处大南山北麓潮南区仙城镇仙门城粮山，景区面积约3平方公里。景区内有新石器时代晚期的文化遗址多处，也有明末郑成功抗清驻军营地旧址。景区南部的山峦名粮山，似一尊仰卧巨佛，长达1000米，高约180米，传为半天佛，故景区又名半天佛风景区。景区湖光山色，亭台楼阁，相映成趣，被列为汕头市第二类旅游资源景区。

塔山景区。塔山景区位于潮南区峡山街道。塔山亦称龟山，因龟山山顶建有石塔而俗称塔山，是汕头市第三类旅游资源景区。景区内有一古景，名曰"玉峡山辉"，为明清以来"潮阳八景"之一。据清光绪十年（1884）版《潮阳县志》记载："玉峡山辉，以周西山（编者注：即周光镐之父周孚先。周孚先自号西山居士）父子居此得名，殆亦取玉韫山辉之意乎。"古有"石韫玉而山辉，水怀珠而川媚"之谓，可为"玉峡山辉"得名之注解。景内有龟山祥符塔、凤泉等景点。

华古岩景区。华古岩位于大南山东麓的潮南区陇田镇田心西面,为县级文物保护单位。岩始建于元至顺元年(1330),由僧人释碧主持兴建。未竣工而释碧圆寂,僧人释随续建。岩依山构筑,主体结构面积1300平方米,分上下两殿,南北两厢,下殿佛堂内有如来佛雕像,佛堂四周金漆木雕古色古香。主体建筑外有观莲亭和供游人小憩的凉亭,还有喷水池等人造景观。岩前有油灯一盏,光明不熄,成为海上渔舟引航标志,民间称"古灯引向"。岩寺中至今还珍藏着宋代的开片青瓷碗、青铜香炉、达摩祖师红木雕像,及元明清时代的陶瓷用具。

红色旅游资源 位于大南山区的潮南区红场镇、雷岭镇等地,是土地革命战争时期海陆丰革命根据地的重要组成部分。1928年和1930年,东江特委两次入驻大南山。著名革命家彭湃、徐向前、李富春、邓发、古大存、方方等先后在大南山点燃革命烽火,建立革命根据地,革命活动遍布周围区域。这一区域的革命遗迹和纪念设施多达40处以上,红色旅游资源丰富。尤其是1930年,中共闽粤赣三省边区党代会在今红场镇大溪坝召开。红场旧址、红宫、石刻革命标语被定为省级重点文物保护单位,红场革命烈士纪念碑和大南山革命历史纪念馆,被定为省级中共党史教育基地和汕头市爱国主义教育基地。

侨乡优势 潮南区是广东省乃至全国重点侨乡之一,全区11个镇(街道)有9个(峡山、成田、两英、仙城、胪岗、司马浦、井都、陇田、陈店)为重点侨乡,全区232个村(社区)中,有196个村(社区)有旅居海外的华侨、华人及港澳台同胞,占乡村总数的84.5%,全区移居海外的华人华侨和港澳台胞120多万人,分布于世界五大洲几十个国家和地区,其中以旅居泰国居多,且不乏事业成功、在政商界具有相当地位和影响的人物。

革命老区村基本情况

经1957年评定和1989年补划、承认的第二次国内革命战争时期老区村以及1993年评定的解放战争游击根据地老区村，潮南区共有177个。

潮南区革命老区村基本情况一览表

所在镇（街道）	村名		老区类型	备注
红场镇	苏林		第二次国内革命战争时期	原名林者世
红场镇	苏光		第二次国内革命战争时期	原名龙颈
红场镇	沈者		第二次国内革命战争时期	原名沈者寮
红场镇	大崟		第二次国内革命战争时期	
红场镇	苏明		第二次国内革命战争时期	原名浦江坪
红场镇	佳鸡		第二次国内革命战争时期	
红场镇	金埔		第二次国内革命战争时期	
红场镇	潘岱		第二次国内革命战争时期	
红场镇	叠石		第二次国内革命战争时期	
红场镇	铁蜂胡	铁寮	第二次国内革命战争时期	原名打铁寮
红场镇		蜂仔	第二次国内革命战争时期	原名蜂仔岱
红场镇		胡吹	第二次国内革命战争时期	
红场镇	丰厝	丰厝	第二次国内革命战争时期	
红场镇		乌头厝	第二次国内革命战争时期	
红场镇	尖峰		第二次国内革命战争时期	
红场镇	高桂		第二次国内革命战争时期	原名猴柜

（续上表）

所在镇（街道）	村名		老区类型	备注
红场镇	大 陂		第二次国内革命战争时期	
红场镇	白 坟		第二次国内革命战争时期	原名虎白坟
红场镇	大溪坝		第二次国内革命战争时期	
红场镇	老 村		第二次国内革命战争时期	
红场镇	中 村		第二次国内革命战争时期	
红场镇	后 田		第二次国内革命战争时期	
红场镇	蔡 肥		第二次国内革命战争时期	
红场镇	林 招		第二次国内革命战争时期	
红场镇	五 田		第二次国内革命战争时期	
红场镇	巫 字		第二次国内革命战争时期	
红场镇	水头	水头	第二次国内革命战争时期	
红场镇		寮仔	第二次国内革命战争时期	
红场镇	蛇地岭		第二次国内革命战争时期	
红场镇	水 美		第二次国内革命战争时期	
红场镇	仙 田		第二次国内革命战争时期	原名仙斗田
红场镇	四 溪		第二次国内革命战争时期	原名第四溪
红场镇	虎 空		第二次国内革命战争时期	
雷岭镇	双 新		第二次国内革命战争时期	原名双新新村
雷岭镇	双 老		第二次国内革命战争时期	原名双新老村
雷岭镇	鹅 地		第二次国内革命战争时期	
雷岭镇	西 坑		第二次国内革命战争时期	
雷岭镇	东 新		第二次国内革命战争时期	原名东洋新村
雷岭镇	茶园	茶园	第二次国内革命战争时期	
雷岭镇		钟寮	第二次国内革命战争时期	
雷岭镇	棋 北		第二次国内革命战争时期	
雷岭镇	东老	东老	第二次国内革命战争时期	原名东老老村
雷岭镇		石夹	第二次国内革命战争时期	
雷岭镇	仕 可		第二次国内革命战争时期	原名刘仕可

（续上表）

所在镇（街道）	村名		老区类型	备注
雷岭镇	济美	济新	第二次国内革命战争时期	
雷岭镇		济老	第二次国内革命战争时期	
雷岭镇	南溪		第二次国内革命战争时期	
雷岭镇	洋坑		第二次国内革命战争时期	原名扬功坑
雷岭镇	店前		第二次国内革命战争时期	
雷岭镇	麻埔		第二次国内革命战争时期	原名麻竹埔
雷岭镇	东盘		第二次国内革命战争时期	
雷岭镇	赤坪	赤新	第二次国内革命战争时期	
雷岭镇		赤老	第二次国内革命战争时期	
雷岭镇	龟山		第二次国内革命战争时期	
雷岭镇	松林		第二次国内革命战争时期	
雷岭镇	龙坑		第二次国内革命战争时期	
雷岭镇	霞厝		第二次国内革命战争时期	
两英镇	秋风	秋风	第二次国内革命战争时期	
两英镇		玉石	第二次国内革命战争时期	
两英镇		背寮	第二次国内革命战争时期	
两英镇		西坑	第二次国内革命战争时期	
两英镇	圆山	圆山	第二次国内革命战争时期	
两英镇		深田	第二次国内革命战争时期	
两英镇		红口輋	第二次国内革命战争时期	
两英镇	新寮门		第二次国内革命战争时期	
两英镇	马脚埔		第二次国内革命战争时期	
两英镇	印石		第二次国内革命战争时期	
两英镇	成婆		第二次国内革命战争时期	
两英镇	东北		第二次国内革命战争时期	
两英镇	西新		第二次国内革命战争时期	

（续上表）

所在镇（街道）	村名		老区类型	备注
两英镇	仙心	新村	第二次国内革命战争时期	原名仙斗新村
两英镇		云坑	第二次国内革命战争时期	
两英镇		暗坑	第二次国内革命战争时期	
两英镇		叠石	第二次国内革命战争时期	
两英镇	仙斗	老村	第二次国内革命战争时期	原名仙斗老村
两英镇		古隆	第二次国内革命战争时期	
两英镇		安溪	第二次国内革命战争时期	
两英镇		龙潭	第二次国内革命战争时期	
两英镇		上家	第二次国内革命战争时期	
两英镇		蓬湖	第二次国内革命战争时期	
两英镇	高美	上坝	第二次国内革命战争时期	
两英镇		下坝	第二次国内革命战争时期	
两英镇	风华	风新	第二次国内革命战争时期	原名风吹新村
两英镇		风老	第二次国内革命战争时期	原名风吹老村
两英镇	上小坑		第二次国内革命战争时期	
两英镇	四十亩		第二次国内革命战争时期	
两英镇	柯厝围		第二次国内革命战争时期	移民村
两英镇	埔　尾		第二次国内革命战争时期	
两英镇	古　厝		第二次国内革命战争时期	
两英镇	永　丰		第二次国内革命战争时期	
两英镇	美　林		第二次国内革命战争时期	
两英镇	三石	石美	第二次国内革命战争时期	原名风吹石美
两英镇		石新	抗日战争时期	原名风吹石新
两英镇		石老	抗日战争时期	原名风吹石老
两英镇	高丰城	老村	抗日战争时期	
两英镇		蔡厝地	第二次国内革命战争时期	
两英镇		上新厝	第二次国内革命战争时期	
两英镇		下新厝	第二次国内革命战争时期	

（续上表）

所在镇（街道）	村名		老区类型	备注
两英镇	高堂	高田	第二次国内革命战争时期	移民村
两英镇		古溪	解放战争时期	
两英镇	新厝	新厝	解放战争时期	
两英镇		玉溪	解放战争时期	
两英镇	新圩		解放战争时期	
仙城镇	深溪		第二次国内革命战争时期	
仙城镇	利陂		第二次国内革命战争时期	
仙城镇	东浮山	东门	第二次国内革命战争时期	
仙城镇		西门	第二次国内革命战争时期	
仙城镇		朱厝	第二次国内革命战争时期	
仙城镇	梅径	梅林	第二次国内革命战争时期	
仙城镇		秋风	第二次国内革命战争时期	移民村
仙城镇		新径	第二次国内革命战争时期	
仙城镇		老径	第二次国内革命战争时期	
仙城镇	神仙里	北湖	第二次国内革命战争时期	
仙城镇		新乡	第二次国内革命战争时期	
仙城镇		老乡	第二次国内革命战争时期	
仙城镇	长春	长春	解放战争时期	
仙城镇		石鸟	解放战争时期	
仙城镇	榕堂		解放战争时期	
仙城镇	老五乡	李厝	解放战争时期	
仙城镇		白沙	解放战争时期	
仙城镇		五石	解放战争时期	
仙城镇		许厝	解放战争时期	
仙城镇	老五乡	北厝	解放战争时期	
仙城镇		刘厝	解放战争时期	
仙城镇		新湖	解放战争时期	
仙城镇	红墩		解放战争时期	

（续上表）

所在镇（街道）	村名		老区类型	备注
仙城镇	七 陂		解放战争时期	
陈店镇	美 南		解放战争时期	
陈店镇	陈 围		解放战争时期	
陈店镇	溪 北		解放战争时期	
成田镇	沙 陂		抗日战争时期	
成田镇	宁 湖		抗日战争时期	
成田镇	后坪	后坪	抗日战争时期	
成田镇		千山	抗日战争时期	
成田镇	三 湖		抗日战争时期	旧属蓝丰管区
成田镇	简 朴		解放战争时期	
成田镇	田中央		解放战争时期	
成田镇	家 美		解放战争时期	
峡山街道	九 斗		抗日战争时期	秋风岭移民
峡山街道	峡 山		解放战争时期	
峡山街道	陈禾陂		解放战争时期	
峡山街道	洋汾林		解放战争时期	
峡山街道	洋汾陈		解放战争时期	
峡山街道	桃 溪		解放战争时期	
峡山街道	东 山		解放战争时期	
峡山街道	大宅	大宅	解放战争时期	
峡山街道		上家	解放战争时期	
峡山街道		李围	解放战争时期	
峡山街道		李合	解放战争时期	
峡山街道	英大埔		解放战争时期	旧属三联管区
司马浦镇	港 美		抗日战争时期	移民村
司马浦镇	华西里		解放战争时期	
司马浦镇	大布上		解放战争时期	
司马浦镇	大布下		解放战争时期	

（续上表）

所在镇（街道）	村名		老区类型	备注
司马浦镇	窖洋	窖上	解放战争时期	
司马浦镇		窖下	解放战争时期	
司马浦镇		洋乌洲	解放战争时期	
司马浦镇		新住	解放战争时期	
司马浦镇	浮　洲		解放战争时期	旧属港州村
司马浦镇	溪美朱	溪东	解放战争时期	
司马浦镇		溪西	解放战争时期	
司马浦镇		林兜	解放战争时期	
陇田镇	永　安		解放战争时期	
陇田镇	华　瑶		解放战争时期	
陇田镇	南　阳		解放战争时期	
陇田镇	华　林		解放战争时期	
陇田镇	田　一		解放战争时期	
陇田镇	田　二		解放战争时期	
陇田镇	田　三		解放战争时期	
陇田镇	田　四		解放战争时期	
井都镇	神　山		解放战争时期	
泸岗镇	新　中		解放战争时期	
泸岗镇	新　联		解放战争时期	
泸岗镇	新　民		解放战争时期	
泸岗镇	后　安		抗日战争时期	
泸岗镇	五　丰		抗日战争时期	
泸岗镇	上　陇		解放战争时期	

第三节 潮南革命老区是海陆丰革命根据地重要组成部分

潮南区是2003年从原县级潮阳市析出的新设区，其辖区范围地处潮、普、惠三县交界的大南山区，地理条件特殊。过去穷乡僻壤，自然条件恶劣，贫穷的老区人民受压迫剥削的程度更为深重，反压迫求解放的愿望更为强烈，老区人民具有反抗斗争的革命精神，反封建的斗争此起彼伏。从1919年五四运动到大革命时期，包括潮南在内的原潮阳的革命先辈和一批知识青年，或积极参加和领导爱国学生运动，或在家乡组织进步社团，创办革命刊物，传播马列主义，进行反帝反封建的革命启蒙教育，为海陆丰革命根据地重要组成部分的大南山革命根据地的创建打下了思想基础。

海陆丰革命根据地是中国第一个苏维埃政权诞生地，土地革命战争时期全国十三块苏区之一。在新民主主义革命初期，海陆丰人民在彭湃的领导下，敢为人先，掀起了轰轰烈烈的海陆丰农民运动，建立了全国最早的农会和苏维埃政权，最早实行土地革命，最先树起苏维埃旗帜，为中国革命胜利和新中国成立作出了巨大的牺牲和贡献。而潮南所在的大南山革命根据地正是海陆丰革命根据地的重要组成部分。

东江特委两次入驻大南山　东江特委两次入驻大南山，大南山一度成为海陆丰革命根据地党、政、军领导机关所在地，也是东江地区土地革命战争的领导、指挥中心。第一次从1928年

3月至10月。此后，由于彭湃同志奉中共中央调令，根据革命需要，离开大南山赴上海。东江特委机关迁移往丰顺八乡山。第二次从1930年10月至1935年6月。著名的无产阶级革命家彭湃、徐向前、李富春、邓发、古大存、方方等先后在这里指挥过革命斗争，在革命根据地史上占有重要地位。大南山革命根据地同时还是中央革命根据地南方外围屏障的前哨。作为海陆丰革命根据地的重要组成部分的大南山革命根据地的老区人民在党的领导下，为保卫大南山革命根据地，百折不挠，浴血奋战，坚持反"围剿"斗争，在东江地区产生了巨大的影响，极大地促进了东江地区革命运动的深入开展，为尔后的革命斗争创造了有利条件并积累了经验，为中国革命的胜利作出了重要贡献和巨大牺牲。

因此，潮南区也是海陆丰革命根据地的重要组成部分，在上级党政的关怀下，被确认为海陆丰革命根据地13个老区县（区）之一，开启潮南革命老区发展的新篇章。

第二章
大革命、土地革命战争时期

第一节

第一节 五四运动的影响和马克思主义的传播

第一次鸦片战争以后，帝国主义加紧控制中国的主权和经济命脉，使中国逐步沦为半封建半殖民地国家。潮南和全国许多地方一样，百孔千疮，积重难返。无论仁人志士还是村野匹夫，都以一腔热血奋起抗争。辛亥革命前的潮南经济，是半殖民地半封建的自然经济。潮南的经济主体是封建土地制度下的农业经济，广大农民无地或少地，而封建官僚、地主、豪绅通过巧取豪夺却占有大量土地。帝国主义的侵略和封建统治者的腐败无能，激发了已接受近代自然科学的新式知识分子的强烈爱国热情。他们积极主张和支持走"实业救国""教育救国"的道路。潮南人民在痛苦中逐渐觉醒，在旧社会的挣扎和裂变中，新的社会力量得到孕育和成长。于是捐资兴学成风，带动近代教育事业的进步，促进了先进知识分子队伍的形成和发展，这为马克思主义在潮南的传播创造了条件。

俄国十月革命的胜利，第一次把社会主义从书本上的学说变成了现实。受十月革命的影响，1919年5月4日，北京爆发了以学生为先导的"外争主权，内除国贼"的反帝爱国运动。这是中国革命史上具有划时代意义的大事件，它标志着中国新民主主义革命的开端。

一、进步青年传播革命思想

五四运动的消息传到潮汕，当年5月6日，汕头《公言日报》特地发出《五四号外》，汕头人民，首先是青年学生，纷起响应，群情激昂。潮阳县立东山中学（今潮阳区一中）学生率先集会游行，在街头讲演，向群众进行爱国宣传。其时，多名就读于北京各大学的潮阳籍学生返回家乡，如亲身参加过北京五四运动的北大学生姚华葺、肖德宣等，他们应邀到县立东山中学向师生作五四运动经过的报告。随后，在姚华葺等的倡导下，东山中学率先成立了学生会，县城其他学校及乡村的学校也先后建立了学生会。为响应北京学生提出的"全国学生联合起来"的号召，东山中学学生会发起成立了潮阳县学生联合会（以下简称县学联），会址设于棉城培元堂（今潮阳区电影院址），会长姚绍棠（后郑之朴、郑有涯），副会长郭功荣，秘书肖国澄。在汕头粤东学联总会的领导下，县学联代电声讨北洋政府，反对卖国签字，还组织学生开展救国宣传。

同年11月5日，在县学联的组织发动下，县城学生举行反帝爱国大行动。县城率先组织罢课，并组织查禁洋货的队伍，开展抵制洋货的斗争，把历次查获的日本火柴集中在培元堂前焚毁。潮阳县各地学生和工商界也积极响应，相继举行罢课罢市活动。

五四运动加速了中国人民思想的觉醒，推动了新文化运动的进一步开展，开始了马克思主义在中国的传播。潮南华侨众多、文化较为发达，海外侨胞和在国内外求学的青年学生，通过各种渠道把外地各种宣传新文化、新思想的书报杂志传进了潮南。如《新青年》《新潮》《少年中国》等在潮南各阶层，特别是在知识分子中影响很大。东山中学等和农村部分学校，相继出现了文学团体和自行创办的刊物，以民主与科学为中心内容，宣传新文化、新思想，反对旧文化、旧思想。同时，教育救国的思想也进一步得到发扬，一些有识之士积极捐资办学，各地先后兴建的新式学校成为城乡新文化思想的传播中心，广大师生和社会青年在新文化运动中，竖起了提倡科学、反对封建迷信的旗帜。

国民革命军两次东征讨伐陈炯明 1923年，中共三大确定了联合国民党进行国民革命的统一战线政策。1924年1月，孙中山在中国共产党的帮助下，在广州召开了有共产党人参加的中国国民党第一次全国代表大会，通过了以反帝反封建为主要内容的宣言，确定了"联俄、联共、扶助农工"三大政策，广东成为国民革命中心，以国共合作为基础的国民革命运动很快发展到潮汕地区，影响到潮南。1925年2月，广东国民革命军举行第一次东征，于3月底击溃了盘踞惠州、潮汕一带的军阀陈炯明部，收复了潮汕地区。11月，东征军再次占领汕头。在国民革命运动的推动下，孙中山的三大政策深入人心，马克思主义和社会主义思想在潮南也得到了进一步的传播。

二、中共潮阳县第一个支部成立

在第一次国共合作的国民革命运动中，国民革命军两次东征的胜利，为中共组织在潮汕地区的建立创造了条件。周恩来以国民党东江党务组织主任身份主政东江。其间，潮汕地区的国民革命运动得到了很快的发展。潮阳的东山中学、师范讲习所和端本、崇礼、西园及成田的启元，贵屿的界河，谷饶的植基、有源、启新等中小学的学生组织恢复了活动，并联合成立了潮阳县新学生社。中共组织也在一些地方秘密建立。1925年3月，中共汕头特别支部和共青团汕头特别支部（党团混合）建立。8月，共青团汕头地委成立。12月，中共潮梅特别委员会成立，辖潮汕、梅县（今梅县、梅江区）两个地区党组织。

潮阳县第一个中共党支部创建于1925年12月，书记文农。1927年1月建立了中共潮阳部委员会，部委书记文农。文农原名文景献，湖北省沙市人，广州铁路专科学校学生，是中共潮阳组织的创始人。1925年国民革命军第一次东征胜利后，于是年3月，国民党省党部派文农到潮阳改组国民党县党部。文农又是中共广东区委派出的共产党员，其任务是以国民党特派员的公开身份，在改组国民党县党部的同时，秘密开展潮阳中共党组织的活动。文农以县立东山中学和县师范讲习所为重点，吸收在学生运动中成长起来的学生干部郑之朴、肖建勋、游昌华、陈展澜、罗铭等为共青团团员，成立了共青团小组。12月，这批团员转为正式党员，创立了中共潮阳县支部；1926年7月，中共广东区委派罗明（大埔县人）按广州农讲所的办学方针和教育方法在汕头主办了农工运动宣传员养成所，招收100名18岁至35岁的工农骨干分子为学员。同年冬，中共潮阳县支部在东山中学举办党员训练班，为时7天。时任中共汕头地委书记罗明专程到潮阳讲课。1927年1月，中共潮阳县支部已有党员40多名，经报中共汕头地委批准，中共潮阳部委员会于棉城大盐巷同善社乾坛楼秘密成立。新任中共汕头地委书记郭瘦真亲临讲话。部委机关秘密设于棉城文祠，后迁石狮巷。从此，潮阳人民的革命斗争，就有了中国共产党地方组织的领导。

三、工农群众运动的兴起

潮阳党组织的建立，为中国共产党在潮阳开展工农群众运动和推动国民革命创造了条件。在上级党组织的帮助和中共潮阳党组织的领导下，全县的革命群众运动蓬勃兴起。

农民运动如火如荼。1925年广东省农民协会成立。11月，省农协特派员吴涵、林国英先后到潮阳组织发展农运，同时派共产党员黄琪等9人到各区（相当于今天乡镇一级的行政区划单位）开展组织农协的工作。1926年1月，广东省农民协会在汕头成立了潮梅海陆丰办事处，主任彭湃，书记王寿征，辖潮梅、海陆丰地区17个县和汕头市郊。2月，汕头潮梅海陆丰办事处委任吴涵、文农、周元芗、马君武为潮阳农民运动特派员，根据省农会扩大会议决议和周恩来关于取缔假农会的通令，开展对农会组织的整顿和发展工作。当时，农会组织都挂有缀犁头会徽的红色会旗，还成立农民自卫军队伍，自制长矛、大刀和耙头等武器，还有少数枪支。在汕头潮梅海陆丰办事处特派员的指导帮助和中共潮阳支部的领导下，潮阳的农民运动有了迅猛发展，全县乡村相继建立了140多个农会组织，9个区都建立了农民协会。

同年秋，全县农民代表大会在县城召开，成立了全县农民协会筹备委员会，同年12月再次在县城召开代表大会，正式成立了潮阳县农民协会，会长林国英，会址设于棉城同善社坤坛。

县农会成立后，在县城陈氏祖祠设立了农民自卫军总部，常驻总部的农军由起初100多人的中队发展到300多人的大队。为加强对各区乡农会组织的领导和培训农军队伍，县农军总部举办农民军事训练班，各地农会的农军队员分期到县总部参加轮训。农民自卫军的建立，在保卫农会、维护社会治安和对地主土豪的斗争中发挥了重要的作用。

在中共潮阳组织的领导下，各地农会积极组织农民群众开展减租减息的斗争，召开群众大会批斗当地的地主和土豪劣绅。各乡村农会积极组织农民群众勇敢地同当地的反动势力作斗争，在潮普二县影响很大。省农协会潮梅海陆丰办事处主任彭湃还多次亲临潮阳县一区的农会组织检查指导和演讲，给广大农会会员以极大的鼓舞。

工人运动迅速发展。1925年11月，广东省总工会特派员方汝楫（惠来县人，中共党员）到潮阳组织成立县总工会筹备委员会。1926年1月，潮阳县总工会正式成立，主席李志锐，会址设于棉城姚氏祖祠。县城分别成立店员、轮渡、建筑、纱网、渔业、清洁工人等工会组织。潮南峡山、陈店、沙陇等地也相继成立分会。全县参加工会组织的会员达1万多人。同年秋，县总工会建立了工人纠察队，队长蔡致祥，队部设于今潮阳区的姚氏七祖祠。在中共潮阳支部的领导下，县总工会积极组织各地工会同资本家及其他反动势力作斗争。

四、潮汕地区第一支武装队伍在峡山建立

1925年2月，广东国民革命军举行第一次东征，于3月底击溃了盘踞惠州、潮汕一带的军阀陈炯明部，解放了潮汕。3月，为响应东征军，潮梅军第一路司令周潜（庐岗溪尾人）在潮阳举行起义，改称潮阳民军，配合张民达师（叶剑英为参谋长）攻克潮阳，进逼汕头。3月12日，孙中山在北京逝世。国共两党组织各界民众举行哀悼活动，广泛传播孙中山遗嘱和革命精神，形成一次全国规模的声势浩大的革命宣传活动。东山中学在潮阳各界民众的大力支持下，冲破各种阻力，率先发起潮阳各界追悼孙中山活动，大力宣传孙中山"联俄、联共、扶助农工"的三大政策，号召全县人民加入反帝、反封建、反军阀的阵营。

是年6月，国民革命军回师广州讨伐滇、桂军阀杨希闵、刘震寰叛乱，潮梅又沦入军阀洪兆麟手中。当时，潮汕党组织指派方惟精、方方（方思琼）到峡山建立潮汕地区第一支武装队伍——农民自卫军独立营。独立营以周潜部队作为掩护，营部设于峡山的关帝庙，营长方惟精，方方任共青团支部书记。参加这支队伍的有潮普地区的工人、农民近100人。

9月27日，国民革命军举行第二次东征，为配合东征军的行

动，动摇盘踞在汕头的军阀洪兆麟部队，峡山农民自卫军独立营夜袭驻关埠的洪兆麟辖下谢文炳师部的留守处。是夜，独立营包围了关埠谢文炳部驻地的义仓、奎光书院，组织了几次冲锋，都未能奏效，天亮前部队撤出。后转移到潮安庵埠，并在双溪嘴铁路桥上的铁轨插上铁楔片，以破坏敌人运兵列车。

五、彭湃在大南山的革命足迹

彭湃，被毛泽东称为中国"农民运动大王"，是海陆丰革命根据地创始人，担任过中共中央政治局委员、中央农委书记、中共东江特委书记、广东省农民协会潮梅海陆丰办事处主任。1896年10月22日，彭湃出生于广东海丰海城。他从日本留学回国后，以满腔热情，深入农民群众，传播革命思想，1922年7月至1926年7月期间，他率先在海丰成立"六人农会"，后在汕头发起组织惠潮梅农会，创办东江工农运动养成所，在广州创办农民运动讲习所。短短几年中，培训了大批农运干部，为接应两次东征和支援北伐战争作出了重大贡献。

1928年3月，海陆丰苏维埃政权遭遇国民党反动军队的夹攻，彭湃率领红军第二、四师转移到大南山区，其革命伴侣许玉磬（又名许玉庆，化名许冰）也随军参加战斗，足迹遍及大南山各地，留下了许多动人的革命故事。

五皈寺前传真理　五皈寺坐落在潮南区陇田（沙陇）中心的溪西村，创建于南宋祥兴元年（1278），重修于清咸丰七年（1857），也称"沙陇五堡庵"，寺前原有一座八柱巨亭，接连寺门，寺前平地可聚众数千。这里早在大革命和土地革命战争时期，便成为沙陇毗邻各乡（相当于今天行政村一级的行政区划单位）农民协会会址。其时，寺前高高竖起一面"犁头镰刀"的会旗，迎风飘扬，寺里大刀、长矛、尖串（一种自制武器）停放得井井有条，会员出入寺门，扬眉吐气。1928年3月底，彭湃带领一支部队从大南山区专程到达沙陇，亲临五畈寺，受到第七区（沙陇）农协会负责人郑熙杷等人的热情接待。彭湃顾不得休息，便和农友交谈。这时，寺里寺外，一片欢腾。原来这天晌午，通知开会的锣声未响，人们早已听说彭湃来演说，男女老少踊跃赶来，寺前平地被人群挤得水泄不通。

彭湃以浅显易懂的语言，向群众宣传工农掌握政权和实行土地革命的道理，指出要解除大多数人的痛苦，就要挖出穷困的根源，团结起来，实行武装暴动，实行土地革命。他在谈及工农夺取政权后的任务时，号召农民武装起来，扩大自己的军队，彻底打倒土豪劣绅、地主、贪官污吏，保护土地革命的胜利果实。他连续讲了两个多小时，听众越来越多。他的贴心话，大大地鼓舞了农协会员和群众的斗志。

1928年3月，工农革命军潮阳第三独立团响应中共潮阳县关于"全县工农起来大暴动"的号召，策应南昌起义军进军东江，痛击国民党反动军队。在袭击驻庐岗港头乡国民党教导团的战斗中，沙陇农协会和赤卫队按照彭湃的指示，在农会负责人郑熙杷和兴陇村农会骨干郑简的率领下，奋勇争先，主动参战，勇似猛虎，打得驻军狼狈逃窜，毙敌70余名，缴获武器弹药一批。

彭湃还先后深入潮南区两英古厝、雷岭鹅地、羊公坑、松林、济美等乡村，了解农运及土地革命的开展动态，为地下党员、农协会员、农民自卫军讲课，介绍海陆丰农民运动开展的经验教训，为各地革命斗争出谋献策，播下大南山革命根据地的火种，为建立捍卫大南山革命根据地作出贡献。

抬棺送葬鼓斗志 1928年3月下旬的一天，大南山区仙城深溪乡的乡民和赤卫队员沉浸在极度的悲愤之中，这时，天气格外阴沉，大南山好似在饮泣。深溪乡革委会、农会、赤卫大队，为悼念在陈店陈厝围战斗中掩护战友、把生让给别人、把死留给自己的赤卫队特务长、共产党员刘眯月，在烈士出生地的深溪乡水尾祠边举行追悼会。参加追悼会的有潮阳县工农红军代表，各乡农会代表，深溪乡革委会、农会、赤卫队、妇女、儿童团等全体成员。彭湃和许玉磬获悉，率领红军小分队，深夜策马，从普宁县赶来参加。他俩风尘仆仆，赶到现场，下马默哀追悼。彭湃号召全体革命战士，学习刘眯月的崇高革命精神和舍己救人的高贵品质，团结战斗，消灭反动派，为刘眯月和死难的烈士报仇。追悼会刚结束，彭湃立即上前紧握烈士父亲的双手，代表东江特委亲赠银元50元作抚恤金。在场的战士、群众感动得掉下了眼泪。这时，在送葬的行列中，彭湃手扶棺材，徐步前进，许玉磬也加入抬棺行列，寄托哀思，送葬队伍肃穆、整齐，一直送到大南山。其时，陈店国民党驻军和当地保安队闻讯，暴跳如雷，立即纠集军警前往"围剿"。敌军赶到深溪附近田野，见送葬队伍早已上了大南山，且送葬警戒森严，又有红军、赤卫队护后，敌军头子目瞪口呆，不得不下令撤退。

鱼水情深斗敌匪　在敌人重兵疯狂"围剿"大南山，到处施行残暴的镇压手段时，彭湃和许玉磬与大南山区人民生死与共，鱼水相依。1928年夏，群众十分关心他俩的安全，在农协会干部的再三劝说下，彭湃隐蔽于红场潘岱村附近的石洞里，昼伏夜出，领导指挥大南山革命根据地的革命斗争。该村农协会执委林娘圆为他秘密传递文件，敌人多次乔装登山侦察，群众想尽办法确保彭湃安全，使得敌人的缉捕计划连连落空。有一次，彭湃在雷岭蔗尾（济美）村布置工作，开展土地革命宣传，敌人突然"剿山"。群众闻讯，立即拿出当地农民的衣衫让彭湃更换，将他隐蔽起来，安全脱险。是年夏末，许玉磬隐蔽于蔗尾村蓝林弟家里，产下一女婴，起名彭美美，因斗争环境恶劣，营养不足，许玉磬没有奶水，一位大嫂便主动把女婴抱去喂奶。孩子将近满月，许玉磬接到东江特委的紧急任务，往汕头市联系工作，蓝林弟的母亲蓝黄氏便将她扮为自己的女儿，把大袖偏襟衫给她穿上，借来假发，在其脑后梳了个圆髻，助其赶到海边搭船，是晚投宿于尼庵。许玉磬操的是揭阳口音，在蓝黄氏等的巧妙掩护下，翌晨终于安全到海边搭船赴汕。

誓将红旗擎到底　由于红色政权根基未稳，国民党军警四面"围剿"，彭湃和许玉磬带领红军、赤卫队在大南山等地坚持武装斗争，足迹遍及大南山及周边的广大农村。1928年3月底，赤卫队攻打惠来县城时，许玉磬齐耳短发，身穿对襟棉衫，手持驳壳枪，英姿飒爽，喊着口号冲杀在前，给赤卫队以极大的鼓舞。

1928年10月，党组织调彭湃到中央工作，许玉磬随彭湃抵香港转赴上海，在国统区从事地下交通站的工作。她不顾安危，出色完成党组织交给的传递情报和文件任务。

1929年8月24日中午，许玉磬焦虑地等丈夫回来吃午餐，到下午2时仍没见人。她警觉到可能出事了，立即化装离家。果然，就在这天下午，彭湃在白鑫家中主持召开江苏省军事会议时，被叛徒白鑫出卖被捕，在监狱里，彭湃咬紧牙关忍受严刑拷打，始终没有泄露党的机密。他知道必遭敌人杀害，想方设法给许玉磬写诀别信："冰妹，从此永别，望妹努力前进。"是年8月30日午后，彭湃在龙华国民党淞沪警备司令部旷地被秘密杀害，时年33岁。

许玉磬闻此噩耗，呆视诀别信，极度悲痛，她挥泪写下了《纪念我亲爱的彭湃同志》一文，严词痛斥国民党反动派和叛徒，她写道："我彭湃同志虽然死了，但他光荣的历史，伟大的战绩，英勇的精神永远不能磨灭！""继承我彭湃同志的精神，遵从他的遗嘱……踏着他的血迹，坚决地到群众中去磨利我的刺刀。"

此时，党组织决定安排许玉磬到莫斯科学习，这是个难得的机会，可她想起刚牺牲的丈夫，想起彭湃毕生为之奋斗而未竟事业要有人来承担，于是请求党组织让她重返大南山继续从事革命斗争。1930年夏，党组织批准她的请求，让她重返大南山革命根据地。

回到大南山后，许玉磬担任东江妇女解放委员会主席。1931年春，她当选为中共东江特委委员，把对彭湃的爱埋藏在心底，夜以继日地工作着。这时，许玉磬显得更加成熟和老练。

许玉磬担任东江妇女解放委员会主席之职，琢磨着如何把广大妇女发动起来，支持儿子参军参战，保卫革命根据地，是其时当务之急。于是，她把于海陆丰苏区唱响的《妇女五更鼓歌》油印成传单，在大南山一带广为传播。

许玉磬关心爱护战士，每到宿营地，她总让战士先休息，自己忙于了解当地敌情民情，亲自站岗、查哨。许玉磬不但作战勇敢，还善于指挥。一次，敌我在潮阳与惠来交界的山头交火，相持不下，她仔细观察地形，果断地对马金水（潮阳和平人）等几位战士说："跟我来！"从侧后摸过去，一阵猛烈射击，敌人慌了手脚，溃败逃走，我军终于获胜。

1932年2月，春节前一天晚上，许玉磬带领的东江小分队转战至普宁大坎杜香寮村时，由于叛徒告密，被敌包围，她组织突围，主动殿后掩护，在激战中不幸落入敌手。敌人把她押解至汕头市突审，硬软兼施，严刑拷打，她宁死不屈。这位铮铮铁骨的红军女战士，被敌人残忍地杀害了，时年24岁。

当年跟随过彭湃、许玉磬在大南山、大北山战斗过的革命老战士李坚真曾赋诗以赞：

一

南山北山两相朝，南北二山搭天桥。
游击健儿施神勇，革命烽火遍地烧。

二

南山高高立宇寰，巉岩密洞巧周旋。
天兵击敌凭天险，更赖人民好靠山。

第二节 大南山革命根据地的创建

1927年8月，中国革命进入了土地革命战争时期，经过艰难曲折的过程，革命的中心逐步由城市转移到农村，农村根据地成为积蓄和锻炼革命力量的主要战略阵地。

一、组织武装暴动，策应南昌起义军

武装暴动，占领县衙

1927年八一南昌起义胜利后，起义军挥师南下广东。中共广东省委根据中央的决策，指示中共潮梅特委要迅速做好恢复各级党组织，举行武装暴动，以策应起义军等工作。是年8月中旬，潮阳部委委员林国英于武汉接受彭湃的指示赶回潮阳，与隐蔽在潮阳的地下党员取得联系，通过秘密串联、口头传播、散发传单等方式，宣传起义军进军潮汕的消息，号召工农群众行动起来，打倒国民党反动派。

8月31日，林国英、马英俊等同从汕头回到潮阳，与组织武装暴动的方惟精一起率领各区农民武装，同前来援助的普宁农军300多人在华阳集合，部署与组织农民武装攻打潮阳县城，兵分二路，前后夹攻，策应起义军进军潮汕。一路从县衙后的城墙上放土炮攻进去；一路从县衙正面进攻。由于县衙内的国民党官员和军警人员早已闻风逃跑，农军顺利占领了县衙。此役，击毙了敌警长等2名，缴获了一批枪支弹药和物资，并破开狱门，解救了被囚禁的革命者及进步人士100多人。后因汕头警备司令何辑伍派兵救援，农军于9月1日主动撤出县城。

潮汕七日红

1927年9月24日，南昌起义军进抵潮汕后，汕头市迅速建立了工农政权——汕头市革命委员会。革命委员会协同中共汕头市委开展接管旧政权、维持社会治安等工作。其间，国民党调集军力扑向潮汕，英、日、美、法等帝国主义，调集了近10艘军舰帮助运载国民党军队，向汕头市反扑。9月30日潮州失守，在敌强我弱的严峻形势下，起义军难以继续在汕头市坚持下去，以周恩来为书记的起义军前敌委员会和汕头市革命委员会领导当晚果断作出决定：撤离汕头，转战海陆丰，与当地农民运动相结合，开展土地革命战争。于是起义军在揭阳炮台镇会合，渡过榕江，取道潮阳县境，经过关埠、赤寮、贵屿等地，开赴海陆丰。从南昌起义军进占潮汕至一批工农革命政权的建立，这段日子，史称"潮汕七日红"。

南昌起义军转战潮汕对大南山革命的影响

起义军撤离汕头市前，林国英等根据上级的指示，及时组织隐蔽的地下党员骨干，积极做好起义军通过潮阳县境的各项工作，全力组织发动关埠的群众为起义军准备船只，物色船工挑夫，运送伤病员和辎重。

10月1日黎明，当先头部队横渡榕江上岸时，群众热情接应，有的当翻译、做向导，有的帮助战士背包袱，有的端茶送水送甜粥。身材魁梧的贺龙军长，接过群众热情送来的开水连饮数口，激动地感谢当地父老乡亲。傍晚，部分起义军在关埠宿营。福仓乡农会领导人帮助起义军指挥部安置于永思祠堂驻扎，并派农军队员陈阿蚁、农会干部陈素存等人协助司务长购买生活必需品。一些走不动的伤病员则由农会安置于港底村程厝庵隐蔽下来治疗。那一夜，宿营地长达1.5公里，村里的祠堂、埕头都睡满了起义军战士。农协会员值班保卫，军民鱼水情谊浓浓，至今成为当地革命史的闪光一笔。当晚，起义军先头部队已分别由关埠地下党员林声亮、陈茂志带路抵达贵屿华美、南安、玉窖村宿营，同样得到当地党组织和人民群众的热情接待。

1927年10月1日，起义军前敌委员会机关及贺龙、叶挺率领的南昌起义部队数千人，路经巷内、巷口、宅美、上仓、路外、井尾等村，沿途群众热情迎送，再经关埠、西胪青山古驿道，在今潮阳区谷饶镇深洋村附近的赤杜岭上宿营。

起义军艰苦转战，征途跋涉，处处保卫人民利益，军纪严明。部队经过潮阳不宿民房，不拿群众一针一线，买卖公平，给当地人民留下深刻的印象。起义军从赤寮东寮村柑园经过后，群众发现柑园有少量被剥相皮，但地面上却存放着银元和铜钱，显然是起义军战士饥渴不得已所为。而两天后，国民党陈楷枢部队也从此地经过，满园柑果几乎被摘光，柑树也被践踏损坏，两支军队截然不同的表现，在群众眼中中形成鲜明的对比。

后来，起义军1300多人在海丰的中峒和朝面山改编为工农革命军，与当地工农武装相结合，开展土地革命战争。另一部1000多人，在朱德的带领下，沿闽粤赣交界地带进入赣南，于1928年4月在井冈山与毛泽东领导的秋收起义部队会师。

在起义军进驻潮汕的日子里，"一切权力归工农市民""打倒国民党反动派""实行土地革命""耕者有其田""实行武装暴动"等口号广为传播，给潮南人民以巨大的启迪和鼓舞，为尔后建立大南山革命根据地，开展土地革命战争打下了坚实的思想基础。起义军在潮汕期间，还为潮、普、惠三县留下一批武器和军事人员。贺、叶部队给地方留下的炮兵连长邓宝珍、贺志中等，成为后来创建大南山革命根据地的骨干，他们以大南山为第二故乡，无私培养赤卫队员，在大南山革命史上立下了功勋。

南昌起义军在潮汕时间虽短，但消灭了敌人有生力量，重创了国民党反动军队，沉重打击了国民党反动派在潮汕地区的统治，对潮汕尔后的革命斗争产生了巨大的历史影响。南昌起义军既是战斗队，又是宣传队、工作队、播种机，它在大南山老区人民群众中播下了革命火种，也唤醒了潮南人民为自身的解放而奋起斗争。

二、红二、四师转战大南山

中共潮阳县委在潮南圆山乡成立

南昌起义军被迫撤离潮汕后，潮汕大地又为白色恐怖所笼罩。在"潮汕七日红"期间，已暴露身份的共产党员和工会、农会骨干，在中共潮阳部委林国英等的组织率领下，从城镇和乡村高举红旗上大南山，以大南山为依托，继续坚持革命斗争。

1927年8月7日，中共中央在汉口召开紧急会议。总结了革命失败的经验教训，纠正了以陈独秀为代表的右倾投降主义，确定了实行土地革命和武装斗争的总方针。八七会议后，新任广东省委书记张太雷于是年8月20日在香港主持召开了省委会议，传达八七会议精神，会议通过了"关于拥护中央紧急会议决议案"；研究制定了广东武装暴动计划；并提出各地暴动后，建立"工农民主政府"，实行土地革命，成立真正的"工农革命军"；还决定派遣领导干部到省内各地指导工作。此后，省委任命叶浩秀为广东省党务潮梅巡视员，到潮梅各地传达八七会议精神，布置暴动事宜。

1928年1月2日，叶浩秀亲临大南山的圆山乡（今两英镇圆山村）召开潮阳县第一次党员代表大会，有32名党员参加会议，叶浩秀作重要报告，会上遵照中央关于组织建设的指示，建立了13人的中共潮阳县委员会，林国英任县委书记。林国英、马英俊、陈开芹、黄连渊、林任为常委，陈俊英、林锡祺、黄道、郑鉴光、马伟卿、钟川、张炳奎、郑承和为委员。并指定一批同志分别到所辖9个区做好这些工作。

红二、四师转战大南山

中共潮阳县委成立后，决定将潮阳80多名农民自卫军正式建立为工农革命军潮阳第三独立团，张炳奎为团长，陈海云为副团长。下辖3个营，第一营营长由副团长陈海云兼，第二营营长黄道，第三营营长林国英。在东江特委书记彭湃的直接领导下，海陆丰人民通过武装大暴动夺取了政权，潮普惠的革命暴动也相继应时而起。2月27日，中共潮阳县委公开发表了《中共潮阳县委号召全县工农兵大暴动宣言》，号召全县工农兵团结起来，举行大暴动，建立工农兵苏维埃政权。次日，潮阳第三独立团也以广东省工农革命军第三独立团为署名印发了《为潮阳大暴动告工农兵书》。在潮阳县委的领导下，各地纷纷成立农会组织，建立农民武装，相继举行武装暴动的斗争。

3月15日至24日，在彭湃的领导下，潮、普、惠三县武装力量配合红二、四师900多人的兵力，先后两次攻占惠来县城。两次攻城的胜利，鼓舞了潮、普、惠三县人民的革命斗志，推动了农运和农民武装队伍的建设发展。至5月，农会会员2万多人，农民赤卫队员达6000余人，配备枪支390支、尖串5000多支。第二次攻打惠来县城后，红四师和潮阳第三独立团迅速返回潮南，占领胪岗港头乡和溪尾乡等地。4月2日，又兵分三路进攻成田的简朴、流汾水和虎岗山。当时驻沙陇的国民党十一军补充师第二团闻讯，即集中兵力赶来"围剿"。经过4小时的激战，在敌强我弱的情况下，红四师和独立团又主动撤离港头。翌日，红四师和独立团及农民赤卫队再度进攻港头乡，至4日，敌人退出港头，败往沙陇。红四师和独立团乘胜追击，至天黑才撤回。第二天拂晓，国民党又调集部队分数路向革命队伍"围剿"。红四师和独立团及赤卫队乘敌人后方空虚之机，又向沙陇发起猛烈攻击。敌师长颜德基见状，亲自带手枪连抵抗。战斗最激烈时，双方近身肉搏，由于敌人增援抵近，红四师和独立团才被迫撤出沙陇。4月6日，红四师和独立团，以及刘大刚等带领的农民武装共1000余人，又出其不意地进攻峡山和栌岗溪尾，由于遭到敌近3个团兵力的包围，革命队伍只得退往大南山。在数日转战中，红四师有30多人英勇献身，农民赤卫军骨干林锡祺在此番激战中壮烈牺牲。

红二、四师转战大南山，有力地打击了国民党反动派，鼓舞了大南山人民的革命斗志，为创建大南山革命根据地打下了坚实的基础。

三、中共南山临时军事委员会成立与红军武装队伍整编

南山临时军委机关驻潮南红场林招村

1929年6月1日，东江特委副书记方汝楫和特委秘书方其颐二人往省委汇报请示工作，途经潮阳县和平，在中寨大街上被国民党驻和平的警卫队拦捕，并立即被解往潮阳县城。方汝楫从狱中设法传给潮阳县委密信，提示营救他们的唯一办法是武装解决。潮阳县委立即组织营救，调动大南山基干队武装50名，协同一、二、三、四区农民武装共160多人，由海门洪洞农运领头人李求等打头阵，于6日夜间进攻县署。营救队伍进入县署时，因目标暴露，敌人居高临下扫射，营救队伍损失很大，只好撤退。7日早，方汝楫、方其颐便被杀害。

此后，中共潮阳县委鉴于大南山伏击战的经验及营救方汝

楫等人失败的教训，为改变潮、普、惠三县武装力量各自孤军作战，势单力薄的局面，于6月成立了中共南山临时军事委员会。陈海云任临时军委主席，陈锦、方光庆为临时军委常委，蔡端、吴峰为委员。由于统一了大南山革命武装力量的调度指挥，大大地增强了部队的战斗力。中共南山临时军委成立后不久，在临时军委的统一指挥下，大南山的革命武装相继两次打败了进犯之敌，打死打伤敌军近80人。

红军第四十七团在潮南红场林招村成立

1929年7月，经广东省委请示中央同意，东江地区建立了中国工农红军队伍，该部番号定为第六军第十六师。同时，潮、普、惠三县原有的工农革命军3支部队和部分县区精干的常备赤卫队合编为中国工农红军第四十七团。潮阳一带的队伍编为第二营第五连，惠来为第二营第六连，普宁为第二营第七连。

同年7月中旬的一天，三县武装力量130人集中于大南山林者世乡（现红场镇苏林村）集合，并开赴林招村参加第四十七团成立大会，正式宣告中国工农红军第六军第十六师第四十七团成立，何石任团长，陈开芹任政委。当时由于第十六师师部尚未建立，军事行动由东江特委和东江军委统一指挥。在其直接领导下，全团在对敌战斗中不断扩大力量，至1930年已发展为300多人，新增编4个连。随后，潮、普、惠三县县委又根据东江特委指示和第四十七团组建后的斗争实践，把分散的武装队伍统编为赤卫队常备大队。潮阳一带的队伍编为第一大队，大队长刘明合，惠来为第二大队，普宁为第三大队。并在大南山各乡村普遍建立和扩充赤卫队，使大南山的赤色区域不断扩大。

1930年5月，东江地区工农红军改编为红十一军，军长古大存，政委颜汉章。原红军第四十七团改编为红十一军第四十七团。红军第四十七团的组建，县、区、乡村赤卫队组织的建立，以及革命武装队伍连续的行动，都使潮阳城乡人民深受鼓舞，而国民党反动派则惶恐不安。

四、大南山三次重要战役

大南山革命根据地的党、政、军、民汇成一体，同仇敌忾，先后在三个年头，三次战役，获三次大捷，威震大南山。红军、赤卫队和苏区人民用鲜血和生命捍卫了大南山革命根据地。

赤放伏击战 英勇杀顽敌

四一二反革命政变后不久，反革命逆流席卷全国，潮汕各县的农民协会先后遭到国民党反动派军警残酷的扼杀。1928年春，潮阳县军警纠集各区民团，猖狂镇压仙城深溪农会组织及其武装队伍，是年5月间，刘大刚、刘明合根据中共潮阳地下党组织的指示，率领赤卫队和部分农会干部撤入大南山潘岱、迭石村一带。潮阳其他区乡的赤卫队和优秀农会干部也相继转移到大南山革命根据地。

1928年，中共潮阳县委发表宣言：号召全县工农兵团结起来举行大暴动，建立苏维埃政权。接着工农革命军潮阳第三独立团又发出告工农兵兄弟书，号召工农兵起来暴动，打倒国民党反动派。大南山一带在党的领导下，组织农民协会，开展抗租抗税；青年踊跃参加赤卫队，革命形势迅猛发展。潮阳各区靠近大南山边缘的地主豪绅十分害怕，纷纷逃往汕头市一带，向其反动主子叫苦请兵。潮、普、惠三县反动派如惊弓之鸟，紧急召集各县反动头子密商对策。至1929年初夏，纠集了三县的警卫队和各区民团1000余人，兵分三路"围剿"大南山革命根据地，妄想一举扑灭大南山燃烧起来的革命烈火。1929年4月7日，国民党军毛维寿部派洪世汤一个营和潮阳警卫队率领沙陇、两英等地民团共300余人，向林招、林者世进犯。由于大南山革命根据地深得民心，耳目甚多,几天前便获悉情报。大南山联防队、赤卫大队立即部署,迅速集中武装力量,在赤放高山布下伏兵,严阵以待,伺机伏击。

牛角丘至林者世必经一段山路,名叫赤放芋横坑,四面环山,山高林密,中间来往只有一条蜿蜒的小道,小道下边便是崎岖深坑,可攻可守,地势非常险要,从山上滚下一块小石头也会令人惊心动魄,是伏击敌人的好地方。大南山武装队伍根据县委和刘大刚的意图,在赤卫大队队长刘明合、区赤卫队队长李良清的部署下,摩拳擦掌,利用这一高地做好充分的战斗准备,队员们枕戈待旦。

1929年4月7日凌晨,国民党毛维寿部派洪世汤一个营和潮阳警卫队率沙陇、两英等地民团共300余人,向林招、林者世进犯。敌人于牛角丘的赤放芋横坑处进入伏击圈时,赤卫队大队长、指挥员刘明合一声令下,敌之前头部队被全歼,后面的警卫队和河浦等地民团如惊弓之鸟,逃之夭夭。当天下午,从惠来经下厝仔、大峰方面来援之敌,被赤卫队阻挡于释迦山;普宁来犯之敌,被赤卫队牵制于牛埔、汤坑一带,这两路来援之敌伤亡甚多。赤放伏击,战果辉煌,共歼敌100多人,击毙沙陇保安队一头目,缴获长短枪100多支和弹药、军用物资一批。毛维寿部队第一次“围剿”大南山革命根据地便打了败仗。

林招保卫战 威震大南山

潮南区红场镇林招村,地理位置险要,背靠排金山,对面是旗山和雷岭峰,攻守兼备,为大南山革命根据地一个重要门户。

1930年春,大南山武装斗争的烈火遍及潮普惠,震惊了三县的国民党反动派。已叛变投敌的张炳奎为献功求赏,被驻潮汕的国民党军独立第二师师长张瑞贵委任为“潮普惠剿匪司令”。

1930年4月28日,张瑞贵委派毛维寿旅戴戟的1个主力团兵力，并令张炳奎纠集潮、普、惠三县警卫队共2000多人，气势汹汹，兵分三路（家神岭、三路埔、萌石）向大南山大举进犯。从潮阳出发的一路人马，企图正面进攻大南山中心地区的林者世、大溪坝、叠石一带。当时海陆丰根据地的红军第四十九团700多人，奉东江特委之命在大南山配合斗争，驻扎于牛角丘的水头、水尾二村。接到敌人已发起进犯的情报后，红军第四十七、四十九团及赤卫队共商对策，决定阻击抗敌的作战方案。在英勇果断、富有作战经验的团长彭桂指挥下，以捷足先登之势，占据排金山后，即排兵布阵迎击来犯之敌。第四十九团第二营营长陈伯虎率领该营战士扼守于林招的排金山，作为正面御敌主力；第一营营长黄伯梅率领该营战士负责左翼；第三营营长林君杰率领该营战士负责右翼；其特务连连长赵图率领该连战士在左翼警戒。同时，第四十七团及赤卫大队也协同作战，负责于雷岭下厝仔处截击由普宁、惠来增援之敌。

凌晨4时许开始，敌人凭借其优势武器发起了数次进攻均未得逞，随即集中火炮向排金山轰击，第二营第五、六连始终固守山头，给敌人以极大的阻击。战斗坚持了2个多小时，敌人继续增兵步步进逼，战斗更加激烈，但各部战士斗志高昂，越战越勇，坚守阵地。勇敢而机警的第五连连长赖侠一马当先，占据有利地形，用机关枪不断向敌人扫射，敌军伤亡很大，士气颓丧而败退。

天亮时，敌人企图挽救失败，挑选精锐队伍数百人，重新向排金山阵地全面冲击。红军战士奋勇迎击，炮火密集，战斗更加猛烈，浓烟弥漫了整个山头。红军第四十九团第二营第六连连长黎永标、副连长朱国相继牺牲，全连战士坚定地投入战斗，予敌更大的打击。

下午3时，战斗相持不下之际，驻于雷岭下厝仔村的第四十七团300余人，在团长陈海云和政委陈开芹的指挥下，会同刘明合游击大队以及大南山各乡村赤卫队，直奔排金山对面雷岭峰下的锣鼓陂与旗山的交界处，居高临下攻击敌人，形成双面对敌夹攻的阵势。牛角丘和附近乡村的群众也为红军、游击队和赤卫队送水、送饭，军民并肩，奋勇杀敌。敌军遭我军将士迎头痛击，孤立无援，阵乱旗靡，狼狈逃窜。我军乘胜追击数里。同时，惠来和普宁的两路进犯之敌也被击退。

在这次排金山大捷中，共毙敌100多人，俘敌23人，缴获枪械200多支及子弹、物资一批。林招排金山大捷，使大南山军民声威大震。张瑞贵恼羞成怒，遂将为其献计的"潮普惠剿匪司令"张炳奎秘密枪毙。这是革命队伍中可耻叛徒的下场。红军第四十九团4位连长、排长和战士70多人英勇牺牲，他们为保卫海陆丰大南山革命根据地献出了可贵的生命，永远活在老区人民的心中。林招之战，是红军第四十七团、四十九团建团以来历经40多次作战中最成功之一役。

雷岭反"围剿" 军民齐奋战

雷岭鹅地村是惠来县进入大南山的重要门户之一，地势地理位置重要。土地革命战争时期，国民党毛维寿部"进剿"大南山革命根据地，敌人挖空心思，以所谓"围剿与驻剿"的战略战术屡屡进迫，雷岭人民陷入水深火热之中。

1931年3月，敌人用一个营的兵力，以雷岭麻竹埔村为盘剥的据点，无恶不作，残酷镇压大南山革命根据地的老百姓，群众对这支驻军恨之入骨，咬牙切齿。潮普惠苏维埃政府和驻大南山的红军，经多方刺探，准确地掌握了敌情。获悉敌军经常有1个排的兵力，每隔6天就往惠来华湖一带抢购兼施，筹集足够多的粮食、鱼肉、蔬菜，解决敌军生活给养。潮普惠县苏维埃政府主席方光庆在敌人出巢抢购给养的前一天即1931年3月6日，火速召开有关部门负责人参加的紧急战地会议，与会的有红军第四十七团第一、二连和东江特委、军委训练班及鹅地、济美、东洋、茶园等村的赤卫队、少年模范队的负责人，会上秘密部署了对敌伏击的行动计划。

经精心策划，决定兵分三路：东路由驻扎在红场叠石的东江特委训练班一个连83人，在队长张长兴（雷岭松林村人）、副队长高桃（陆丰人）与茶园、东洋村的赤卫队、少年模范队负责人带领下，沿茶园、东洋至鹧鸪山一带隐蔽埋伏；西路由红军第四十七团第一、二连负责，从济美村出发经西坑、石壁龙、郭岗龙等地埋伏，准备在鹧鸪山雨亭公路边出击歼敌；北路由鹅地、济美2个村的赤卫队、少年模范队的80多人控制马耳山，阻击驻麻竹埔村的来援之敌。

翌日下午2时许，当出巢抢购的敌军已跨过鹧鸪山之际，县苏维埃政府负责人方光庆指挥部队乘其不备，发起伏击，敌仓皇逃遁。红军第四十七团第一、二连和特委训练班、地方武装互相配合，从敌人背后迅速追击。敌忙于奔命，至鹅地村前溪畔园，又被埋伏于北路马耳山的鹅地村、济美村赤卫队堵住，狠狠截击。战斗中，首先击毙了骑在棕色马上耀武扬威的敌军连长。敌军失去指挥，像无头的苍蝇，队伍溃散，只顾逃命，因而，战斗持续不到1个小时，便获全胜。此役，共毙敌9人、俘敌1人，缴获驳壳枪1支、步枪9支、米2担、肉30多斤，酒、皮蛋、蔬菜等物资一批。这次反"围剿"的胜利，威慑了敌人，鼓舞了人民的斗志。

随着东江地区武装暴动的发展，各县农会先后转为县革命委员会。在中共潮阳县委的领导下，早在1930年6月，潮阳县革命委员会就于林招乡成立，刘大刚任主席、方方任党团书记。随后，五区、九区等区乡农会也相应改为区、乡革命委员会。县革委会成立后，很快颁布了土地纲领，开展土地革命运动。至此，大南山革命根据地基本形成。

大南山革命根据地的发展

1930年9月下旬，中共六届三中全会在上海召开，全会批评了以李立三为代表的"左"倾错误，停止了组织全国总起义和集中红军进攻中心城市的冒险行动，结束了"左"倾冒险主义在中央的统治。

一、中共闽粤赣边区第一次代表大会在红场大溪坝村召开

1930年10月下旬，为贯彻中共六届三中全会精神，中共中央委员邓发和中共广东省委组织部部长李富春来到东江特委所在地大南山红场。11月1日在大溪坝村余氏祖祠主持召开了闽粤赣边区第一次党代会，参加会议的有东江各县代表70多人（闽西、赣南的代表未能赶到），方方担任大会秘书长。会议的主要内容是传达中共六届三中全会关于纠正李立三"左"倾冒险主义错误的决议，联系东江实际，批判前段"左"倾冒险强攻城镇，造成损兵折将的错误；并确定了今后的战略方向，要在"三不管"的边界地区建立巩固的农村革命根据地，加强政权建设，深入进行土地改革，扩大武装力量，发展游击战争，扩大苏区，以实现党中央提出的把闽粤赣三省边界根据地连成一片与中央苏区相连接的战略意图。会议决定成立中共闽粤赣边区特别委员会，选举邓发为特委书记。同时决定在东江地区成立中共闽粤赣特委领导下的西南分委（辖潮阳、普宁、惠来、揭阳、海丰、陆丰、紫金7

县）和西北分委（辖兴、梅等7县），分别由颜汉章、刘琴西担任书记。还组建了潮普惠等7个边界县委和1个边界县工委。

这次会议对潮普惠及海陆丰革命根据地、闽粤赣边区的革命斗争具有重大意义，停止了"左"倾冒险行动，使大南山革命根据地及海陆丰革命根据地形成统一的整体，对大南山革命根据地的巩固和发展，红军和地方武装的壮大，土地革命的深入开展等都起到了积极的指导作用。

二、中共潮普惠县委成立

会后，根据边区特委决定，潮、普、惠三县党组织合并，成立中共潮普惠县委，书记陈醒光，组织部部长陈开芹，宣传部部长林锦梅，委员方光庆、刘大刚、高继成、林妈和、黄德田、郑易正。

为了便于组织领导，中共潮普惠县委把原来潮阳、普宁、惠来三个县的地域划分为棉城、玉峡、贵屿、普城、大坝、流沙、云落、惠城、靖海、葵潭10个区，并抓紧成立了9个区的委员会。1931年夏又增设了南山与北山特区，并建立2个特区的委员会。其时有260个党支部，党员1400多人，南山特区的党员占全县党员人数的一半。中共西南分委和潮普惠县委，在抓好党的各级组织的同时，也很重视思想建设。西南分委在机关所在地（先大溪坝村，后叠石村）开办党校，培训县、区党员骨干；潮普惠县委也在机关所在地的大陂村举办多期党员训练班，提高了党员的政治思想觉悟和政策水平。

三、潮普惠地方政权和武装建设

潮普惠工农兵代表大会召开，苏维埃政府驻大陂村

1930年11月中旬，中共潮普惠县委在大溪坝村的石狮埔召开全县工农兵代表大会，成立了潮普惠苏维埃政府，选举委员17

人，其中常委5人。由方光庆、刘大刚分别担任正、副主席。县苏维埃政府内设财政部、军务部、土地部、文化教育部等机构。随后有7个区分别召开了工农兵代表大会，成立了区的苏维埃政府。继县、区苏维埃政府成立后，全县又成立了560个乡级政府。不久，南山特区苏维埃政府成立，并由林花仔（红场人）担任主席。特区苏维埃政府下设林招、麻湖、河达、锡云各路办事处。党组织在各路办事处中建立了党支部。当时，潮普惠苏区的范围以大南山为中心，东至惠来的靖海外围，西达普宁的云落，南到惠城、隆江、葵潭的外围，北抵潮阳的古厝寮、新厝、新圩、永丰、龙船岭。

成立各种群众组织

在中共潮普惠县委的具体指导下，早在1930年1月20日，潮普惠团员代表大会召开，成立了共青团潮普惠县委，书记高继成。同时，成立了少先队和童子团。至1931年8月，每个乡村都有共青团、少先队和童子团组织，整个潮普惠拥有共青团员900多人。此外，乡村普遍成立了贫农团、妇女会。在这些群众组织的带动下，男女老少积极参加苏区的建设，青年参军参战，不少女青年也参加了红军，机智勇敢、威武不屈的英雄吕甜梨，就是当年女红军中的一个。

为了发展革命势力，中共潮普惠县委对苏区外围平原地区也很重视，先后在棉城、贵屿、普城、大坝、惠城等地建立了各种群众组织。如在棉城的运输、电力、邮电行业中分别建立了秘密工会。这些群众组织在发动群众开展抗租和抵制组建反动联团的斗争中都发挥了积极作用，配合了苏区大南山革命根据地的斗争。

地方武装建立与发展

根据中共中央军委批准，1930年5月，中国工农红军第十一军正式成立，由原红六军改编而来。红十一军军长古大存，政治委员颜汉章，副军长彭桂，政治部主任罗欣然，参谋长严凤仪（继任梁锡祜），下设两个师。第一师以第四十九团为基础组建，师长彭桂，政治委员黄强；第二师以第四十六团、四十七团、四十八团为基础组建，师长梁锡祜，政治委员李明光。这是东江革命根据地的一支正规编制的红军部队。后来又重新组建红军独立师，师长彭桂，政委黄强，下辖2个团。第一团以原第四十九团为基础，活动区域以海陆紫苏区为主，团长、政委由彭桂、黄强兼任；第二团以原第四十七团为基础，与从八乡山转移到大南山的原第四十六团合编而成，团长陈伯虎（后古宜权、卢笃茂），政委陈开芹，活动地区以潮普惠为主。

为加强武装队伍的领导，发展地方武装力量，中共潮普惠县委设立军务部，部长刘明合。军务部下设第一（潮阳）、第二（普宁）、第三（惠来）常备赤卫大队（又称游击队）和1个特务队。后又增设县常备赤卫队第四大队和政治保卫队，加上各区常备赤卫队及南山特区的4个游击队，全县地方武装共有350多人。此外，还有各乡不脱产的赤卫队员二三千人。为确保党对武装部队的领导，中共西南分委和潮普惠县委在武装队伍中实行政治工作制度，配备了政治委员，专抓党务和政治工作。

在林招开办彭杨军校

1930年东江特委为培养军事干部，开办军事政治学校，校址设于林招乡。东江特委为纪念被国民党反动派杀害的彭湃、杨殷（中央军委军事部长），决定将军校命名为彭杨军校。东江特委委员朱炎（湖北人，曾留学苏联）任校长，教官为董良史、韩汉阳、袁学盛、莫丁等。军校分学生连（部队骨干）、特别队（区乡赤卫队骨干）、少先队（儿童团骨干）、吹号班、妇女队等，共100多人。学员除了学习军事知识、文化知识外，有时还配合部队作战。军校曾转移至麻竹埔村、水头村、潘岱村。中共西南分委和潮普惠县委在发展地方红军和地方武装的同时，还先后在大南山上建立各种军需后勤服务单位，在红场虎白坟村开设军械厂，厂长马雄，厂内有车床等器械，主要任务是维修枪械；在雷岭济美下厝等地开设制炮厂，利用碎玻璃、旧铁片制造炸炮（当地人对土制炸药的称呼）；开办被服厂，厂址先设于雷岭龟山湾雷厝祠，后转移到红场虎空村罗厝祠。被服厂拥有缝衣机30多台，为红军制军服、军帽。

建立西南红军医院

院址常设于红场大溪坝老虎石洞和审者寮村（今红场审者村），因战事时有搬迁。医院主任戴雨（江西兴国人），医官王少文（曾到德国学医）、贺志忠（南昌起义部队军医）。他们在负责抢救医治伤员的同时，还培训了彭沃、古励真（古大存之侄）、余赛香等医护人员，为保持部队的战斗力作出重要贡献。此外，还建立电话通讯队，负责架设维修电话通讯，先后为根据地架设了3条长达40公里的电话通讯线路。

四、苏区土地革命

中共潮普惠县委和县苏维埃政府成立后，把土地革命作为巩固和发展大南山革命根据地的首要任务，广泛发动群众，开展了土地革命斗争。苏区的土地革命，是根据中共六大通过的《土地问题决议案》、东江特委的《关于没收分配土地问题的决议》的政策原则执行的。县委和县苏维埃政府成立土地委员会，各乡也配备了土地委员。大南山组织了雇农工会和贫农团，东江地区的雇农工会主席就是曾任广东省农会潮梅海陆丰办事处主任陈甦。其时：一是坚决贯彻雇贫农当家作主，与中农建立联盟，集中力量斗争地主、富农，没收地主的土地和富农多余土地的阶级路线和政策；二是纠正过去只分配土地，不分配山林果树的错误做法，在分配土地的基础上，实行山林果树特产全面分配的政策；三是对前未分配土地的61个乡一律实行分配土地。

潮普惠苏区土地革命的基本政策原则是：没收豪绅地主的财产土地和富农出租的土地，分配给农民；保留中农的土地；土地分配按人口计算。具体做法则以乡为单位，在原耕的基础上，实行"抽多补少""抽肥补瘦""抽近补远""以有补无"，按人口平均分配等办法。贫雇农分得好地，他们辛勤劳动，精耕细作，喜获丰收，有的还养起了猪，笑逐颜开。各乡村还留一部分土地作为公田，池塘则为公有，统一由苏维埃政府管理。

至1931年5月，在整个苏区190个乡的5万多人口中，已经实行土地分配的有130个乡3.5万人。"地主土地来没收，贫雇中农免愁忧，男女老少都有份，丰衣足食乐悠悠"的歌谣在根据地流传。

其时，大南山革命根据地进入了发展的鼎盛时期。红色苏区人民意气风发，一派欢腾。为报答党的恩情和拥护人民军队，苏区人民募集了1000套衣服和大批物资支援部队，各村还组织了担架队、洗衣队，为部队服务。青年踊跃参军，涌现了妻送夫、母送子、兄弟携手参加红军的动人场面。

五、苏区经济与文化建设

为巩固大南山革命根据地和苏维埃政权，中共潮普惠县委和苏维埃政府实行了一系列的政策和措施来推动苏区建设发展。

苏区人民努力发展生产

苏区党政机构帮助贫苦农户解决生产资金的困难；引导和组织农民建立耕牛合作社、供销合作社、开展互助合作；建立粮站；免除贫苦农民捐税；对富农和商人征收累进税；向殷实商户和华侨募捐筹款，解决军需和救济红军死难家属及孤寡贫穷；保护中、小工商业，鼓励对非苏区发展贸易，购进生产资料和生活用品，以打破国民党的经济封锁，解决苏区人民生产和生活所必需的物资。另外，在夏收和秋收时，还组织武装保护。这些措施，对支持苏区生产，解决军需民用，巩固苏区政权，都起到了积极的作用。

出版革命报刊

苏区政府在红场叠石村开设印刷厂，负责承印党政机关各种刊物。其中，特委办的有《东江红旗》《苏维埃三日刊》《政治通讯》等；潮普惠县委办的有《潮普惠红旗》；还有团东江特委与团潮普惠县委合办的《红五月》《革命画报》《西南少年先锋报》《红操场》等。

成立赤花剧社，建戏台

1930年秋，苏区政府从民间的清唱班和农村乐团中吸收了30多人组成南山白话剧队，后改称赤花剧社，人数也随之增至60多人。赤花剧社是一支精干的队伍，既是文化宣传队，又是政治工作队，也是武装战斗队。剧社由刘育民任主任。赤花剧社先后自编、自导、自演讽刺笑剧、闹剧和曲艺节目等，都富有思想政治教育意义。如《平江潮》《广州暴动》《神棍现形》《盲人娶哑妻》《二七惨案》等。白天剧社队员到基层访贫问苦，帮助老区人民抢收抢种，动员青年参军参战，晚上演出精彩节目。有一天夜晚，驻扎于两英圩的白军，仿佛听到只隔一重山、相距8华里的圆山村传来的锣鼓声，这让白军如坐针毡。原来是剧社的演员刚化完妆，敲响了锣鼓，红军在两英的山上打埋伏。白军如临大敌，紧张窜上山头。只听枪声一响，剧台上的演员立刻变成了战场上威武的战士，打得白军哭爹喊娘。赤花剧台第3次建混凝土屋顶时，白军又以为要演"赤花剧"了，出兵偷袭。红军闻讯，立即出谋划策，在剧台两边塑了两尊泥人——"蒋介石""红毛鬼"，泥人脚上都缚着地雷。黎明，敌军一到，上台为"蒋介石"解缚，触了地雷丧命。1932年3月，国民党反动派颁布"搜索、烧杀、截击、封锁"八字令，全面血洗大南山。赤花剧社演员响应东江特委"反'清乡'、保果实、保政权"的号召，离开剧场，走上战场，投入了硝烟滚滚的战斗，英勇杀敌，女同志也活跃于前线或敌后。出身海丰的女战士碧华，后来成为"八女就义"中的女英雄。

制作石刻革命标语

早在1928年3月，革命石匠翁千就受命于东江特委书记彭湃，率一家三代先后奔赴大南山，以巨石为笺錾刻革命标语。1930年底，为纪念潮普惠苏维埃政府的成立，石匠翁千在石狮埔的大石上刻下了"潮普惠工农兵第一次代表大会万岁"等4条大字标语。还在大南山主要山路边錾刻了"拥护中国共产党红军苏维埃""实行土地革命""工农兵团结起来"等革命标语，遍布潮普惠显眼山域。据文物管理部门调查，现存翁千石刻革命标语有36石、57条、467字。其中分布在潮南区红场镇山域的有25石、37条、312字；普宁区域的有7石、10条、81字；惠来山域的有4石、10条、74字。

在土地革命战争中，翁千为刻制石刻革命标语，他一家三代5人先后献出生命，标语字字含血。大南山石刻革命标语，是全国仅有、数量多、保存最完整的石刻标语群，是大南山革命根据地和潮南老区人民杰出代表翁千为中国革命贡献的印记，它给后人留下了极其珍贵的精神财富，是广东省级文物保护单位。

开辟红场

1931年，县委和苏区政府在四面环山的飞鹅山下平整了一片土地，建起了简便戏台、球场、秋千场，并由翁千在其旁边的巨石上鏨刻"巩固苏维埃政权"的大标语，还凿了16级石阶通往巨石顶部，使巨石成为天然的阅兵台。东江特委书记徐国声把这里命名为红场。从此，红场便成为苏区军民的政治文化活动中心，练兵、阅兵、集会及文体活动都在这里进行。

发展教育

苏区政府重视发展教育事业，在大陂村开办师范班，培养师资，还在苏区乡村开办了多所成人识字班和妇女夜校。其时，在一、二、三区负责共青团工作的马毅友被党组织调往大南山协助苏维埃政府开办一期小学师范班，棉城进步青年教师陈大羽跟随马毅友到苏区任教。这期师范班培训了小学教师30名。在后来反"围剿"斗争中，为掩护学生而英勇牺牲的松柏村的吕阿倪就是其中的一员。

大南山革命根据地的反"围剿"斗争

一、"左"倾路线对苏区的危害

肃反运动使根据地蒙受了严重损失

1931年1月的中共六届四中全会后，以王明为代表的"左"倾教条主义路线在党内占了统治地位。正当大南山革命根据地取得节节胜利的时候，遭到了王明"左"倾路线的干扰。在政治上，对犯李立三"左"倾冒险主义错误和所谓"调和主义"错误的同志无情打击；在组织路线上，推行唯成分论和宗派主义，排斥异己；在土地革命问题上，提出"地主不分田""富农分坏田"和"彻底平分土地"的主张，否定前已执行的土地革命的正确政策。

1931年5月18日至20日，中共广东省委派徐德主持召开中共东江特委扩大会议，传达中共六届四中全会精神和中共广东省委的指示。会议宣布取消中共西北、西南分委，恢复中共东江特委，由徐国声任书记，受省委直接领导。并决定停止潮普惠县委的工作，由东江特委直接领导所属区委。由于这一决定受到潮普惠县委的抵制，省委决定在大南山领导机关中开展肃反斗争，并于6月派省委委员兼军委负责人袁策夷到大南山担任军委主席，负责主持肃反工作，组织了政治保卫队，设置监狱，大搞刑讯逼供，造成了恐怖的气氛。

从1931年8月至1932年3月，肃反工作遍及整个大南山苏区，从东江特委、军委等党、团、政、军的负责人到区、乡、村的基层干部，都有人被捕被杀。就连红十一军军长古大存及团中央巡视员吴义也被扣留险遭杀害，红二团政委卢笃茂被禁闭。据统计，在整个肃反过程中，被杀害的党政军干部和红军战士不少于500人。其中有东江特委常委、组织部部长（原东江特委书记）颜汉章，东江特委常委、红十一军政委吴炳泰，红二团团长陈伯虎，军校教官董良史，东江特委委员黄汉强，东江特委巡视员林锦梅，共青团东江特委书记陈振生，共青团潮普惠县委书记高继成，共青团潮普惠县常委罗恒辉等。受害尤其严重的是红二团和县常备赤卫队，300多人里就被错杀了110多人。

1932年初，国民党反动军队对大南山进行"围剿"。在此前夕，东江特委为便于领导反"围剿"斗争，恢复了中共潮普惠县委的工作。3月上旬，东江特委接到中央和省委有关肃反工作的批评和指示后，开始纠正仍在继续进行中的肃反斗争的错误做法。至1932年4月18日的特委扩大会议才决定停止肃反斗争。

肃反斗争给根据地造成了严重的危害，严重削弱了各级的领导力量。由于错杀了部分久经考验的领导干部，使部分领导机关的工作处于停顿或半停顿的状态，不能正常组织领导当时的革命斗争，严重削弱了革命力量。部队中排级以上干部受审查的占50%以上，团、营、连领导干部被错杀30多人，红军战士被错杀达100多人，造成部队减员达300多人；伤害了民心，动摇了苏区的基础，为国民党反动派"围剿"革命根据地提供了可乘之机。

二、坚持艰苦的反"围剿"斗争

敌人对大南山革命根据地的疯狂"围剿"

1932年3月开始，在国民党第三军军长李扬敬的指挥下，第三军的2个师和黄任寰的独立第一师、张瑞贵的独立第二师、张权新的第四师共5个师，以及陈腾雄的独立团共1.5万人，向东江各革命根据地大规模进攻，重点为潮普惠的大南山，海陆紫、陆惠2个苏区。而当时在大南山的东江红军只有2个团，加上常备赤卫队和游击队也只有1500多人，仅是敌人兵力的十分之一，革命形势陡然逆转，面临严峻局面，海陆丰大南山革命根据地进入了艰难困苦的反"围剿"斗争阶段。

中共东江特委和军委对国民党反动军队的"围剿"是早就预料到的。于1932年1月10日就研究了反"围剿"战略方案，还制订了扩大武装力量和军事行动的具体计划，准备由红一团打通海陆紫、陆惠，消灭沿途白点，红二团负责肃清葵潭白点，使大南山苏区与陆惠苏区连成一片。

1932年3月12日，张瑞贵扬言"限期两月肃清南山共匪"，并亲自率领该师3个团及潮、普、惠三县警卫队的全部兵力，先于东南部，后于西北部对大南山苏区进行"围剿"。红军因力量悬殊，以连为单位打伏击战，敌屡遭袭击。3月25日，张瑞贵在两英圩召开潮、普、惠三县"绥靖会议"，决定对大南山苏区实行"移民"等残暴政策。在这种野蛮政策的摧残下，至4月中旬，大南山区被烧毁30多个乡村，群众被抓走500多人，被枪杀150多人，80%的群众被驱赶或逃离大南山区。在国民党军队的残酷"围剿"中，东江特委秘书长林育民牺牲，《革命画报》负责人刘世及其负责妇女工作的妻子宝兰被杀。党的组织文件全部失落，红军被服厂和粮库也遭受了损失。

是年4月15日，国民党反动军队退驻到大南山区周围，对大南山实行封锁，并继续组织进山搜索。

改组东江特委

在重兵压境的形势下，为加强反"围剿"斗争的领导，中共东江特委、潮普惠县委4月18日在大南山及时召开扩大会议，改组了中共东江特委，李茂崇（潮南区两英人）任特委书记，潮普惠县委书记周大林为特委委员。会议决定停止错误的肃反斗争，并为受处理的同志撤销处分。这次会议增强了内部团结，消除了消极因素，唤起了军民的斗志。

是年6月间，中共潮普惠县委在艰苦的反"围剿"斗争中发展了80多名新党员，增强了党组织的战斗力。7月中下旬，中共东江特委作出了关于号召青年参加红军的决议和《东江各地留潮普惠党员活动分子大会决议案》，号召全体党员为冲破国民党军队的"围剿"而斗争。8月，为牵制敌人，中共东江特委又决定成立中共潮普揭县委，领导以北山特区为中心，连同普宁的大坝、普城、麒麟、南径、南溪和潮阳的棉城、关埠、贵屿、赤寮以及揭阳的曲溪、炮台等地区斗争。中共潮普揭县委由东江特委委员张浦昭（化名张锄）任书记。县委还组建了共有150多人的第一、第三游击大队，由军务部长卢笃茂指挥。立即发动群众开展抗租、抗债和反对国民党警卫联团征收警费的斗争。新成立的游击队也主动开展游击战，有力地牵制了国民党军队对大南山革命根据地的"围剿"。

大南山苏区军民前仆后继进行更加艰苦的反"围剿"斗争

中央红军攻占漳州后，国民党慌忙从大南山调走张瑞贵的2个团。大南山周围的国民党军队只剩下张瑞贵1个团和从海陆丰调来的张达1个团，对大南山苏区的进攻转为封锁。其间，在"围剿"与反"围剿"的斗争中，革命武装力量得到相当的发展，红一团和红二团兵力分别增至300人与200人，县常备赤卫队和区武装力量也有一定的发展。而张瑞贵的"限期两月肃清南山共匪"计划便宣告破产。

1932年8月29日开始，张瑞贵为配合蒋介石发动的第四次"围剿"中央红军的行动计划，以2个团的兵力向大南山发起新的进攻。开始以营为单位天天进山搜索，随后又以1个团的兵力进山"驻剿"，实行所谓"驻剿""进剿"相结合的办法，妄图寻歼红军主力和捣毁红军党、政、军机关。

为扭转反"围剿"斗争的被动局面，中共东江特委和潮普惠县委决定集中力量下平原打游击，留3支小分队坚持在大南山地区与国民党驻军周旋和斗争。此时，红一团与红二团的联络困难，而南山军委主席袁策夷违反特委决定，把红军分散为班进行活动，战斗力由此削弱，处于被动挨打的境地。因而导致特委、县委、区委的领导及武装队伍的指挥员多人牺牲。

1933年1月10日，李茂崇主持召开中共东江特委扩大会议，从中央苏区回来的特委委员徐国声传达中央指示精神，中共潮普惠、陆惠、海陆紫等县委和大南山军委及红军负责人参加了会议。会议作出了完全接受中共指示的决议，并结合东江的实际作出了几项决定：（1）在非苏区扩大1万至2万红军，对军委主席袁策夷个人专断的错误进行了批评。（2）改组南山军委，由彭杨军校校长朱炎任军委主席，中央派来的田大章为军委常委兼政治部主任，彭桂、陈开芹、符景惠等为常委，军委委员由李良清、卢笃茂、卢秋桂、赖长枝、贝进开、钟春、古大存担任。（3）调整特委领导成员，同时，撤销袁策夷特委常委职务，增补徐国声为常委，朱炎为委员，由李茂崇任特委书记，徐国声任组织委员，黄超如任宣传委员，郑振芬任妇女委员，陈子岐负责政治保卫局，同时增调陈达、黄生、陈醒光为特委巡视员，

（4）决定变更行政和组织名称，原南山特委改为县委，中共潮普惠县委改为中共潮普惠工委，大南山各路改为区，继续开展反"围剿"斗争。

新军委组成后实行了几项措施：（1）军委随同部队一起行动，加强对红军的领导，并设置后方办事处，主理后方事宜。（2）红一团彭桂为团长，陈开芹为政委；红二团卢笃茂为团长，李良清为政委。（3）加强政治教育和整顿内部组织。（4）扩大红军，潮普惠第一、四常备赤卫大队与潮普揭第三常备赤卫大队编入红二团。（5）军校作为随营学校与红军一起行动。（6）要求中央增派有经验的干部来领导游击战争。随后，军委又把地方红军和地方武装编为东江工农红军第一、二路军。第一路军由古大存任总指挥，主要活动于丰顺兴梅一带；第二路军由卢笃茂任总指挥，主要活动于大南山周围及潮普揭一带。

其间，国民党反动派残酷"围剿"捕杀，革命力量遭受严重损失。至1933年初，全县700多名党员减为100多人，其中南山特区500多党员仅存72人；红二团300多人只幸存120人；常备赤卫队和第一、三游击大队损失了三分之二以上的力量；区乡赤卫队伍的人数大大减少。

为残酷镇压革命，国民党聘请德国军事顾问，深入大南山苏区腹地，筑炮楼，设关卡，成立反动联团，实行"坚壁清野""堡垒政策"，把群众驱逐出苏区，导致原来有5万多人口的苏区仅剩下700多人。大南山革命者的处境非常艰苦，粮食、食盐、药品等很难继续转移上山。但是，已经同革命者建立了鱼水情的群众冒着生命危险，千方百计地接济山上的革命者，利用上山砍柴割草的机会，把食物、药品藏在工具中送上山。后来反动派不准群众上山砍柴割草，甚至规定夜间农田灌水要提灯，群众则借节日到山上神庙烧香或扫墓之名，冒着被枪杀的危险，把食物等送上大南山。并利用夜间灌田为联络信号保持联系，互通情报。坚守于大南山的将士，守望崇高的信仰，住的是石洞，吃的是番薯、野菜，既要与敌人作斗争，又要防御毒蛇、蚊虫咬伤。

其时，留下的党、政、军领导和老百姓，常以彭湃和许玉磬在潘岱岩洞咬紧牙关、坚持斗争的坚韧不拔精神，激励自己，坚持革命斗争。他们在大敌"围剿"面前，在弹尽粮绝的极端艰苦的环境下，不屈不挠，血战到底。1933年6月初，中国工农红军第六军第二师第二团政委李良清按军委决定，从大南山率小部分红军撤转福建与当地红军会合，途经大埔县三河坝渡口，因不明接应的船只早已被敌控制而误上渡船，途中与敌搏斗壮烈牺牲。无数先烈为民族的解放流尽了最后一滴血，表现了共产党员的铮铮铁骨。

1933年6月19日，国民党反动派为巩固对大南山的统治，在林招设立了"南山移垦委员会"，张瑞贵兼任委员长，辖两英圩和河浦寮等18个乡村。

东江特委以变应变，开展根据地的游击斗争

1933年8月20日，中共东江特委召开全体会议，主要内容是研究扩充兵员，增强武装力量，以便坚持斗争。至10月，红军队伍又发展到300多人，经中央批准，东江特委决定把原来的武装队伍改编为东江游击总队，由中央派来的周友初任总队长，古大存任政委。

1934年初，周友初奉调回中央，古大存调任东江政治保卫局局长，游击总队又改为红二团，由卢笃茂任团长，在大南山及潮普揭一带开展游击斗争。6月12日被困于五华、揭阳交界的胡头山，血战整天，卢笃茂负伤被捕（1935年2月在广州就义），部分突围了的战士陆续回到大南山。

中央红军长征以后，广东军阀调集重兵加紧对苏区的"围剿"，在残酷的斗争环境中，东江游击队仍顽强坚持斗争。

1934年9月开始，中共东江特委与上级失去联系，一些经不起严酷斗争考验的人先后逃跑离队，中共东江特委书记李茂崇下落不明。至年底，在政治保卫局局长古大存主持下，东江特委在大南山召开了第五次党代会，会议研究了转入秘密斗争和特委领导人问题。中共东江特委书记由李崇三继任。是年冬，东江特委决定成立东江游击队总指挥部，张木葵任总指挥，下设3个中队，一中队长吕金和，二中队长卢秋桂，三中队长翟信，约100人。

1934年12月31日，国民党军队的1个连到高明圩运粮，张木葵率部于大南山碗仔村鲈鳗洞伏击，毙敌40多人，俘敌30多人，缴获机枪、长短枪、弹药、粮食一批。以后，东江游击队的3个中队又分别转移到鲤湖、阿婆和凤凰山一带打游击。

1935年4月，国民党第三军第九师邓龙光部接替张瑞贵"进剿"大南山，并将主力分驻林招、龟山湾、双溪、大�、河田等地，遍布岗哨，将大南山苏区紧紧包围住。这时，尚留驻大南山上坚持斗争的东江特委、潮普惠县工委机关及武装人员仅100多人，斗争环境十分险恶。

古大存率领17名政治保卫队武装人员冲出重围。1935年5月，在古大存主持下，中共东江特委在大南山西部的大溜山洞中，召开了最后一次会议，决定部队和所有干部分成16个游击小组，冲出重围分散打游击。是年7月11日，张木葵率领的游击队在五房山被围，在浴血奋战中，总指挥张木葵、中队长吕金等38人壮烈牺牲。在反动势力的"清剿"中，尽管损失惨重，但革命者们临危不惧，坚持斗争。

面对敌人的重重包围，古大存率领特委政治保卫队王顺等17

名武装人员，从南山转移到丰顺，后在大埔坚持艰苦卓绝的隐蔽斗争，秘密开展群众工作，在2年的艰苦岁月里，建立了13个党支部，保存了革命队伍，使大南山革命根据地的红旗不倒。

国民党反动派在林招村成立南山管理局

1935年10月1日，国民党反动派在大南山林招村成立了南山管理局。至此，坚持斗争长达8年的大南山革命根据地丧失，革命转入低潮。

这时，革命者被迫转入隐蔽斗争，苏区人民守望信仰，坚信苏区党政领导和红军一定会回来，不少党员骨干、烈士家属和革命群众冒着生命危险，千方百计保存了党的文件和烈士的遗物，让苏区革命精神传下来。潘岱村农协会员廖原等参加善堂组织，团结周围群众，通过公开形式和巧妙之策，保护了红场的石刻标语和革命遗迹。

龟山湾革命烈士蓝添顺的母亲和尚姆，珍藏着潮普惠苏维埃政府签发的烈士抚恤证，她用儿子的事迹来激励周围的群众。她还把珍藏的许玉磬当年在大南山、小北山传播的《妇女五更鼓歌》的传单，用红布包裹起来，于中华人民共和国成立后献给潮阳县文物调查组。这些动人事例，反映了苏区人民对党的无限忠诚，对革命的坚定信念。

大南山革命苏区，由于植根于彭湃领导的海陆丰革命根据地农民运动的深厚土壤，又受到周恩来参与领导的两次东征、主政东江和八一南昌起义军进军潮汕东风的熏陶，加之在这个时期能把建立革命根据地、坚持武装斗争与开展土地革命三者紧密结合起来，紧紧依靠群众，所以有很强的生命力。大南山苏区和潮南人民在党的领导下，守望信仰，坚持隐蔽斗争，等待时机。

第三章

抗日战争时期

党的建设与抗日救亡运动

一、抗日救亡运动的兴起

1931年9月18日深夜，日军关东军悍然发动九一八事变，4个多月后，侵占中国东北，不久扶殖起伪满洲国。而蒋介石政府在日本的大举侵略面前却一再退让。中国共产党从九一八事变起就坚决主张抗日，1931年9月20日，中共中央发表了《中国共产党为日本帝国主义强暴占领东三省事件宣言》。11月27日，刚宣告成立的中华苏维埃共和国临时中央政府又发表对外宣言，号召全国人民动员起来，武装反抗日本的侵略和国民党的反动统治。全国抗日的怒涛空前高涨，各地纷纷成立抗日组织，开展抗日救亡运动。

潮汕大地，抗日烽火迅速点燃。汕头的学生抗日救国联合会组织中小学的抗日罢课和示威游行，并到国民党市党部请愿，要求惩办贩卖日货奸商，还捣毁了国民党市党部。潮阳东山中学率先成立了学生抗日救国会，组织抗日罢课和游行示威，学生轮流到车站、码头查禁日货，还开展抗日救国文艺宣传，募捐筹款支援东北抗日联军。在东山中学的带动影响下，全县城乡各地都相继成立了抗日联合会，开展抗日宣传和查禁日货运动。六区（今潮阳贵屿镇一带）南阳乡高级小学校长、地下党员郭基声，联合分校、村校的郭启木、郭绍正、郭振强等，成立了学校师生宣传队，在南阳、贵屿一带掀起了抗日救国、抵制查禁日货的行动。东江特委在大南山召开扩大会议，对时局作出分析判断。

1932年4月18日，仍在大南山坚持反"围剿"斗争的中共东江特委召开扩大会议，作出了《关于目前政治任务及一般工作决议案》，提出加强领导青年学生参加抗日运动。潮普揭县工委派张声久到潮阳六区横窖小学任教，负责联系贵屿、南阳一带的地下党员开展抗日救亡斗争。这一带形成了一个宣传抗日救国的练江文化社文化组织，油印出版宣传抗日救国的小报。该社还以文化社成员为核心，建立了一个半公开的有30多人参加的青年读书会，定期组织专题报告，谈形势、讲国事，宣传抗日，揭露国民党统治者"攘外必先安内"的阴谋。还举办农民和妇女识字班。直至1935年7月遭国民党镇压才停止活动，郭启木、郭秀和被捕牺牲，其他人逃亡异地。

继东北三省沦陷后，日本帝国主义又加紧了对华北、华东的入侵。

各地进步青年积极投身抗日救亡的斗争。

一二·九运动传到潮阳，潮阳各地的中小学生在县立一中学生抗日救国会的组织带动下，连续罢课3天，强烈抗议日本帝国主义的侵略。在一中校长姚华萼的支持下，一中学生救国会会长王维礼与该校进步老师一道，组织学生队伍冲出校门，走上大街，举行有声有势的抗日救国示威游行，高唱《义勇军进行曲》《大刀进行曲》《大路歌》等抗日歌曲，呼吁"国家兴亡，匹夫有责"，号召人们团结起来，一致抗日。潮阳简易师范学校在进步教师的组织带动下，组成了一支有学生骨干张希非、李琅、郑希、郑英等20多人的宣传队，编演《前夜》《木头人》等抗日救亡的戏剧和歌曲，在潮阳县城和潮南的沙陇、成田等农村开展募捐宣传，并把募捐到的钱物速寄东北的抗日部队。南山中学的进步师生和社会进步青年置国民党军队的威胁于不顾，举行抗日示威游行。他们高呼"停止内战，一致抗日！"的口号，震撼着在国民党军队残酷镇压下的大南山大地。峡山、陈店、成田等地的进步师生和社会青年也纷纷行动起来，积极投身抗日救亡斗争。尔后，各地再度掀起了抵制日货高潮，有力地声援一二·九抗日救亡运动。

1935年底，中央红军长征到达陕北后，于12月17日至25日在瓦窑堡召开了中央政治局扩大会议，通过《中共中央关于目前政治形势与党的任务决议》，纠正了长征前一段时期内"左"倾冒险主义和关门主义的错误思想，不失时机地确定建立抗日民族统一战线的政策。

大南山革命根据地遭受国民党反动派的大肆"围剿"，潮阳的革命斗争处于低潮。但是，隐蔽中的共产党员、共青团员在失去组织联系的情况下，仍自觉地同青年学生的抗日运动相结合，组织群众开展抗日救亡斗争。为促进一二·九运动后日益高涨的抗日救亡浪潮，上级党组织也陆续派遣在外地潮籍共产党员、共青团员回到自己的家乡，为发展潮阳的抗日救亡斗争和党组织的恢复创造了条件。

1934年春，共产党员马士纯和进步教师邱秉经从暹罗（今泰国）崇实学校赴上海，找不到党组织，于年底回到自己的家乡。1935年春，马士纯受聘于兴文中学，他以该校为据点，在潮普一带组织进步师生和社会青年开展抗日救亡活动。马士纯在自己的家乡和平里美的进德小学中把原来励学社的进步青年重新组织起来，先后建立流萤社、和友会、新文字研究会、御侮救亡工作队及读书会，先后创办《兴中月刊》和《大众周刊》等宣传抗日救国的刊物。他还介绍共产党员杜军英、陈郁到峡山陈禾陂小学任教，并在该校建立了由进步学生叶常青任队长的御侮救亡工作队。

1936年，共产党员钟萍洲受中共广州市委外县工作委员会的派遣来到大南山开展抗日活动，当地国民党官员以他能流利使用广州话和普通话的特长，任用他为南山第一联乡办事处文书。他利用任职之便，在两英圩益兴菜脯行开办广州话、普通话夜学班，联络大南山进步青年，开展抗日救亡的宣传。进而组织了有方维新、钟廷明、钟震等30多名基本会员的南山青年进德会，开展抗日救亡活动。

在汕头市成立华南抗日义勇军潮汕大队。1936年9月，中共南方临时工作委员会在香港成立。10月，南方临时工委派李平到汕头恢复发展党的组织，开展抗日救亡斗争。12月，华南抗日义勇军潮汕大队在汕头市成立，大队长曾应之、政治指导员李平在潮汕各县发展义勇军队员。此间，曾应之与李平在上海参与学生抗日救国活动的郑餐霞从上海美专毕业回到家乡金浦，在乡立小学当教务主任，经李平介绍参加了华南抗日义勇军组织，他利用自家的房屋组织青年读书会，向进步师生传播抗日救国的进步思想。潮南仙城小学教师王琴、深溪小学教导主任余永端、峡山义英小学郭惠声，都是该会的成员。

1936年12月11日，国民党汕头当局为贯彻"攘外必先安内"的反动政策，出动了大批军警特务，包围了位于汕头盐埕街的《海岸线》编辑部，逮捕了杂志主编和负责发行的共产党员杜桐。同一天，国民党潮阳当局也调动军警包围了上练公学，把在此销售发行《海岸线》的郭启澄、郭沙当作要犯逮捕，史称"海岸线事件"。1937年春，潮南陈店文光进步学生陈克平，在该地组织了有70多人参加的华声社，编演《张家店》《烈女传》等话剧，积极开展抗日文艺宣传活动。全县各地抗日救亡的读书会相继成立，《大众哲学》《狂人日记》《阿Q正传》《母亲》《子夜》《八月的乡村》《少年漂泊者》《生活周刊》《西行漫记》和《海岸线》等都成为读书会必读的红色抗日救亡书刊。

二、党组织的恢复发展

1937年7月，卢沟桥事变发生的第二天，中共中央发出《中国共产党为日军进攻卢沟桥通电》，向全国人民呼吁实行全民族抗战。中国共产党的积极主张，西安事变的和平解决，促成了国共两党重新合作和中国抗日民族统一战线的形成。

中共韩江工作委员会建立

1937年7月间，中共韩江临时工委改为中共韩江工作委员会，并部署潮汕的抗日救亡工作：继续以开展抗日群众运动为中心，加快建立由党秘密领导的公开合法的抗日群众团体；加快发展党的组织，壮大党的力量；开展统一战线工作，推动国民党当局采取抗战措施。中共韩江工委和汕头市工委先后调派一批党员骨干分别到潮汕各地开展工作。

8月下旬，中共汕头市工委调派共产党员王波到潮阳县加强青救会的组织领导。11月间，中共韩江工委又调派从北平回潮汕的共产党员吴英和汕青救抗日戏剧演出队的马毅友到潮阳和平里美下寨开展工作。

1937年底，刚从泰国回到汕头的共产党员姚念经组织安排到井都开展抗日救亡活动。因"海岸线事件"被捕刚获释不久的郭启澄在普宁县参加了中国共产党，并被派遣到六区上练乡开展抗日救亡活动，由吴英直接与他单线联系。

1938年春，中共普宁县工委受上级组织的委托，选派共产党员曾鸣、洪幼樵、黄淑瑶到峡山乡校和六都中学受聘任教，开展抗日救亡活动。这批由上级党组织派遣到潮阳各地的党员骨干，先后在落脚点上建立起由党秘密领导的具有公开合法地位的青救会，培养了一批党员对象，为潮阳党组织的恢复奠定了基础。其间，和平的抗日救亡活动尤其活跃。吴英和马毅友到和平后，马士纯与他们密切配合，迅速以和友会为基础，建立了和平里美下寨乡青年救亡同志会，成为全县抗日救亡的中心。

1938年3月，中共潮汕中心县委建立。中心县委基于对时局的分析，认为汕头可能沦陷，党组织必须向广阔农村发展，而潮阳的地理位置很重要，和平乡则是潮阳的中心，是潮普惠南通往汕头的必经之地，因此，调派了党员骨干余永端、何史到和平里美乡校分别受聘任校长和教务主任。

中共潮阳工作委员会建立

1938年3月，经潮汕中心县委批准，中共潮阳县中心区委在和平里美下寨乡校成立，书记余永端，组织委员吴英，宣传委员何史。是月，中共胜前支部与和平里美下寨乡校支部也相继建立，从汕头转来组织关系的共产党员林川任胜前支部书记，何史兼任里美下寨乡校支部书记。4月，和平里美下寨又建立了农民支部，书记马智才。5月，中心区委任职作了调整，宣传委员由张鸿飞担任，何史改任青年委员，刚由潮汕中心县委转来组织关系的马毅友任军事统战委员。同月，中共潮阳五区委员会和峡山乡校党支部、六都中学党支部相继建立。五区委员会书记林野寂，组织委员洪幼樵，宣传委员林川。林野寂兼任六都中学支部书记，曾鸣任峡山乡校支部书记。7月，潮阳中心区委改为中共潮阳县工作委员会，隶属潮汕中心县委领导。之后，又相继建立井都的农民党支部和赤寮义学、神山乡校、上练公学、金浦乡校等10多个党支部，县城也建立了2个党支部。至此，全县共有100多名共产党员。

中共潮阳县中心区委及其基层组织的建立，改变了土地革命后潮阳党组织没有领导机构的状况，使全县抗日救亡斗争有了坚强的领导核心。

三、南山青年救亡同志会的建立

1937年8月13日，汕头市的抗日救亡团体在中共汕头市工作委员会的秘密组织下，联合成立了具有合法地位的汕头青年救亡同志会（简称汕青救）。这是贯彻落实潮汕抗战部署的重大行动。为了迅速打开局面，汕青救借助国民党军队的力量组建了由35人组成的一五五师随军工作队，深入潮汕各县开展活动，建立青年救亡同志会。

由于抗日统一战线中存在着两党在抗战路线上的矛盾和斗争，国民党潮汕当局企图控制共产党组织起来的民众抗日团体。8月下旬，国民党潮阳党部特派员姚云帆抢先在县党部召开了潮阳一中和师范学校及部分小学教师代表联席会议，宣布成立潮阳民众抗敌后援会青年救亡同志会，由县立第一小学教务主任王维礼为负责人，并把该会活动的范围限制在县党部内。

为了坚持党在抗日民族统一战线中的独立自主原则，摆脱国民党对潮阳青救会的控制，中共汕头市工委及时把汕青救发起人之一——潮阳籍的共产党员王波，派到潮阳县立第三小学任教，以此为落脚点，加强对潮阳青救会的领导。王波与王维礼迅速在县城开展青救会的活动，揭穿姚云帆企图控制潮阳民众抗日运动的阴谋，并不顾姚云帆的限制，把青救会的活动引向社会。他们以县立第一小学和第三小学作为阵地，用流动的方式集会、演讲、散发传单，宣传党的抗日救国主张，动员群众起来抵抗日寇的侵略，从而摆脱了国民党潮阳当局的控制，迅速打开局面。10月初，汕青救的一五五师随军工作队及其抗日戏剧演出队到潮阳县城开展抗日救亡宣传，县城青救会主动配合，在县城、和平，以及潮南的峡山、成田、沙陇等地联合组织演唱会，潮阳县城青救会发展更快，成为党秘密领导下的公开合法的抗日救亡团体。

南山青年救亡同志会成立

在抗日救亡怒潮的推动下，大南山两英大地也燃起了抗日烽火。两英南山青年进德会钟萍洲等取得中共韩江工委的指导，利用他在南山管理局民众教育馆和抗敌后援会任职的公开身份，广泛联系各阶层进步力量，积极开展党的抗日民族统一战线活动，争取社会上的头面人物、开明绅士、爱国归侨的支持，于1937年9月上旬建立了有700多名会员的南山青年救亡同志会，并在两英圩公园礼堂举行成立大会。参加大会的有南山青年进德会的全体成员，各乡小学校长、教职员工、文科班学生，商店店员和古溪、深溪乡织布厂男女工人等，共1000多人。钟萍洲当选该会总干事，方维新、钟廷明、钟震、陈数苗、章萍影、钟国雄等为常务干事。南山青救会成立不久，适逢九一八东北沦陷6周年，青救会便与南山民众教育馆联合组织了有2000多人参加的抗日火炬大游行，很好地宣传了抗日救亡思想。

同年11月，吴英、马毅友受中共韩江工委的派遣，以汕头青救会代表身份到和平里美下寨乡组织青救会。他们同已在当地开展组织活动的中共普宁县工委组织部部长马士纯密切配合，以和友会为基础，于当月下旬便成立了和平里美下寨乡青年救亡同志会，马奕亮任总干事，吴英任组织干事，马毅友任宣传干事。至年底，共有会员200多人。之后，他们积极争取上级党组织和当地上层社会人士的支持，创办了和平里美下寨乡立小学。和平中寨等乡的青年救亡同志会也相继成立，抗日救亡搞得有声有色，社会影响很大，成为潮阳抗日救亡的活动中心。

同年12月，中共韩江工委根据青救会在潮汕各地普遍建立的情况，指示汕头青救会尽快发起成立岭东青救总会。1938年1月5日，岭东各地21个救亡团体的71名代表在汕头市举行座谈会，决议于1月15日在汕头市成立岭东青救总会，并立即成立筹委会开展筹备工作。但岭东青救总会筹委会申请成立总会的备案遭到了国民党当局的拒绝。

各地青年救亡同志会积极开展抗日救亡斗争

1938年1月15日上午，岭东青救会筹委会在总会成立的预备会议上向各地代表汇报了向国民党第五区行政专员公署申请备案遭拒绝的情况。下午，代表大会在汕头同济中学礼堂举行，到会代表600多人。中共韩江工委宣传部部长李平等潮汕党的负责人均以青救会会员的公开身份参加大会。会议开始不久，国民党汕头当局派大批武装警察包围了会场，阻挠会议进行。为避免发生流血事件，与会代表在议决了"一切事项托交筹委会办理"之后，高唱抗日救亡歌曲，从容列队退出会场，史称"一·一五"事件。1月18日，汕头青年救亡同志会正式改名为汕头青年抗敌同志会。随后，潮阳、大南山各地青救会也改名为青年抗敌同志会（简称青抗会）。

"一·一五"事件后，潮汕国民党顽固派加紧压迫青抗会，制造各种事端，企图"统制"青抗会，以达到瓦解青抗会的目的。于是，各地青抗会在党组织的领导下，同国民党当局展开了一场"统制"与反"统制"的斗争。当惠来青抗会被顽固派诬为"汉奸组织"并捏造罪名逮捕了2名常务干事时，潮、普、惠、南的青抗会在中共韩江工委的指导下，立即派出代表团到大南山两英圩会集，以召开联席会议的形式向国民党当局发出通电，提出抗议，南山青抗会也组织1000名会员集会抗议，从而有力地声援了惠来县青抗会的反迫害斗争，迫使顽固派释放被捕人员。

2月上旬，根据党的指示，在名称上作出让步，将岭东青抗总会改为岭东各地青抗会通讯处，并于下旬争取获得广东省党政军联席会议承认，取得合法地位。通讯处实际就成为岭东青抗总会的代称。

2月上旬，韩江工委从青抗会中派出共产党员钟骞到和平里美乡校应聘担任代理校长，又派林秀华、张灵夫任教员。和平青抗会干事会成员由3人增至7人，其中共产党员5人。国民党四区区长程振雄和区党部书记马友容为首的顽固势力把和平青抗会和里美下寨乡校视为眼中钉、肉中刺，制造事端，以集训壮丁和踢打受训青年农民为手段，企图迫使青年农民脱离青抗会。受训青年农民在党的指导下一起罢训，迫使顽固派捧着"金花红绸"和爆竹向他们赔礼道歉。此后，程振雄也被调离和平。国民党当局另派郭柳州到和平任区长，组织又设法把青抗会会员、郭柳州之房亲郭征尘安置到区里任职，做内线工作，争取郭柳州支持。

1938年3月，潮阳中心区委为加强对青抗会的领导，在和平里美下寨乡校召开潮阳各地青抗会代表会议，决定建立一个公开合法的全县青抗会组织的统一领导机构。鉴于潮阳国民党当局不让成立县级青抗会领导机构和吸取成立岭东各地青抗会通讯处的经验，决定成立潮阳青抗会巡视团，以此名义指导全县城乡青抗工作。并决定以县城的青年抗敌同志会为全县青抗会的代表组织（简称县青），一切对外事务以公开合法的县青出面处理。县城青抗会负责人王维礼被选为巡视团团长，团员马毅友、马礼正、李鸿基、郑文风、郑钟瑾等。巡视团实际上是在中共潮阳中心区委直接领导下的全县青抗会的统一领导机构。

至1938年3月，中共潮阳中心区委建立后，农村青抗会的发展更快，上练、井都、沙陇、成田、港头、贵屿、峡山、铜盂、南阳上乡、南阳下乡、宅美十三乡、海门等地都建立了青抗会，南山的古溪、古厝、两英、圆山、深溪、陈禾陂、墙围、河浦寮、金瓯、茶园等乡村先后都建立青抗工作队，共拥有青抗会会员6500多人。还制发了青抗会证章，他们的抗日救亡宣传在大南山地区很有声势。

四、抗日统一战线的不断扩大

为贯彻党的全面抗战路线，党组织还发动妇女、团结华侨同胞一道投入抗日救亡运动，使抗日统一战线在潮阳不断扩大。

动员各界投身抗日　扩大抗日统一战线

1937年9月，中共中央组织部颁布了《妇女工作大纲》。中共潮阳、南山组织认真贯彻上级的指示，建立妇女抗敌同志会（简称妇抗会）。接着，潮南的南山和沙陇、成田以及潮阳县城等地先后都成立了妇抗会。全县凡有青抗会的区、乡都有妇抗会的组织。

1938年4月，国民党原十九路军抗日将领翁照垣担任广东省第八区民众抗日自卫团统率委员会主任委员，与国民党左派中的陈卓凡、王鼎新等在普宁举办广东省第八区民众抗日自卫团妇女干部训练所（简称妇干所）。中共潮阳县中心区委按照潮汕中心县委的指示，动员各地妇抗会的女青年报考。全所招考学员103名，潮阳籍妇抗会会员占了四分之一，其中县城妇抗会会员14名。王波被潮汕中心县委派进妇干所受训，并在妇干所中秘密成立党支部。陈莉任支部书记，蔡瑜（蔡初旭）任组织委员，王波任宣传委员。该支部由普宁县工委组织部部长罗天直接领导。潮阳学员王琦（王孟璋）、陈素云、赵静云等在受训期间加入共产党，李琅、姚岱嫣等被确定为入党对象。受训毕业后，王波便联络县城所有从妇干所毕业的同学，组成潮阳县妇女抗敌同志会。6月，中共潮汕中心县委派汕头青抗会创始人之一、共产党员王勋到潮阳，担任中共潮阳县中心区委妇女委员。至1939年上半年，潮阳妇抗会会员发展到1200多人，南山妇抗会也有500多名会员，成为潮阳抗日救亡运动的一支重要力量。

海外爱国华侨积极支援祖国抗日救亡活动

潮阳是著名侨乡，广大爱国华侨不但在海外积极开展抗日救亡活动，还在人、财、物等方面支援祖国的抗日救亡斗争。泰国曼谷的崇实学校师生就建立了学生抗日救国会。新加坡中华总商会主席连瀛洲（今潮南区司马浦镇大布村人）与新加坡各侨团发起并组建了战时星洲华侨救济会，筹资募款支援国内前线抗日部队。许多旅居海外的潮阳籍热血华侨青年纷纷回国，有的奔赴疆场直接参加前线战斗，有的深入敌后积极开展抗日宣传。潮阳籍泰国华侨青年庄儒帮，满怀救国热情，舍弃优裕的家庭生活，毅然回国参加抗战。潮阳籍泰国归侨青年、共产党员姚念，1937年冬从泰国经香港接上组织关系后回到汕头市参加汕青救，后又受党组织的派遣，到自己家乡古埕和神山等乡村，组织井都青抗会，开展抗日救亡活动，并培养了一批进步青年，为家乡播下了革命种子。1938年2月，姚念又与潮阳、普宁等地40多名归侨青年一起，由潮汕党组织引送参加了新四军，许继、郭才、郭利等也先后参加了抗日游击队。他们在抗日斗争中浴血奋战，有的为国捐躯，有的成长为革命队伍的领导骨干。

1939年春，中共潮汕中心县委潮普惠南分委组织了一支以归国华侨进步人士江晓初为名誉队长的暹罗华侨青年抗敌同志会农村工作队。潮阳参加这支队伍的共产党员有陈作兰、林气强、林秀华、朱泽涛（朱萍生）、郭克、卓松水，以及青抗会会员钟景明、蔡忠意等。工作队先后到棉城、海门、和平及潮南的成田、沙陇、神山、田心等地开展宣传，社会影响很大。

动员一切力量支持抗日

1938年春，汕头市大中中学恐汕头市沦陷而迁至潮阳铜盂乡，在中共潮阳组织的指导帮助下，该校学生领导人、地下党员林川与潮阳师范学校的共产党员张希非及县立一中的姚祥礼、潮南六都中学陈树益等进步学生发起，在潮阳县城召开了各中学学生代表座谈会。参加会议的有汕头大中中学，潮阳县立第一中学、东山师范学校、铜盂中学，潮南的南山中学、六都中学、陈店中学和励青中学等代表30多人。会议决定并成立了潮阳学生联合会，选举林川任主席，张希非、陈树益、曾舜英等17人为委员。中共潮阳中心区委还派马毅友同该会经常联系。在学联的领导下，各地的中学生也积极参加抗日救亡活动。此外，全县各地小学普遍成立了少先队，形成了一支有数千人的少年抗日救亡宣传队伍。县城少工队伍达1000多人，肖仲惠为队长。南山的少工队组织也很活跃，其中以刘锐为队长的深溪乡少工队在开展抗日宣传中最为突出。

国民党驻潮阳海岸哨中队是对日作战的海岸线部队。党组织派共产党员王波、姚祥礼带队到该中队向官兵宣讲抗战形势和保家卫国的思想。特别是对海岸哨中队长肖开茂深入做统战工作，使他坚定了保家卫国的决心，积极组织备战和主动支持县城青抗会、妇抗会开展抗日救亡活动。后来，肖开茂在保卫县城的对日战斗中为国捐躯。

1938年8月至10月，岭青通讯处先后发出了开展"响应武汉慰劳前线将士委员会的征求慰问信活动""募集棉背心慰劳南澳抗战将士运动"的号召。潮阳和南山各地青抗会、妇抗会在党组织的指导下，把积极响应岭青通讯处的号召作为纪念九一八7周年的实际行动，发动了7万人的签名活动和组织4万多封应征慰问信，并筹捐了一批钱物支援前线部队。

五、占领抗日文化教育阵地

千方百计占领学校阵地。潮南井都神山村青抗会和党支部相继建立后，为占领该乡学校阵地，选举了郑绍德为校董会主席，共产党员郑明鉴和郑亦凡分别为校董会副主席和成员。通过校董会聘请了由党组织推荐的共产党员陈扬、刘德操、杨练和、郑觉、陈焕新等先后到该校任校长和教务主任。1938年初，由吴英直接领导的上练公学校长、共产党员郭启澄，积极培养吸收进步教师入党，并在该校建立了党支部。此后，又通过统战工作，争取得到上练乡15所初级小学校长、教师的聘用权。峡山成立中共潮阳五区委员会后，以峡山乡校为核心，把全区13所学校以青抗小组形式组织起来。赤寮党支部通过积极做好统战对象的思想工作，占领了当地植基、有源等6所学校阵地。在南山管理局担任民众教育馆馆长的共产党员钟萍洲，以公开职务为掩护，妥善把党组织派到大南山地区的骨干曾鸣、洪幼樵、袁似瑶、杜克洋、杨锋、朱泽涛、黄淑瑶、杜若、陈莉、林曼莉、郑启文等分别安排到古厝公学、永丰、圆山、茶园等学校以及南山中学任职，占领学校阵地。

争取社会力量支持，巩固扩大学校阵地。和平的党组织通过统战工作取得里美下寨各宗族头面人物的支持，创办了和平里美下寨乡校，并争取中共潮汕中心县委派来党的骨干钟骞、余永端、何史、林秀华、张灵夫、王勖等到该校受聘任职。和平里美下寨乡的归侨女青年马淑辉创办了启智女校，先后聘请了马千、马毅友、王勖、林秀华、陈作兰、马世政（马远）、马惠英等共产党员到该校任教，使该校成为抗战教育的阵地。钟萍洲在钟震及归侨钟圆秀等人的资助下，创办了南山女子学校，并先后在该校吸收钟惠卿等人入党，成立南山女子党支部。

创办南侨三校。1938年7月，在普宁兴文中学任教的中共普宁县工委书记马士纯、工委统战部部长邱秉经等，经中共潮汕中心县委批准，以延安抗大和陕北公学为样板，在揭阳县石牛埔村创办了西山公学。9月，该校以"汕头暹罗归国华侨抗敌同志会"名义主办,改称南侨中学。为了加速抗战干部的培训,1939年1月,党组织决定分别在揭阳和潮阳增办南侨二校和三校。潮阳的南侨三校是马士纯在开明绅士范家驹和海外侨胞马君毅等的支持下,利用下寨上埔村的双忠行祠和关帝庙作为校址举办的。教师多数是曾在北平、上海、广州等地读过大学,且参加过学生救国运动的骨干。该校由马士纯任校务主任,许风为教导主任,郭克明为训导主任,马毅友为总务主任。开设文专初、高级2个班和1个初中班,学生有140多人。课程依照延安抗大和陕北公学的设置,成为潮阳抗战教育的楷模。

创办书店、建立抗日书报刊代销点。全县先后开设了成田启文书店、和平里美下寨乡校的报刊发行站、南侨中学三校图书贩卖部、赤寮青抗会书报刊输送站、南山两英圩南兴京果店的报刊发行站。公开发行《论持久战》《新民主主义论》《抗敌导报》等书报刊物,还积极推行抗战题材书籍。同时,各地还通过开辟墙报、黑板报和创办会刊、校刊,创作歌唱以抗日救亡为主题的潮汕方言歌谣及组织歌咏活动,组织抗战戏剧演出等形式,开展抗日救亡的宣传。

六、积极发展党员,加强党的建设

1938年3月15日,中共中央作出了《关于大量发展党员的决议》。6月中旬,中共闽西南潮梅特委召开了执委扩大会议,会议提出了"十倍百倍发展党"的要求,并强调发展要注重质量。

大量发展党员,建立基层党组织

中共潮阳中心区委根据上级的指示精神,认真分析潮阳党组织的状况和研究了党组织发展的工作。为了在各地迅速发展党的组织,区委成员明确分工:余永端负责井都和峡山;张鸿飞负责胜前、铜盂、赤寮;吴英负责县城和沙陇、成田;何史负责和平。经1年多的积极发展，潮阳的党员队伍迅速壮大。县城、和平、神山、赤寮、峡山、上练、金浦、司马浦、沙陇、铜盂等中小学校中的党员已达150多人。同时，也建立了一批农民支部。和平里美下寨，井都的神山、瑶池、上头仔村也发展农民党员70多人，是全县发展农民党员最多的乡村。赤寮乡于1939年下半年先后建立了5个农民党支部，共有党员20多人，是全县农民支部最多的乡村。1938年10月，大南山党组织直接由潮普惠南分委领导，南山党组织的发展工作得到加强，至年底，共产党员达到了100多人。至1939年底，潮阳和大南山的党支部共26个，党员人数达340多人。

1938年7月，经潮汕中心县委批准，中共潮阳中心区委改为中共潮阳县工委，书记余永端（12月起由洪幼樵继任，1939年3月由林川担任），组织部部长吴英、宣传部部长张鸿飞、青年部部长何史（后蔡耿达）、军事统战部部长马毅友、妇女部部长王勖（后钟淑华、马雪卿）。下辖和平、赤寮、县城、神山总支及金浦、沙陇、成田、港头、铜盂、胜前等10多个支部。机关设于和平里美下寨乡校，直属中共潮汕中心县委领导。

方方到潮阳指导抗日工作

1938年10月，中共潮汕中心县委在澄海岐山召开会议，决定以中共普宁县工委为基础，成立潮汕中心县委领导下的潮（阳）普（宁）惠（来）南（山）分委，如果汕头沦陷，则建为中共潮普惠南中心县委。会后，中共闽西南潮梅特委书记方方到潮阳和平里美下寨乡，亲自主持成立了中共潮普惠南分委。分委书记陈初明，辖潮阳、普宁、惠来和南山的党组织。机关设于普宁流沙合利书店。

南山特委驻两英古厝

1939年初，由于大南山地区党组织迅速发展，两英、古厝、古溪、永丰、茶园等村相继成立了党支部,中共潮普惠南分委决定并成立了中共南山特区工作委员会,直属中共潮普惠南分委领导。机关设于两英古厝公学。南山特区工委书记曾鸣,丘光负责组织工作,黄淑瑶负责宣传工作。同年4月,为加强对潮阳县城和金浦党组织的领导,县工委派妇女部部长钟淑华到县城建立了党总支。

2月,中共潮普惠南分委为适应战备工作需要和加强潮阳、普宁两县边界地区的力量,从普宁抽调党员骨干刘斌到潮阳上练公学任教,发展党组织,并成立了中共潮(阳)普(宁)边区委员会。潮普边委下辖普宁的大陇、潮阳的石桥头和上练3个片区,机关设于逊敏小学。书记李鸿基,组织委员方明生,宣传委员刘斌。

七、积极发动群众,准备武装抗日

调整完善基层党组织

6月,日军侵占了汕头、澄海、潮州等地。根据中共闽西南潮梅特委的部署,潮汕党的领导机构重新作了调整。7月,撤销中共潮普惠南分委,成立中共潮普惠揭(阳)中心县委,直属中共闽西南潮梅特委领导,机关设于普宁流沙合利书店,辖潮阳、普宁、惠来、大南山全境和揭阳、丰顺部分地区的党组织。书记陈初明,副书记林美南。潮普惠揭中心县委建立后,把潮普边区委改为中共潮普北边区委,机关设于潮阳的赤寮乡。书记张鸿飞(后方明生、王家明),组织委员方明生(后郑流阳),宣传委员刘斌(后张应松)。下辖潮阳六区全境及八、九区部分地区,普宁的四、七区的各级党组织。同时,潮普惠揭中心县委将南山特区工作委员会改为中共潮普南边区委,直接接受中心县委领导,机关设于两英古厝公学。书记曾鸣(后李鸿基),组织委员黄光武，宣传委员李鸿基、黄淑瑶。下辖南山管理局全境、普宁的五区和原潮普边区辖内的石桥头片及深溪乡等地的党组织。调整后，潮普惠揭中心县委直接领导的潮阳方面的党组织有：中共潮阳县工委、潮普北边区委、潮普南边区委。中共潮阳县工委机关设于和平里美下寨乡校，书记林川，组织部部长吴英（后陈欣白），宣传部部长蔡耿达，军事统战部部长马毅友，妇女部部长马雪卿。下辖潮阳一、四、五、七区的基层党组织。

中共潮阳县工委和潮普南、北边区委按照上级的部署，于1938年上半年至1939年底在党内开展教育运动，加强党的思想建设。1939年6月下旬以后，汕头、澄海和潮安等地相继沦陷，形势非常紧张，但是中共潮阳县工委和潮普南、潮普北边区委仍响应中共中央六届六中全会发出的在全党开展学习的号召，克服各种困难，坚持组织党员进行理论学习。在学习活动中，全县自上而下推荐出妇女模范党员马雪卿、农民模范党员郑潮木和知识分子模范党员李鸿基、郑流阳，从而坚定了持久抗战和抗日必胜的信念。

积极发展群众抗日组织

1938年10月12日，日本侵略军在惠州大亚湾登陆，攻陷惠州后又向广州进逼。国民党军队大部分不战而逃，广东局势日益危急。

10月中旬，中共闽西南潮梅特委书记方方到潮汕地区巡视和部署战时准备工作。在他的指导下，中共潮汕中心县委在澄海县第四区岐山乡召开了执委扩大会议，参加会议的有：特委书记方方、潮汕中心县委全体执委、各县委负责人，岭青通讯处和汕青抗的党员负责人近20人。会上方方传达了中共中央关于"华南工作一切为着准备抗日游击战争"的指示。他分析了日军入侵潮汕迫在眉睫的严峻形势，强调建立平原地带游击小组网的重要性，要求尽快在桑浦山、凤凰山、大南山和潮梅边界山区建立巩固的抗日游击支点。潮汕中心县委书记李平作了政治报告，会议确定了当时潮汕党组织的中心任务是备战，提出"一切为了发动群众，准备开展潮汕抗日游击战争"的口号，并作出若干决定：把工作重点从城市转向农村和山区，迅速在战略地位重要的乡村和山区建立游击支点；各级党委要设立军事部，加强对武装工作的领导；尽快开办游击干部训练班，培养武装斗争骨干；继续扩大党的组织，特别要注意在战略地位重要的乡村和山区建立党支部；成立潮汕中心县委潮普惠南分委。如果汕头、潮安沦陷，分委即改组为中心县委，直接由中共闽西南潮梅特委领导，并以游击干部训练班和汕头青抗会成员为骨干，到桑浦山区建立抗日游击队，开展游击战争。岐山会议是潮汕党组织在临战状态中召开的一次重要会议，及时正确地部署了潮汕转入武装抗日的准备工作。反映了潮汕党组织代表潮汕人民积极抗战的坚决态度和坚强意志，为后来对日作战统一了思想和行动。

1939年1月，为了落实岐山会议精神，中共潮普惠南分委统战部部长马士纯等在普宁流沙教堂以青年学术讲座名义举办游击干部训练班，为期20天。参加训练学习的有潮普惠南的共产党员和青年救亡工作者200多人。训练班讲授了军事知识和游击战术，并组织野外军事演习等。潮阳和大南山数十人参加了这次训练学习班，分别由潮阳工委军事统战部部长马毅友和南山青抗会总干事钟萍洲带队。同时，分委领导陈初明、罗天等也在普宁流沙青抗会址举办了妇女干部训练班。潮阳和大南山派出妇女骨干林秀华、赵静云、黄淑瑶等参加了训练班。

岐山会议后，中共潮阳县工委和南山特区工委积极行动，采取一系列措施，做好抗日武装斗争的准备。

组织军事学习和训练。为准备武装抗战，中共潮阳和大南山组织根据上级的指示，积极组织党员和各种群众组织的骨干开展军事学习和训练。县城党总支部集中青抗会和妇抗会中的积极分子40多人，组成县城战时工作队，并加强军事训练，准备一旦县城沦陷，便把队伍拉上大南山和小北山打游击。赤寮乡党支部挑选了40多名青抗会会员和青年学生，准备开展抗日武装斗争。和平南侨三校党支部也积极为开展抗日游击战准备，组织师生进行军事训练。和平乡校和启智女校组织高年级学生四五十人，成立救护队，在敌机袭扰和平、轰炸渡口时，救护队以实战姿态迅速赶赴渡口抢救受伤群众。

组织战时工作队，创建抗日游击支点。1939年4月下旬，日本飞机经常到潮汕沿海轰炸，日本军舰常在海门港外游弋，海门被迫实行封港，渔民无法出海捕鱼。中共潮阳县工委迅速组织了一支由马毅友带队、南侨三校党员学生20多人的沿海战时工作队，开赴海门组织发动抗战工作。同年6月21日，日本侵略军登陆达濠岛，攻陷汕头市。国民党潮阳县长蔡奋初，县党部书记林汉三等仓皇逃到桑田乡，县城人心惶惶，一片混乱。潮阳县工委书记林川指示县城党支部，派县城青抗会、妇抗会负责人王波、王维礼往桑田找林汉三和蔡奋初交涉，并要求留城坚持抗日。

在中共潮普惠揭中心县委和县工委负责人罗天、林川关心指导下，潮阳县城青抗会、妇抗会成立了战工队党总支，王波任总支书记，王维礼、郑继芳、肖孟惠、姚绍文、姚祥礼、方昌苏为总支成员。战工队在党总支的领导下，排除一切困难，积极开展各项抗日活动，揭露国民党消极抗日的行径，组织救护遭受日机空袭的伤员和慰问受害群众，维护社会治安等。县工委还通过统战关系，争取国民党和平区政府拨经费组织一支由何史任队长的战时工作队，开往大南山外围乡村开展抗日救亡。工作队改港头乡为落脚点，并在该乡发展党员，建立支部，书记马礼正（后卢根）。和平里美下寨乡党组织也成立了一支由马岱侬为队长、马千为副队长的20多人的四区战时工作队。在和平、峡山、沙陇、成田等乡村组织群众准备迎战。六区青抗会也组织了一支30多人的由黄成任队长，林向人、许宜习为副队长的战时工作队，开进小北山区的仙陂、深洋、石佛、石壁等乡村，在潮普北边区委领导下积极开展战备组织发动工作。

南山特委在雷岭茶园村创办抗日游击支点。中共南山党组织选派党员骨干钟震到雷岭茶园第十四短期小学任校长，秘密发展党组织，着手创办抗日游击支点。钟震发展了茶园农民古锦坤、古胡德、古源进等入党，成立农民党支部之后，组织古锦坤等农民党员打进守菁寮，掌握了该寮的3支枪支和弹药等武器装备，把村里同乡公所联系电话机移到学校，并安装了分机，从而掌握南山管理局的动态。

发动群众开展支前迎战活动。在中共潮阳和南山组织的发动下，各地青抗会、妇抗会等抗日群众组织积极开展义演、义卖和募捐活动，筹集大批物资支援抗日前线，潮阳和大南山两地共为抗日前线募集了3000多银元和3000多件棉背心，并派出专人送到抗日前线部队。

秘密建立情报交通站。党组织派共产党员马陈家、马陈美等于成田圩以合股方式开办启文书店，由县工委组织部部长方明生直接领导。同时党组织还安排钟前、钟萍洲、钟震、钟廷明、钟少卿等地下党员于两英圩创办了永济生药店，该地下交通站作为南山党组织的重要活动据点，负责与成田的启文书店联系和输送情报到石桥头给潮普南边区区委书记王家明。

积极推动国民党当局采取战备措施

1938年冬，广东省第八区（即潮普惠揭地区）民众抗日自卫团统率委员会改组为广东省第八区抗日游击区司令部，翁照垣任司令。中共潮普惠南分委通过统战工作促成翁照垣向各县派出战备督导队。派驻潮阳具的督导队由林梧春任队长，潮普惠南分委统战部部长马士纯任副队长。南山特区工委积极派员与翁照垣联系，争取把选派的党员骨干曾幼樵、钟震、方茵明等加入翁照垣的自卫团南山第五政工分队。并运用这支合法队伍，开展对土地革命战争时期工农红军在大南山上的军事设施、地理环境和交通情况的调查，为在大南山区建立游击据点做了充分的准备工作。

第二节 坚持隐蔽斗争

一、做好应变准备，保护党的组织

1939年1月，国民党召开了五届五中全会，开始实行消极抗日、积极反共的政策，全国团结抗战的局面由此出现了危机。

1939年7月7日，中共中央发表了《为抗战两周年纪念对时局宣言》。宣言中，中共中央针对国民党集团的反共和对日妥协倾向，号召全党要清醒地认清形势，提出了"坚持抗战，反对投降；坚持团结，反对分裂；坚持进步，反对倒退"的三大政治口号，动员全党和全国人民为抵制国民党反动派的反共和对日投降倾向而斗争。

1939年12月，中共潮普惠揭中心县委在揭阳县水流埔（今揭阳白塔镇瑞联村）召开了扩大会议，做好应变准备。会议传达了中共中央政治局《关于巩固党的决定》的精神和中共南方局的有关指示及中共闽西南潮梅特委第六次执委扩大会议关于集中力量巩固党组织的决议，强调党组织转入隐蔽斗争后，要深入农村，要与群众交朋友。

中共潮阳县工委及潮普南边、潮普北边区委按照水流埔会议的精神，暂时停止发展党员，全面开展以"四查""五教育"为主要内容，以审干为中心的组织整顿工作。通过近一年时间的组织整顿，党的组织更加巩固。

随着国民党反动派制造的反共事件连续发生，形势逆转，潮阳和大南山党组织被迫从公开抗日救亡的阵地上逐步转入地下斗争。

1940年4月，根据中共闽西南潮梅特委的指示，中共潮普惠揭中心县委改组为潮普惠县委和揭阳县工委。潮普惠县委机关设于普宁县池尾山湖村的鸣和居，书记罗天。为加强对青年工作的领导，潮普惠县委设立青年工作委员会，青年书记林川（兼）。中共潮普惠县委领导的潮属党组织有：潮阳县工委、潮普南边区委、潮普北边区委。潮阳县工委机关隐蔽于和平里美下寨乡校和七区的神山乡等地。县工委书记方明生，组织部部长方明生（兼），宣传部部长蔡耿达（兼），妇女部部长马雪卿。

同年7月，县工委设立青年工作委员会，书记郑希，组织部部长卢根，宣传部部长周光惠（9月，青委会改为青年部）。并成立了中共潮阳县四区委员会，书记方明生（兼），组织委员许继，宣传委员陈焕新。中共潮普北边区委书记先后有王家明、郑流阳，组织委员郑流阳（兼），宣传委员张应松，青年委员郑希。区委机关隐蔽于赤寮乡校及张海鸥家中。中共潮普南边区委书记先后有曾鸣、王家明，组织委员陈欣白，宣传委员李鸿基，妇女委员陈淑贤、陈惜香。区委机关隐蔽于石桥头和两英古厝公学等地。

同年9月，中共潮普惠县委决定把潮普北边区委辖下的潮属地区党组织与北边区委分开，成立潮阳县六区委员会，归属潮阳县工委领导。区委机关隐蔽在六区的赤寮乡，区委书记郑继芳（郑则仁），组织委员杜斐，宣传委员张应松，青年委员郑希。同时，由于整党后，惠来县仅有一个党总支，潮普惠县委决定该党总支由潮阳县工委领导。

成立中共潮南边区委员会

1940年11月，中共南方工作委员会（简称南委）成立，书记方方，副书记张文彬，机关设在大埔县。同时撤销中共闽西南潮梅特委，原所辖潮梅、闽西、闽南党组织，分别成立特委，由南委直接领导。

12月，中共潮梅党组织代表会议在揭阳水流埔召开，会议传达了南委决定：成立中共潮梅特区临时委员会（1941年改为中共潮梅特区委员会）；书记姚铎，机关设在揭阳县；撤销中共潮普惠县委，成立由潮梅特委直接领导的中共潮（阳）惠（来）南（山）县委员会，书记林川，组织部部长方明生，宣传部部长蔡耿达（兼，次年1月陈谦接任），青年部部长蔡耿达，妇女部部长钟素华，副部长马雪卿。下辖潮阳四区委员会（书记许继，组织委员陈焕新）；潮阳六区委员会（书记郑继芳，组织委员杜斐，宣传委员陈振华，青年委员郑希）；两英总支部（书记杨璞轩）和惠来总支部（书记杜文辉）以及潮惠南其他地区的各个支部。中共潮惠南县委成立后，县工委和潮普南边区委相应撤销。为加强敌占区、缓冲区和大南山苏区的工作，1941年7月，中共潮惠南县委决定建立中共潮（阳）南（山）边区委员会。并从普宁二区抽调区委组织委员林立（林锦苍）任潮南边委书记兼组织委员，陈俞任宣传委员，机关设于陈禾陂乡（在今潮南区峡山镇）。同年9月，调郑希任潮南边委书记，林立改任组织委员。

党组织以变应变实行特派员制

为贯彻"荫蔽精干，蓄力待机"的方针，1941年9月，南委指示各地党组织实行特派员领导体制。据此，中共潮梅各级党组织均由集体领导的党委负责制改为个人负责的特派员制，实行单线联系，不开会议。中共潮梅党组织特派员林美南，副特派员李平。中共潮普惠南党组织特派员罗天。中共潮惠南党组织特派员罗彦（同年12月调郑希、郑流阳为副特派员。郑希分管潮南边党组织。1942年3月以后，郑流阳专管惠来党组织），下辖潮南边区党组织，特派员郑希（1941年12月由林立担任），副特派员林立、陈俞；潮惠边区党组织，特派员郑流阳，副特派员许继；潮阳四、七区党组织，特派员许继；潮阳上六区党组织，特派员吴扬，妇女工作负责人李凤；潮阳下六区党组织，特派员郑继芳，妇女工作负责人马惠芳；潮阳八区（沦陷区）党组织，负责人吴表凯。鉴于八区的特殊情况，吴表凯先后直接与中共潮惠南特派员罗彦、郑希和潮普惠南特派员罗天联系。

在做好了一系列的应变准备和组织巩固工作之后，中共潮惠南组织又以更隐蔽的方式恢复了党的组织发展工作。从1940年下半年至1941年底，党组织先后开辟了田心、华林、磨洋、溪头、洋汾陈和金浦等学校阵地，吸收了20多名新党员，并新建立了南阳、两英的新厝仔等农民党支部和神山、南阳上乡等学生支部。

二、隐蔽精干，蓄力待机

国民党当局消极抗日积极反共

1939年1月，国民党实行消极抗日、积极反共的政策。1939年底至1940年初，潮阳和大南山的国民党当局开始对抗日救亡运动进行破坏和镇压。他们强行改组和解散青抗会及其他合法抗日团体，对抗日进步分子施行监督、恐吓和迫害，并把矛头对准城乡学校，如公开警告和平里美下寨乡校；窃取峡山作新小学的共产党员教师郑文风、李立秀、郑勉之等人的照片，准备下毒手；指使峡山义英乡公所兵丁公开殴打青抗会会员。在大南山，军统特务分子、国民党南山管理局局长曾亦石委任中统特务分子张卓如任南山管理局教育科督学，蓄意利用南山抗日后援会基干队与南山青抗会对抗，还组织反共联防，在内部秘密通报要缉捕的共产党员名单。

1940年春，国民党当局秘密发出缉捕共产党各级领导人张鸿飞、钟淑华、王波、姚祥礼、郭启澄、马毅友、李鸿基的通令。幸被党的统战对象、县民众教育馆馆长张少文发现，并及时通过赤寮乡副乡长、党的统战对象张自强告知潮普惠县委组织部部长张鸿飞，党组织及时采取果断措施，使这7位同志安全转移。

中共地下党组织积极应变

针对国民党当局的倒行逆施，1939年8月间，潮阳县工委决定由青抗巡视团负责人马毅友在原和平南侨三校礼堂主持召开四、五、七区青抗骨干会议，部署青抗会要隐蔽下来，以灵活的方式坚持斗争。会后，潮阳县工委书记林川又召集各地青抗会、妇抗会负责人开会，组织化整为零，转入隐蔽斗争。以读书会、耕耘读书会、校友会等灰色名称组成青抗秘密小组；其他的青抗会、妇抗会组织则利用社会上的间（闲间）、馆（拳馆）、社（剧社）、会（父母会）分散秘密活动。在方维新、钟南天、钟前等组织下，南山美林村、两英新圩等共办起了4个拳馆，有140多人参加。陈禾陂乡在林立、叶常青的策划下，聘请具有爱国思想的武术师郑闹为教头，组建了国术团，其成员大多是青抗会会员。他们在党组织领导下，以秘密小组活动的形式学习《青报》等抗日报刊，编写印发传单、张贴标语，揭露国民党当局消极抗日、积极反共的行径。

党组织在抗日斗争中逐步发展壮大革命力量

1939年8月，鉴于形势的逆转，党组织决定停办南侨二、三分校。南侨三校学生党支部书记黄隆茂被安排到神山乡校任教。领导干部都以公开的职业身份作掩护，潮阳县工委书记林川于1940年4月调往潮普惠县工委工作前以商人身份作掩护。方明生接任县工委书记时也以与人合做生意为掩护。对暴露身份并引起国民党注意的共产党员如和平里美下寨乡、上练公学、赤寮乡校、县立第一小学、峡山作新、义英小学等的党员教师，则由县工委通过各种社会关系介绍，易地任教。中共潮惠南边区党组织也把露面的共产党员钟萍洲、钟廷明等有计划地转移撤离。该区委机关由古厝学校转移至两英圩地下党员方维新办的南兴号凉果店，并以永济生中药店为联络点，区委书记王家明以做生意为掩护。

1940年5月，中共中央指示："在国民党统治区域的方针，则和战争区域、敌后区域不同，在那里，是荫蔽精干，长期埋伏，积蓄力量，以待时机，反对急性和暴露。其与顽固派斗争的策略，是在有理、有利、有节的原则下，利用国民党一切可以利用的法律、命令和社会习惯许可的范围，稳扎稳打地进行斗争和积蓄力量。在党员被国民党强迫入党时，则加入之；对于地方保甲团体、教育团体、经济团体、军事团体，应广泛地打入之；在中央军和杂牌军中，应广泛地展开统一战线工作，即交朋友的工作。"党中央的这一指示，为地方党组织指明了斗争方向。

中共潮阳县工委根据上级的指示，采取了相应措施：一是分析党的组织和干部隐蔽的情况，及时对暴露政治面目者调动转移。二是做好上级党组织从外地调入到本县隐蔽的党员干部的安顿工作。潮普惠揭中心县委把郑希、许继从揭阳三区调到潮阳工作，郑希任潮阳县工委青委书记，许继任四区组织委员，安排到井都神山乡苏厝村当农民。三是党组织活动进一步隐蔽。1940年四、五月间，潮阳县工委机关从和平乡校转移到井都神山上头仔村，县工委书记方明生于该地开一小商店作掩护，许继作为商店伙计，负责同成田启文书店等做好情报联络工作。其间，潮阳县工委领导的基层组织共有2个区委和惠来县的1个总支部、14个学习支部、11个农民支部、1个妇女支部、4个妇女小组。这些基层组织活动都处于隐蔽状态，党员干部均以各种职业作掩护。

1941年12月，中共南方局指示各地党的领导机关要熟悉国民党统治区各方面情况，进一步派出党员打入国民党当局的行政、教育、经济、军事各部门。据此，中共潮惠南组织认真分析研究，先后利用了一些关系和机会，派党员打入国民党的上述部门，从而使隐蔽斗争更主动、灵活、有效。

三、坚持隐蔽斗争，打击走私资敌

在中共潮阳县工委的领导下，各地党组织在隐蔽中继续坚持斗争。

打击奸商，为民解困

1940年春，潮阳和大南山各地春荒严重，而贪官污吏乃至国民党军队却纵容包庇奸商囤积居奇，走私粮食资敌，甚至公开参与走私，大发国难财。反动县长沈梓卿指使其儿子与巨绅、巨商合股开办米行，到各区抢购大米，每日雇工百余人，把大米挑往河浦或桑田转船运往汕头和澄海资敌，并且由县长下公文或派亲信部队押送，造成潮阳米价暴涨。为求生存，各地陆续发生了民众抢米风波。对此，中共闽西南潮梅特委和潮普惠县委及时作了指示，强调要把群众自发的求生存斗争引导到有组织的政治斗争上来。

潮阳县工委认真贯彻了这一指示，积极组织引导群众，把自发的为求生存的斗争发展成为打击反动势力、打击走私米粮资敌的政治斗争：一是开展宣传攻势，通过散发传单、张贴标语等，揭露和抨击国民党当局消极抗日、官商勾结走私米粮资敌的罪行；二是利用县城和乡村官僚豪绅之间的矛盾，发动群众抗缴田赋谷，抗拒县城豪绅下乡收公租，并阻断县城走私粮道；三是组织发动群众抢夺奸商市侩粮仓中囤积的米粮，既打击了走私资敌，又救济了贫苦人民；四是动员开明绅士对农民实行减租或推迟收租，以帮助农民度过春荒。由于及时采取措施，终于把群众求生存的自发斗争引导到抗日救国的大局上来。

运用巧妙手法揭露国民党反共嘴脸

1940年2月，潮普惠揭中心县委抽调吴英、马毅友等人组成秘密的武装小组，以南阳山樟树仔村为立足点，准备开辟抗日游击据点。6月间，与黄玉屏带领的由汕青抗日游击大队部分骨干组成的武装队伍合并为潮普惠南武装小组。

1940年冬，国民党掀起了第二次反共高潮，并于1941年1月6日，制造了震惊中外的皖南事变。为揭露皖南事变的真相，1941年3月，中共潮惠南县委根据中共中央关于组织舆论与发动群众反击国民党进攻的指示，布置各地党组织大量翻印《中共中央革命军事委员会命令》《中共中央革命军事委员会发言人对新华社记者的谈话》等关于皖南事变的快邮代电和中共南方局编印的《新四军皖南部队惨被围歼真象》等传单，以各种渠道秘密寄送社会各界人士和国民党党政军人员。并分工负责，落实专人，把快邮代电和传单在全县各地的圩集及交通要道散发张贴。隐蔽在井都古汀村教书的党员骨干朱泽涛和肖锡标，利用一个深夜在县城把快邮代电和传单从龙井开始沿大街一路张贴和散发，直至张贴到国民党县政府门口。国民党潮阳县当局对此惊慌失措，组织力量进行侦查，但一无所获。南阳上乡党支部在郑希、吴扬的周密组织下，由李开立、郭春、郭启文、郭成等张贴和散发快邮代电，还在南阳上乡交通要道的墙壁写上了"反对分裂倒退，反对卖国投降"的大幅标语。赤寮党总支组织张应松、张海鸥、张明飞等将传单贴到赤寮、玉峡、南阳和大坑等乡，政治影响很大。共产党员方维新，钟前、钟南天等分别到两英警察所门口、东浦雨亭、鹤洋雨亭和司马浦雨亭等处用红粉笔写上揭露抨击国民党顽固派倒行逆施的标语。搬迁到铜盂的汕头大中中学党支部书记吴表凯等也在该乡大街多处散发快邮快电，并在沿途各地用墨汁书写了多条标语。

此外，各地党组织在隐蔽待机中，组织和领导群众同当地的封建反动势力作斗争。如潮南的井都神山和峡山洋陂的党组织，教育和组织农民群众团结起来，开渠引水，兴修水利，既打击了当地封建权贵长期以势欺负农民在农田灌溉用水上横行霸道的威风，又及时解决了农民在春耕生产中碰到严重缺水的困难。

四、党组织暂时停止活动

"南委事件"

1942年5月26日，中共南方工作委员会组织部部长郭潜被捕后叛变，并于6月初为国民党特务领路，查抄了驻大埔县高陂镇大埔角的南委机关，逮捕了南委副书记张文彬、宣传部部长涂振农及交通站站长肖名等，史称"南委事件"。南委书记方方及其他同志幸能及时转移才免于遇难。中共潮梅特委委员陈勉之因公务在高陂镇目击了南委机关交通站受查抄的情况后，立即赶回揭阳县向潮梅副特派员李平汇报。李平认为形势十分严重，当机立断采取了三项措施：一是马上停止与南委的一切联系，把潮梅党组织中与南委交通站有过联系的人撤转他地，以防止受到牵连破坏；二是把情况火速通知在梅县的潮梅特派员林美南；三是立即派陈勉之到重庆向中共中央南方局书记周恩来汇报，并向设在桂林的南委联络站负责人徐扬等通报情况。

周恩来对"南委事件"的指示和应变措施

6月8日，已获悉"南委事件"的周恩来及时向中共南委书记方方电示六点应急措施，但因南委电台受特务袭击而转移，方方未获此电。

为避免受牵连破坏，8月间，中共潮梅特派员林美南派普宁县特派员吴南生回其家乡关埠上仓村，负责掩护南委和潮梅特委领导的安全转移工作。陈勉之于8月抵重庆向中共中央南方局书记周恩来及组织部部长孔原汇报后，周恩来指示：南委、潮梅特委应坚决执行"荫蔽精干，长期埋伏，积蓄力量，以待时机"的方针；一切以安全为第一，防止事件的继续扩大；南委所辖组织暂停活动，上下级和党员之间不发生组织关系，不发指示，不开会，不收党费，何时恢复组织活动等待中央指示决定；坚决撤退转移已暴露的党员干部，分批撤退到重庆转延安学习，有条件的也可自己转移地区；党员执行勤学、勤业、勤交友的"三勤"任务，以后恢复组织活动按此情况审查，不强调斗争；方方在有安全保障的条件下，应坚决撤退到重庆。

党组织暂时停止活动，保存革命力量

同年9月初，陈勉之返抵揭阳向中共潮梅特派员林美南和副特派员李平汇报，并通过林美南向南委书记方方传达了周恩来的指示精神。方方在贯彻南方局指示时，结合潮梅地区实际，指出撤退不是卷土而走，不是溃退，主要领导骨干不应都撤走，政治面目没有暴露的应隐蔽下来。每个地区最少要留一名领导骨干，基层组织也应留下根子。先撤退已暴露的干部，后撤退外地机要人员，对撤退路线、路费、隐蔽地点以及联系暗号都作了具体部署，沦陷区党组织应继续活动和开展抗日武装斗争。

9月，中共潮普惠县党组织负责人罗天先后两次到潮南峡山的陈禾陂、上练公学和潮阳县城，分别向中共潮惠南特派员罗彦、副特派员郑希和郑流阳传达上级关于对"南委事件"作出的决定和指示，并强调在暂时停止党的组织活动期间，不准发生任何组织关系，必要的接触一般应以朋友关系出面。干部和党员应做到"三化"（合法化、社会化、职业化），干一行、像一行，把"三勤"的任务真正落到实处，长期埋伏，蓄力待机。

党组织在暂停活动期间，做了大量妥善的干部安置工作，对从外地撤转来潮阳隐蔽的党员干部也做了妥善安置。大南山和潮阳的干部党员先后撤转到粤北，以及广西、江西、云南等地的有吴英、罗彦、吴扬、叶常青等；往马来西亚和越南开展华侨工作的有林克清、林立等；撤往邻县的有许继、钟素华、王家明等。大部分没有暴露身份的干部党员则以各种方式安置在大南山和潮南各地隐蔽下来。

由于各地的中小学校早已成为党组织掌握的重要阵地，因此，党组织暂停活动期间，隐蔽下来的党员也大部分被安置在学校中，包括从外地转移到潮阳隐蔽的党员骨干达80多人。

在干部党员处于艰难困苦之时，不少社会进步人士如张问强、马化龙、郑绍德、张少文、姚华葶等和知情群众主动接济，帮助他们渡过难关。在艰难困苦中，干部党员和社会进步人士及人民群众，患难相助，增进了感情，建立了鱼水相依的密切关系，党员的"三勤""三化"任务也落到了实处。在暂停组织活动期间，隐蔽中的干部党员都表现得很坚强，经受住了严峻的考验。

五、潮南人民的抗日斗争

日寇对潮南人民犯下的滔天罪行

1939年6月，随着汕头市的沦陷，潮阳的达濠和河西（今河浦）很快被日寇侵占了。1940年底，日寇网罗了汉奸林少梅、陈宗铠等在达濠设立了伪维持会，后改为伪潮阳县政府，陈宗铠出任伪县长。1941年3月23日，日寇板口大队的步骑兵2000多人兵分四路侵占了潮阳县城。日军开始侵入潮阳时，国民党县长沈梓卿和驻军虽曾组织抗击，但他们仅是消极抵抗，且战且退，在潮阳县城吃紧时，他们早已逃之夭夭。潮阳县城沦陷后，海门、金浦、梅花、白石、华阳等地便很快沦入敌手。1944年底以后，沦陷区的日本驻军还时常到全县各地流窜，肆虐潮阳人民。

日军所到之处，烧杀淫掠，无恶不作，对潮阳人民犯下了滔天罪行。早在1938年4月初，日本飞机和军舰就扫射和炮击了潮阳县城和海门、广澳等地，至1942年，他们用飞机和军舰对潮阳各地扫射和炮击达30多次，造成大批百姓伤亡。1941年4月11日上午，12架日机对潮阳扫射，仅赤寮就死伤100多人。据各地不完全统计，日军侵潮期间，潮阳和大南山遭日祸死亡人数达9.87万人，被日寇烧、拆毁的民房达15535间，被烧毁扣掠渔船1102艘，被劫掠财物总值国币27.54亿元。此外，被日本兽兵奸淫的妇女难以计数。在日本侵略军铁蹄的践踏下，潮阳人民的生活更处于水深火热之中。日本侵略军侵潮期间的1943年，又因自然灾害造成大饥荒，霍乱流行，人祸加天灾，全县死于饥饿和疫病者达20万人，逃荒者达7万多人，绝户者达3929户。[1]日本侵略军对潮阳人民犯下的滔天罪行铁证如山，欠下了潮阳人民罪恶累累的血债，达濠的"千人冢"和海门的"万人冢"就是对日本侵略军侵略罪恶的记录和控诉。

六、井都古埕抗日自卫战

面对日本侵略者的血腥屠杀，在党的全面抗战思想教育影响下的富有民族精神的潮阳人民纷纷揭竿而起，奋勇杀敌。古埕、西胪、凤山、华阳、新寮、玉浦等地人民，反抗日军侵略的斗争此起彼伏，尤其是井都古埕和西胪凤山人民抗日保卫家乡英勇歼灭日寇的斗争事迹在潮汕广被传颂，反映了老区人民不畏强暴、英勇斗争的民族主义和爱国主义精神。

---

[1] 潮阳市地方志编纂委员会：《潮阳县志》，广东人民出版社1997年版，第798—801页。

1941年3月24日夜，日本侵略军侵占潮阳县城，25日侵占海门，是日下午，日本侵略军即派小分队驾船至古埕乡劫掠，杀死乡民姚猪屎等4人。8月2日夜，日本侵略军5人及汉奸又进乡劫掠，乡民奋起反抗，全歼日伪，抛尸于海。

古埕乡众预料，侵略者不会罢休。具有民族气节、勇于抗争的古埕人民，誓与日寇不共戴天。乡长、原青抗会负责人姚俊崖及时召开群众大会，发动乡民，共商对策，群众公推姚俊崖、姚文柳、姚木真、姚达池、姚木林等人领队，挑选壮丁60人组建杀敌护乡队，并向县政府申请领取步枪10支、手榴弹1箱，在姚俊崖等的带领下，该队多次击退小股日伪军的袭扰，打死打伤日伪军多名。世代习惯于海上闯荡打渔的古埕人，大多熟习水性，抗日护乡队员皆是潜水能手，他们经常利用夜深人静的良机潜水到海门偷袭日寇。队员姚柳河、姚番薯等曾潜水往海门，打死2名日本侵略军，把日本侵略军的小艇凿破沉入海底。队员姚乌目曾单枪匹马潜水到海门偷袭日本侵略军宪兵部，夺回了被日本侵略军抢走的渔船，还智取日本侵略军枪支。队员姚乌水等曾潜水往海门，活捉一名日本侵略军女兵。8月4日，小股日本侵略军渡海进犯古埕，被护乡队打死10多人、伤1人。

日寇对此暴跳如雷，8月8日凌晨3时，盘踞于海门、棉城、金浦的日伪军300多人，分路包围古埕。在此生死攸关时刻，护乡队闻讯，立即鸣号集合队员和全乡群众1000余人，用仅有的10支步枪及朴刀、尖串、竹槌等，于沿海岸上堵击。由于敌我武器装备悬殊，虽经数小时血战，消灭了一些日伪军，但护乡队员与乡民共牺牲76人、受伤300多人，被烧毁房屋数百间，乡民流离露宿，境况惨烈。

毗邻的沙陇、成田等乡在地下党组织的领导下，党员带头，群众伸出援手，自觉主动捐款、捐物、捐药，设临时医院医治，抢救受伤人员，慰问为抗日捐躯的亲属。因而，帮助古埕乡民渡过这·难关。

据调查统计，1944年11月，日伪军先后3次洗劫井都古埕乡，乡民被杀害126人、打伤数百人，被烧房屋665间、渔船295艘，群众财物被洗劫一空，部分妇女也惨遭蹂躏。

夺取抗战的胜利

一、全面恢复党组织活动

1944年，抗日战争转入了反攻阶段。侵潮日军为打通广汕公路线，巩固海岸通道，加紧进攻潮阳腹地。国民党潮阳县县长及其军队却畏敌如虎，节节败退，逃到五华县，南山管理局局长也跑到梅林（今普宁梅林镇）。而经过党的抗战教育，有了民族觉悟的潮阳人民却奋起反抗侵潮日军，隐蔽待机中的共产党员更是强烈要求恢复党组织的活动，开展抗日武装斗争。

中央批准潮汕全面恢复党组织活动

要恢复党的组织活动，必须得到中共中央或中共中央南方局的批准。1944年8月间，林美南特派中共梅县学生委员会原书记吴坚到曲江的广州大学读书并与东纵取得联系。林美南写了给方方转中共中央的报告信，并于9月上旬由吴坚将内容背熟后前往东江纵队。吴坚抵东纵经审查近2个月后才被确认身份。10月10日，中共广东省委临委书记兼东纵政委尹林平将潮梅闽西南党组织的报告致电周恩来并转中央，对潮汕及闽西南全面恢复党组织活动等工作提出意见。在未得到中央正式答复的情况下，尹林平根据当时形势的发展，先将中共中央7月25日的电报中关于大力发展广东抗日游击战争的指示精神和致周恩来转中共中央电报中所拟各项建议一并向吴坚传达布置，并将《中共广东省委宣言》

等文件交其带回。12月上旬，吴坚从东纵回来向林美南汇报。自此，潮汕地区党组织同中共广东省委临委和党中央恢复了联系。

处决叛徒姚铎

正当潮汕党组织准备恢复活动时，南委原秘书长姚铎在重庆叛变并潜回潮汕，准备利用"恢复党的组织活动"的名义，破坏潮汕党组织。由于姚铎对中共潮梅闽西南组织尤其是潮汕党组织的情况很熟悉，问题极其严重。8月，林美南接获中共南方局关于姚铎叛变已抵揭阳和按"家法"处理的暗语函电，迅速通知各县党组织的负责人采取防范措施。中共潮惠南组织负责人郑希听了高芝英转达林美南的指示之后，及时采取应变措施，对姚铎认识的干部党员如方明生、卢根、许继、杨壁宜等秘密转移隐蔽点。经党组织的精心部署，1944年11月，叛徒姚铎终于在揭阳县城被处决，使潮梅闽西南党组织避免了一次大破坏，为全面恢复党组织活动和开展抗日武装斗争扫除了障碍。为预防国民党当局的报复，潮梅各地党组织根据林美南的指示，采取了必要的防范措施。当时潮梅国民党中统特务机关恼羞成怒，在潮汕各地搜捕共产党人。在潮阳，一夜之间就被捕6人，其中有共产党员杜斐、马灿波。党组织通过各种社会关系，设法营救被捕人员，使他们陆续得到保释出狱。

潮汕党组织恢复活动的工作迅速展开

1944年12月，林川传达上级关于全面恢复潮汕党组织活动和开展抗日武装斗争的决定及部署，后又会见郑希，传达林美南关于党组织恢复活动的指示。12月中旬末，周礼平向郑希传达了林美南的指示：由郑希负责主持恢复中共潮惠南组织的工作，具体方法是采取自上而下，逐级审查和个别审查，一边开展组织恢复工作，一边抓紧建立抗日武装力量。郑希在金浦恢复了李凤的组织关系，又到国统区的和平、两英、下岐朱、壬屿等地，先后对马千、方维新、朱泽涛、彭笃民、郑流阳、陈俞、蔡南等人进行政治审查，恢复了他们的组织关系，并通过他们逐级负责，全面展开对基层干部党员的审查和恢复组织关系的工作。至1945年3月初，潮阳和大南山恢复组织关系的中共党员113人。

1945年3月，中共潮普惠县委员会建立。书记林川（后李凯），组织部部长李凯（后张希非），宣传部部长杨英伟，常务委员郑希（负责潮惠南党组织工作）。县委机关先后设于普宁县五区的下蓝村和石桥头逊敏小学，同年8月后又迁移至潮阳一区金浦乡。潮阳各区的组织领导依然实行特派员制：潮南边区特派员朱泽涛；四、七区特派员许成昭；六区特派员郑继芳；八区特派员吴表凯。同年5月，潮惠南党组织负责人郑希到和平建立了党总支，书记马恩（马代章）。中共潮普惠县委及其辖下的各级基层组织的建立，使暂停组织活动长达2年多的潮普惠地区的党组织又得到了恢复发展。

二、建立抗日武装与情报交通站

潮普惠县委建立后，组织部部长李凯转来潮梅特派员林美南对潮惠南党组织的具体指示，强调要按照"平原武装暂不暴露"的原则，在农村秘密组建抗日游击小组，发动群众开展抗日游击战争，支援潮汕人民抗日游击队的建设，积极动员进步青年参军参战，积极筹集军需粮款，建立健全情报交通站。根据上级的指示，潮阳和南山党组织迅速开展了组建抗日武装和发展情报交通等工作。

迅速组建抗日游击小组

潮阳各地党组织以原来的青抗会会员和守菁队及拳馆中的进步青年为基础，先后在和平、神山、两英、陈禾陂、贵屿、南阳、东寮吴、赤寮、龙港、壬屿、岐北、华阳、下底等20多个乡村党支部建立了抗日游击小组，每个小组10到30人不等，共约300人。各地抗日游击小组在保卫党组织的活动、发动群众参军参战、筹募钱粮和枪支弹药、收集输送情报、配合主力部队军事行动中发挥了重要作用。

积极支持潮汕人民抗日游击队的组建

1945年2月底，中共潮阳和大南山组织先后选送了党员干部许继、陈华、刘斌等到潮汕人民抗日游击队任职，还通过各地党支部发动和挑选了50多名青年参加潮汕人民抗日游击队。同时，还为潮汕人民抗日游击队及时护送过境人员和输送物资文件。

同年3月9日，中国共产党领导的潮汕人民抗日游击队于普宁县白暮洋村正式宣告成立。党代表林美南，队长王武，政委曾广，政治处主任林川，军事顾问谢育才，军需处主任张珂敏。游击队共200多人，设2个中队和1个短枪班。11日晚，游击队开赴大南山的锡坑，后在大窝村建立了司令部、后方办事处和党务工作委员会，同时设置了宣传、民运、后勤等工作机构。13日，潮汕人民抗日游击队向社会公开发布《潮汕人民抗日游击队成立宣言》，给乡土沦亡的潮汕人民带来了希望，在社会上引起强烈反响。为了有效打击和消灭日伪军，显示潮汕人民抗日武装的力量，潮汕人民抗日游击队主力440多人举行了武装大巡行。队伍从大南山下平原进流沙，经旱塘、南径、贵屿、南阳、赤寮等地，最后返回到普宁大坝葫芦地，一路高唱《潮汕人民抗日游击队歌》，沿途贴出《告伪政府伪军人员书》和《为准备反攻驱逐日寇告潮汕同胞书》，对敌人开展攻心战，号召潮汕爱国同胞组织武装起来，配合游击队杀敌卫乡，群众纷纷响应。至5月下旬，潮汕人民抗日游击队发展至500多人，扩编为2个大队和1个警卫连。

韩江纵队第二支队在大南山成立

6月初,中共潮梅特派员林美南在大南山游击根据地的普宁陂沟村,召开了潮汕各地党组织和游击队主要领导人参加的发展抗日武装力量的会议,传达了中共广东省委临委关于把潮汕人民抗日游击队扩编为广东人民抗日游击队韩江纵队的决定,林美南任韩纵党代表(后任司令员兼政委),谢育才任军事顾问。会后,林美南与谢育才、曾广、方东平、林川等又商议决定把潮普惠南方面的抗日游击队伍整编为韩江纵队第二支队。6月下旬,潮汕人民抗日游击队潮普惠南方面的武装队伍,按指定地点集中在普宁泥沟村整编,并正式宣布韩江纵队第二支队(简称韩纵二支队)成立。其中,潮阳和大南山参加的有70多人。韩队二支队支队长兼政委林川,副支队长兼参谋长杜平,政治处主任吴坚,军需处主任张珂敏,参谋处主任陈扬。

8月中旬,韩纵二支队决定开辟大南山东部地区,扩大回旋余地。下旬,由支队长兼政委林川指挥,向大南山东部地区进军。事前,军需处主任张珂敏乔装为商人,带2名战士到盐岭一带侦察敌情时不幸被捕,为营救张珂敏等,两英党组织根据上级指示,千方百计摸清囚禁地点,提供营救方案。9月3日上午在林川和潮普惠县委常委郑希的指挥下,韩纵二支队与两英党组织紧密配合,袭击了南山管理局和两英警察所,收缴其全部武器装备。由于敌人非常狡猾,经常变换囚禁张珂敏等人地点,查无下落,营救不成。当晚,张珂敏等被敌人杀害,为党捐躯。

发展抗日情报交通网

一是金浦交通情报站,负责人李凤,交通员郑维。该站是潮梅组织负责人林美南通过潮澄饶汕负责人周礼平沟通潮惠南组织的秘密交通线,周礼平分别通过高芝英和桑田的李瑞婉与李凤联络。1945年春节后,因潮惠南组织负责人郑希确定六区的下尾欧学校作为其落脚点，李凤则调至该校与朱泽涛配合负责潮普惠南组织秘密交通站的工作，金浦站则撤销。后又根据斗争需要，潮普惠南组织又在九区的草尾村以开设土纱厂作掩护增设转运点，由蔡瑜与蔡义和负责情报交通工作，同下尾欧学校的朱泽涛和李凤联系。二是陈厝围的交通情报站，负责人陈树益。该站的东线沟通潮惠南组织，与金浦站联络，西线与普宁石桥头和下蓝站接洽，是潮普惠南组织负责人林川沟通中共潮惠南组织和抗日游击队的秘密交通情报站。三是大南山两英圩的永济生药店交通情报站，负责人钟前。该站东与仙斗寮小学和成田方面联系，西与陈厝围站联络，北与龙港站接轨。四是龙港交通情报站，由彭东和彭绍瑞负责。另外，潮澄饶汕组织从汕头同潮阳的华阳（负责人吴表凯）、赤寮（负责人张海鸥）、潮美（负责人陈俞）、陈厝围（负责人陈树益）至潮惠南组织和抗日游击队的联系也形成了一条交通线。大南山党组织还派钟震打入国民党军队翁照垣部建立的自卫团独立大队第二中队任副中队长。这使情报及时转送至党的领导机关和抗日武装队伍，为抗日武装斗争作出重要贡献。

潮汕的国民党反动派多次调集兵力"围剿"韩纵二支队，在反"围剿"和开辟大南山东部地区的战斗中，很多干部、党员及战士献出宝贵的生命。潮阳籍（包括大南山）的有许继、李开立、陈克平、蔡书雄、郭才、李开国、詹元和、李亚班、刘镇坤等英勇捐躯，他们的英名永载青史。

三、恢复青抗会、妇抗会活动

中共潮惠南组织恢复活动后，也迅速恢复青抗会、妇抗会。1945年3月，中共潮普惠县委派宣传部部长杨英伟到普宁县下蓝村召开会议，确定了由何史、黄寄南、郑觉等组成恢复青抗会、妇抗会组织的工作小组，何史任组长。

各地青抗会、妇抗会恢复活动后，迅速开展了发动参军参战和募捐支前活动。县妇抗会领导小组还秘密印发了《告潮阳县姐妹书》，号召全县妇女行动起来，募捐支前。领导小组组长蔡瑜还带头捐出2枚金戒指和1支驳壳枪，以及几十发子弹；方维新捐出1支德国造的铁头曲尺和几十发子弹；李开立献出祖房托管的手枪；马洁修捐献了2枚金戒指；井都妇抗会中的共产党员郑丽娟、郑淑娟、郑华娟、郑碧华等也带头把准备出嫁用的布料都拿出来支援抗日部队。贵屿华美乡积极发动会员参加潮汕人民抗日游击队；赤寮、后村东设4个站点作为潮普二县支前物资转运站，动员富商捐资购买枪支、粮食、衣被支前；井都一带人民积极参军参战。据统计，全县青抗会、妇抗会先后配合党组织动员了120多名青年参加潮汕人民抗日游击队和韩纵二支队，并凑够了可买60头肥猪的款项，支援抗日前线部队。

四、坚持统一战线，发展抗日武装

团结南山抗日自卫队一致抗日

为了争取抗日战争的最后胜利，中共潮惠南组织遵照中共中央关于"沦陷区的各式反日武装及国民党区的反蒋武装，我们均应设法与之进行统战工作"[①]的电报指示精神，积极做好统战工作，团结争取一切抗日力量共同抗日。

原国民革命军第十九路军旅长翁照垣是一位爱国将领，上海一·二八抗战时，他率部积极抗击侵华日本侵略军，受到社会各界舆论的好评。后来他因在福建参加反蒋运动而受排挤回到老家惠来县葵潭。然而，他仍坚持积极的抗战立场，在潮普惠南交界

---

① 中央档案馆、广东省档案馆：《广东革命历史文件汇集（1941—1945）》，广东省1987年内部刊印，第315页。

地区组建了一支抗日武装，设立广东省第八区民众抗日自卫团指挥所，并先后在揭阳、普宁举办抗日军事训练班。他还接纳了王鼎新、许美勋、吴华胥、陈俊峰等一批潮汕知名爱国民主人士。中共潮汕组织也先后秘密派部分干部协助他开展抗日工作，还公开组织青抗会会员参加他举办的抗日训练班的学习。地下党员林气强、郭克、李扬辛等还在其抗日自卫团的指挥所中分别担任秘书、中队长和短枪队队长等职。1945年初，日本侵略军入侵惠来时，国民党惠来县政府及其军队纷纷逃亡，翁照垣的武装队伍却仍坚持在葵潭一带抗日。潮汕人民抗日游击队成立后，派员前往同他联络合作抗日事宜，翁照垣欣然与游击队代表达成了友好合作共同抗日的协议，并告诫其部属要与游击队友好相处，把协议付诸行动。

1945年2月，日本侵略军向潮普惠南窜犯，国民党南山管理局官员及其军队纷纷逃亡，只留下钟廷中等10余人的便衣队在大南山。为防止该队走向反面或散失，中共潮惠南组织及时通过南山党组织，指示已经渗透在翁照垣部自卫团独立大队第二中队任副中队长的钟震，设法打入该便衣队中，帮助该队留在大南山坚持抗日。不久，翁照垣与这支便衣队取得联系后，与潮汕人民抗日游击队会商，决定以该队为基础合作组建广东省第八区民众抗日自卫团指挥部南山第一中队（简称南山抗日自卫中队），钟廷中任中队长，钟震任副中队长。后来中共潮惠南组织又增派马千、郑继芳、古坤、古胡德、钟南天等地下党员到该中队并组成党小组，组长马千。南山抗日自卫中队发展到40多人，配备轻机枪1挺、步枪14支和各式短枪。并在地势险要，正面俯瞰两英，东能控制雷岭通道，西扼盐岭交通的红场蔡肥庵设立大本营。南山抗日自卫中队开展主动灵活的游击战，遇到日本侵略军大队伍则避之，碰上小股敌人便打，也曾夜袭流窜于南山中学的日本侵略军。该中队先后共击毙日本侵略军5名、汉奸1名，活捉日本侵略军2名，缴获一批枪械子弹和军用物资。在一次行动中，钟震带领几名队员化装成农民在两英上坝村与几个全副武装的日本侵略军短兵相接，打死日本侵略军1人，打伤2人，缴获短枪1支，马步枪2支。

处决日伪汉奸倪汉庭

自卫中队还把卖国求荣、充当鹤洋乡日伪维持会会长的汉奸倪汉庭抓获，押至日本侵略军必经的大道上枪毙，以儆效尤。此后，潮南边区一带再也没有日伪维持会的存在。另外，自卫中队还在永丰村聘请懂日文的经济学博士钟景胥，专门编写针对日本侵略军的抗日宣传短文，并油印成传单散发到日本侵略军营地，撩动日本侵略军官兵厌战思乡思家人的乡愁，以动摇其军心。

五、抗日战争的最后胜利

在中国战场上，国民党军队主力分布在西南和西北边区地带，远离抗日前线，而八路军、新四军从1945年5月开始，对日伪军发动了大规模的夏季攻势，为转入全面反攻创造了重要条件。8月9日，毛泽东发表了《对日寇的最后一战》的声明，号召"八路军、新四军及其他人民军队，应在一切可能条件下，对于一切不愿投降的侵略者及其走狗实行广泛的进攻"。10日至11日，朱德总司令发布受降及对日全面反攻等7道命令。人民军队迅速向日伪军展开了全面反攻。

8月14日，日本政府照会美、英、苏、中四国政府，表示接受《波茨坦公告》。15日，日本天皇裕仁以广播《终战诏书》形式向公众宣布无条件投降，但日本侵略军并未完全停止作战，因此，中国军民的反攻仍继续进行。

在潮汕，日本侵略军于8月15日开始，逐步将兵力收缩到被其侵占的各大城镇，但也没有立即停止作战。8月16日晚开始，潮阳和大南山各地学校师生先后举行了大规模庆祝游行，市场商店的商人也自愿开展货物大平卖，热烈庆祝抗日战争胜利。17日，汕头市的日本侵略军进行"洗监"，枪杀了被其囚禁的数十名中国民众，并毁尸灭迹，企图掩盖其暴行。下旬，日本侵略军又袭击汛洲岛的中国军队。8月中旬，中共广东区党委命令广东人民抗日游击队坚决执行朱德总司令的命令，向日伪军进行全面反攻。但是，潮梅国民党当局一面派大批军队围攻人民抗日武装，阻挠向日伪军开展反攻；一面派大批官员到潮汕"接收"，抢夺抗战胜利果实。韩江纵队第二、第三支队因受到国民党军队的堵截围攻，未能进入敌占区参与向日伪军反攻；第一支队则突破了国民党军队的包围进入潮澄饶汕敌占区，并先后数次攻击日伪军据点。

9月2日，日本天皇和政府及日本大本营的代表在投降书上签字。9月13日，日本华南派遣军第二十三军司令田中久一在广州市中山纪念堂签署了投降书。9月15日，4800多名侵汕日军缴械投降，并被集中看管。9月28日，日本华南派遣军第二十三军司令田中久一派代表富田直亮在汕头市签署了投降书。至此，潮汕人民的抗日战争胜利结束。

4

第四章

解放战争时期

第一节 坚持隐蔽斗争，争取和平民主

一、抗战胜利后的形势及党的战略方针

抗日战争胜利后，全国形势发生了根本性的变化，国民党反动集团不顾全国人民对实现和平民主的愿景，试图以军事进攻和政治欺骗的两面派行径，策划发动全面内战。中国人民同国民党反动派之间的矛盾成为主要矛盾。潮南人民同全国人民一样，渴望实现和平民主，医治战争的创伤，休养生息，重建家园，却不得不面临内战的威胁。

由于中共和各民主党派的共同努力，蒋介石被迫于重庆谈判结束后的1945年10月10日，签订了《双十协定》，接受中共提出的和平建国的基本方针。1946年1月10日，国共双方签订了《停战协定》。但是，蒋介石并不实行停战，继续进攻解放区，妄图消灭中国共产党及其领导的解放区和人民军队。

在广东，国民党当局在全省集结8支正规军10多个师及地方武装50多个团，对省内各个抗日解放区进行大规模"扫荡"。1945年10月25日，国民党广州行营主任张发奎召开粤桂两省绥靖会议，限令3个月"肃清"中共及其游击队。中共中央多次向广东区党委发出"保持力量，避免损失"的指示。1946年1月16日，广东区党委确定了一面坚持斗争，保存武装，保存干部；另一方面作长期打算，准备将来开展合法民主斗争的方针。

　　在潮汕，国民党当局不断加紧向中共抗日游击队发动进攻，其"闽粤赣边区总司令部"从兴宁迁至潮汕，原驻丰顺、五华一带的一八六师也调进潮汕，并以该师的五五七团和五五八团为主力，扑向韩纵所在的大北山根据地。广东省保安第二团和第七战区挺进队第一纵队的魏济中、林之梁支队也分别开进河婆、鲤湖、流沙、惠来、陆丰一带，作为进逼大南山、南阳山游击根据地的主力。广东省保安第三大队及第五行政专员公署兼保安司令部下属7个保安大队，则分驻潮汕各县，实行分区联防。

　　抗日战争胜利后的潮南，农田荒芜，经济萧条。国民党反动派为策划内战，弥补财政赤字，对广大人民群众施行征兵、征粮、征税的"三征"政策。地方反动头子利用抗战胜利的机会，假借清算汉奸敌伪，从中谋利，大发横财。各地的反动乡长、保长也趁机勒索人民，贪污救济钱粮及衣物。市场物价高涨，广大人民群众都挣扎在死亡线上，达濠、海门等地，饿殍遍地，令人触目惊心。饱受战争痛苦的潮南人民，同全国人民一样，渴望有一个安定和平的环境，休养生息，重建家园。但国民党当局却策划内战，除派正规部队进驻潮阳和潮南之外，还加强了保安队、自卫队等地方反动武装。棉城的郑敬余、沙陇的郑星、赤寮的黄少初等各建立了一个保安大队，西胪凤山的庄汉良、峡山的周礼、安乐的陈君声等分别建立一支自卫中队。他们与当地的地主恶霸、乡绅联合"清乡"，到处通缉共产党员、革命干部，"围剿"赤色乡村，妄图消灭共产党，到处烧杀抢掠，使良田变成废土。

疏散隐蔽，坚持斗争

　　根据中共中央和广东区党委的指示，中共潮汕地方组织审时度势，确定了"疏散隐蔽，保存干部，积蓄力量，以待时机"的斗争方针。一方面领导韩江纵队坚持武装自卫，一方面实行战略退却，逐步把部队精简疏散，由公开武装斗争转入地下隐蔽斗争。

中共潮汕特派员林美南十分关心潮普惠地区的斗争形势和工作部署。1945年10月上旬，他亲自到大南山锡坑召开潮普惠县委会议，并作重要指示：（1）要认清形势，潮汕面临严峻形势，进入潮汕的国民党军队有一八六师和挺进队共几千人，武器精良，敌我力量悬殊，不能与其硬碰硬，武装队伍要整编、缩小和分散，队伍要上大北山；（2）为适应形势，潮普惠县委要从普宁转移到潮阳；（3）改变工作方法，工作要隐蔽，要分类指导，过赤的地区应隐蔽和保护，收复区应加强领导和发展，缓冲区也要发展；（4）要设法打入国民党内部，会议决定调整潮普惠领导成员的工作分工，李凯（书记）负责全面工作，落脚点从普宁转到潮阳，张希非（组织部部长）上山搞部队工作，杨英伟（宣传部部长）负责普宁的工作，郑希（常委）加强潮惠南的工作。

锡坑会议后，潮普惠县委在潮阳的下尾欧（今潮南司马浦华里西村）召开会议，进一步贯彻锡坑会议精神，作出若干决定：（1）潮普惠县委机关隐蔽在潮阳金浦郑希的住宅，调李凤负责机关日常工作，铜盂下岐朱村作为县委的另一转动点；（2）积极开展对潮阳一、八区和二、三区的恢复工作，重点是金浦、棉城、华阳，逐步向海门、达濠发展；（3）调整领导布局和加强对各类地区的领导；（4）潮阳四、七区属于缓冲区，由马千（后彭笃民）担任区委书记，发展党的力量，赤寮属较赤的地区，活动应隐蔽，陈俞从赤寮调至铜盂工作。会后，进行重新安排，姚绍文到棉城兴归担任副乡长；郑继芳、郑流阳到棉城加强县城工作；吴扬到关埠任教育指导员；吴表凯到华阳学校任校长，并负责华阳、桑田等地党组织的领导工作；钟震打入国民党潮阳自卫大队任副大队长兼第一中队队长；两英较赤的游击队员暂不与永济生药店（两英地下党情报交通站）联系。

下尾欧会议后，潮普惠县委领导成员按决定分头实施、转变斗争策略，在疏散隐蔽中坚持斗争。

二、加强党的组织建设

为了进一步贯彻"分散坚持，隐蔽待机"的工作方针，落实工作重点的转移，完成由武装自卫斗争到秘密斗争的重大转变，中共潮汕特委于1945年末调整各县委领导机构，撤销了潮澄饶县委、铁路线工委、潮饶丰边工委、潮普惠县委，新建立揭阳县委、潮阳县委、普宁县委、潮揭丰边县委、澄饶县工委、潮安县工委、汕头市工委、惠陆边特派员。

建立中共潮阳县委

1945年11月，根据中共潮汕特委的决定，建立中共潮阳县委，书记郑希，组织部部长陈权，副部长朱泽涛，宣传部部长陈俞。12月，先后增补马千、彭笃民为县委委员。潮阳县委建立后，派朱泽涛到两英建立党总支部，领导南山、潮阳九区、五区一带的党组织。总支书记朱泽涛（后方维新），副书记方维新。同时，派陈俞到惠来建立党支部。1946年1月，县委又派方文瑞到惠来工作。同年3月，中共惠来特别支部在图田乡成立，特支书记黄欣睦。两英和惠来的党组织均属中共潮阳县委领导。

建立健全党的基层组织

为适应新的形势，进一步建立健全农村和学校党的基层组织。1945年11月，成立中共潮阳七区委员会，书记马千（后彭笃民），组织委员马丁，宣传委员李作宣。

1946年1月，成立中共潮阳六区委员会，书记郑流阳（后杨佐生），组织委员郭春，宣传委员陈宁。3月，成立中共潮阳

一、八区委员会，书记郑继芳，组织委员吴表凯，宣传委员吴扬。6月，成立中共潮阳四区委员会，书记马梅，委员马锡江、马庆生。农村先后建立的基层党支部有：上练乡、南阳乡、屿北乡、华阳乡、棉城、神山乡、神山芦池、和平乡、港头乡党支部。学校党支部有：上练学校、联合中学、棉城端本学校、关埠下底学校、金浦学校党支部等。

全面内战爆发后，国民党大举进攻解放区，并在国统区进行大规模"清乡"。有的党员对革命前途悲观失望，有的存在轻敌麻痹思想，甚至出现不遵守组织纪律的行为，影响了党组织的战斗力。为了统一思想认识，提高战斗力，1946年10月，潮阳县委在铜盂下岐朱村召开了各区负责人参加的整风会议，县、区领导人参加，会议由县委书记郑希主持，县、区领导人陈权、陈俞、朱泽涛、马千、彭笃民、吴表凯、詹泽平、马梅、杨佐生等参加会议。会议传达了上级党组织对形势的分析和在党内开展整风学习的指示，并联系部分党员存在的各种错误思想和行为的实际，开展批评与自我批评。同时，部署在基层党组织中全面开展整风学习。为了适应当时斗争形势的需要，县委决定把学校支部与农村支部分开管理，由县委委员彭笃民专管农村支部，郭春、马梅协助。

整风会议后，潮汕地委和潮阳县委领导曾广、郑希在彭笃民家里举办了彭笃民、郭春、马梅参加的小型训练班。之后，各基层党组织迅速传达整风会议精神，开展全面整风学习，在整风学习中对党的组织关系进行全面清理，对党员的政治表现进行审查，组织党员讲形势，谈认识，查表现，开展批评与自我批评。对已具备党员条件的积极分子则吸收入党。通过整风，党员的政治素质提高了，党的队伍更加纯洁，组织更加巩固，从而实现了斗争策略的转变。

三、保存力量，隐蔽待机

抗日战争胜利后，国共两党进行了几个月反复激烈的谈判。1946年3月底，经中共中央和中共代表团团长周恩来交涉后，国民党当局不得不承认中共广东武装力量的存在，并签订北撤协定：（1）承认华南有中共领导的武装力量；（2）同意北撤2400人，不撤退的复员，发给复员证。政府保证复员人员的生命安全、财产不受侵犯，有就业居住的自由；（3）北撤队伍应到达陇海路以北，北撤需用船只由美国负责。尔后，国民党当局千方百计借故阻挠协定的执行，并继续进攻解放区。经再次谈判，5月21日，达成中共广东武装人员北撤山东的协定。

5月底，潮汕特委书记林美南在汕头召开特委会议，对隐蔽斗争和北撤作了部署，确定继续执行"分散隐蔽，保存干部，积蓄力量，以待时机"的方针，以革命的两手对付国民党反革命的两手。会议决定：（1）韩江纵队按广东区党委通知，选送50名军事骨干参加东纵北撤，其余疏散隐蔽；（2）潮汕特委直属武装工作队，继续坚持秘密武装斗争，并负责埋藏好韩江纵队留下的武器，随时准备恢复公开武装斗争；（3）林美南奉调广东区党委工作后，由曾广继任中共潮汕特委书记。会议要求各级党组织在新形势下，要保持清醒头脑，要保护好干部，保存力量，以应付各种复杂的局势。对于已暴露身份而遭受国民党追捕的干部战士，要帮助寻找社会职业，易地隐蔽。一部分无法隐蔽的，可以南撤香港或东南亚各地。

在隐蔽斗争中，中共潮阳县委担负保护干部的任务相当繁重。一方面，抗日战争时期，很多在本地的党员干部暴露了身份，国民党反动派加紧了"清乡"，这些同志需要妥善隐蔽。另一方面，北撤时，韩纵留下一批需要隐蔽保护的人员和武器。县委坚决执行上级党委的指示，采取了有效措施，完成了隐蔽保护干部的任务。

隐蔽潮汕特委及县委机关

1945年冬，国民党大规模进行"清乡"。金浦乡由于没有驻扎国民党军队，群众基础比较好，地点适中，转动范围广阔，东西南北分别是棉城、和平、神山、华阳等地党的活动据点，条件甚好，因此，潮阳县委机关便隐蔽在金浦乡郑希的家中。县委派郑惠川（区委书记）打入国民党金浦乡公所任副乡长，以掌握乡公所的情况，派郑潮木和彭承发打入乡公所掌握武装力量。同时，县委还把铜盂的下岐朱村建立为另一转动点，派县委组织部副部长朱泽涛打入该乡任保长，秘密掩护党的活动。1946年春节前，中共潮汕特委书记曾广到金浦指导县委工作时，认为金浦的条件好，决定以金浦乡郑希的住宅作为潮汕特委的据点。春节后，特委机关在此隐蔽，而县委机关则转移至下岐朱村。

发展学校阵地，隐蔽保护好党的干部

中共潮阳县委吸收运用了抗日战争时期的经验，利用金浦乡的有利条件，安排共产党员张文序等进入金浦乡中心小学任校长，尔后该乡的三堡、寨外、际云等6所学校，均为地下党所掌握，先后安置了杨佐生、林静远等党的干部。

1946年2月，吴表凯到华阳中心学校担任校长之后，通过各种方式，同乡长、士绅搞好关系，先后安排地下党员郑继芳、黄一清、吴扬到该校教书。潮阳武装小组的蔡南也相继被安排到学校隐蔽。吴表凯在与乡长吴广辉的密切交往中，得知乡公所要找一名户籍员，便介绍李作宣担任此职。为保卫好这一阵地，党组织还安排吴锋、吴粗到该校当校工。5月，六区地下党负责人郑流阳到棉城隐蔽，通过社会关系，担任了端本学校教导主任。不久，他又把地下党员林风、积极分子江滨等隐蔽到该校当教师。

同年夏季，地下党员郑觉、李琅被党组织安排到达濠的中小学任教。共产党员陈海从普宁梅林转到潮阳六都中学隐蔽，共产党员肖明进入沙陇砺青中学担任图书馆管理员，地下党员孙波也进入该校当训导主任。在沙陇华强学校隐蔽过的共产党员有许亚涛、方思远、马世政等。

1947年8月，钟声接任县委书记时也曾化名刘永春隐蔽于该校。当时，贵屿的龙港学校、井都的神山学校、关埠中学、赤寮的东寮学校、中心学校、有源学校、创大中学，铜盂的壬屿学校、上练学校，南阳的上乡中心学校，峡山的陈禾陂、洋汾陈、桃溪学校，两英的古厝、永丰、新圩、新厝、古溪学校等，都为共产党所掌握，从而隐蔽了党的干部100多人。对于受到国民党通缉，无法在本地隐蔽的党员、韩纵队员，潮阳党组织则协助他们向泰国、越南，以及中国香港等地转移，投亲靠友。1946年7月，中共中央派李平、方朗、徐扬以潮侨工作组的名义到泰国联系、审查、教育南撤人员。不久，又成立以陈维勤为主要负责人的韩纵联络处，协助工作组联系南撤的非党人员和爱国华侨青年，帮助解决部分人员的就业问题。

此外，潮阳七区党组织在成田市场租用横街15号楼房创办了信丰书店，作为党组织的秘密联络点，由地下党员张衡、马诚、张克武负责，书店于1947年元旦挂牌营业，使党组织情报联系更隐蔽安全。

掩藏武器，等待时机

韩纵北撤时留交潮阳县委有200多支长枪和1部电台。县委把这批武器装备埋藏在陈店的石桥头村。后来，县委又决定由打入国民党潮阳自卫大队第一中队任中队长的钟震，以该中队的名义转移这批武器装备。1946年6月的一天，钟震、朱泽涛、胡光云等到石桥头村的逊敏小学，与隐蔽在那里的杨英伟（潮普惠县委宣传部部长)、李雪光(普宁县委宣传部部长)接头,把武器和电台转移至贵屿仙彭的潮阳自卫队第一中队部钟震的房间暂藏。以后部分由吴采乔、郭春、吴成耿趁夜色秘密转移到东寮吴采乔家中妥藏;另一部分则秘密分散转移到铜盂朱泽涛、龙港彭承运家中妥藏。韩纵留下的电台和武器妥善保藏,为以后恢复武装斗争创造有利条件。

四、搞统战,反"清乡"

国民党反动派残酷"清乡"

1946年6月,国民党发动全面内战,大举进攻解放区。广东国民党当局严令各地对共产党要"协同会剿,以绝后患"。潮汕国民党当局在广东省第五"清剿"区行政督察专员兼保安司令郑绍贤的指挥下,进行残酷的"清乡",加紧对中共党员和韩纵复员人员的迫害。

潮阳国民党当局建立了专门"清剿"机构,成立"自新"委员会,颁布了"五杀令"(即"窝匪""庇匪""济匪""从匪""通匪"者杀),并强迫各区乡召开乡长、保长和士绅会议,部署全面"清乡",实行"联保连坐法",规定每5户乡民必须具结互保,如其中有参加共产党的革命活动者,5户连同受罪。他们加强身份证管理,逐乡调查户口,缉捕共产党员。对学校也加强了监视,规定学校凡是聘请外地教师,一定要办理担保手续,否则,以"通匪"论处。贵屿宅美十三乡公所抓了抗日游击队员李松锦、李四海等严刑逼供,要他们供出抗日游击队员李开立、李开国和地下党负责人郑希的去处。隐蔽在井都神山乡校教书的地下党员负责人彭笃民也受到当地反动头子的监视。

开展反"清乡"斗争

为使党的组织不受破坏,保护革命力量,中共潮阳县委采取有效措施，开展反"清乡"斗争。一方面，县委指示各基层党组织实行单线联系，不搞横向关系，保证党组织的安全。对有危险的党员则及时组织转移。要求每个党员要以公开的社会职业作掩护，干一行像一行，"入乡随俗"，"入港随湾"，广交朋友，保守党的秘密，隐蔽在群众中不暴露身份。另一方面，各地党组织根据县委指示，做好党的统战工作，对国民党的乡村政权采取分化瓦解和重点打击的措施。通过各种关系争取乡村的中上层人物，出面保护韩纵复员人员。普遍对乡、保、甲长投寄警告信，要他们伸张正义，不能助纣为虐，如敢作恶，必遭严惩。利用国民党"民选"乡、保长的机会，选派一些党性强、有工作能力的共产党员打入国民党乡村政权，出任乡长或保长，利用国民党的政令进行合法斗争。如方维新出任两英古围乡副乡长、姚绍文出任棉城兴归乡副乡长、彭承运出任龙港村保长、郑玉城出任井都神山乡保长等。对于气焰嚣张的重点对象，则予严厉打击。1945年下半年，中共潮汕特委由张希非带领的短枪突击队隐蔽在潮阳，帮助开展反"清乡"斗争。如在"清乡"中气焰嚣张的宅美十三乡副乡长李汉坚是党组织准备打击的重点对象，李对地下党组织要打击他已有所觉察，惊恐万状，通过关系向地下党组织道歉求情，党组织审时度势，权衡利弊，改以信件对他提出严厉警告。

由于中共潮阳县委对国民党的"清乡"及时采取了一系列的措施，尽管"清乡"搞得很严厉，也抓不到共产党员。慑于共产党的威力，有的"清乡"是为了向上交差。其时，党的组织没有受到明显破坏。

五、揭穿和谈骗局，争取和平民主

全面内战开始，全国人民进一步看清了蒋介石假和谈、真内战的政治骗局,人心向着共产党。

根据上级党组织的指示,中共潮阳县委为了争取包括社会中间势力在内的广大人民群众的拥护和支持,在国民党统治下的潮阳城乡,积极领导人民开展争取和平民主的斗争。抗日战争时期,潮阳各地学校的领导权多数为共产党所掌握。其时,很多共产党员进入学校隐蔽。全面内战爆发后,在党组织领导下,许多学校建立了青年学生读书会,揭露国民党反动派搞假民主、真独裁的骗局。1945年11月,关埠中学在地下党的指导下,成立了《燎原》读书会,出版《燎原》墙报,组织文艺演出。举办农民业余识字班,宣传共产党和平建国的主张,揭露反动派假和谈的骗局。1946年夏,棉城端本小学党支部在高年级学生中成立读书会,组织学生秘密阅读《华商报》《时事手册》《女游击队员》《八月的乡林》等刊物,积极投身反内战的和平民主运动。砺青中学的地下党员肖明、孙波利用语文教学和班主任工作,向学生宣传共产党的政治主张,宣传和平、民主、团结三大口号。成田中民学校,通过读书会,组织学生讲时事、谈形势,宣传共产党争取和平、反对内战的主张,揭露国民党搞内战的罪恶阴谋。贵屿南阳上乡学校、峡山六都中学,组织读书会、青年学生联合会,深入开展爱国民主运动。

1946年9月,县城联合中学党支部根据受县委委派前来联系工作的李凤的布置,经联络,使进步学生取得学生自治会的领导权,为学校开展革命活动创造了条件。10月,联中一学生在街上被警察无理殴打,学生自治会立即组织100多名学生到警察局进行论理斗争。1946年下半年,联中一教师向学生讲公民课时,歪曲事实,谩骂共产党,学生很气愤,把教师轰出了课堂。各地青年学生合法的民主斗争影响很大,推动全县争取和平民主的斗争。

发展人民武装，组织反"三征"

一、贯彻粗坑会议精神，开辟大南山革命根据地

1947年初，中共中央发出了关于开展国统区农村游击战争的指示。中共香港分局遵照中央的指示，作出了恢复广东武装斗争的决定，并确定了"实行先小搞，准备大搞"的具体战略方针。中共广东区党委也在香港召开了会议，决定发动群众开展反"三征"（反征兵、反征粮、反征税）的斗争，并要求在反"三征"斗争中逐步建立游击根据地。5月下旬，到香港参加武装工作会议的中共潮汕特委组织部部长吴坚和受命担任潮汕地委副书记的原珠江纵队政治部主任刘向东回到潮汕。他们马上到潮阳金浦向中共潮汕特委书记曾广传达香港分局和广东区党委关于恢复武装斗争的指示。中共潮阳县委书记郑希也听了传达。他们对潮汕形势作了分析，研究恢复发展武装力量，开展公开武装斗争等问题。之后，曾广、吴坚先后上大北山开展组建武装队伍的工作。

根据中共潮汕特委书记曾广关于准备调郑希上大北山搞武装工作，中共潮阳县委书记由吴扬接任和挑选骨干筹集枪械支持大北山武装队伍建设的指示，郑希抓紧做好调离前的工作，落实专人把韩纵北撤时分散隐蔽的电台、枪械搬上大北山，并挑选陈权、郭成、陈石等10多名武装骨干参加大北山队伍的组建，要求他们准时到达大北山，参加潮汕人民抗征队的成立大会。

6月7日，根据中共潮汕特委的决定，特委直属武工队和普宁、潮阳的武装经济工作小组及原韩纵部分军事骨干共70多人，在大北山的天宝堂召开潮汕人民抗征队成立大会。抗征队设立了司令部，司令员刘向东，政委曾广。下辖1个大队，大队长林震（许杰），政委陈彬。潮汕人民抗征队的成立，标志着潮汕革命力量从隐蔽斗争转入了同国民党反动派进行公开武装斗争的新阶段。

6月下旬，中共潮汕特委在大北山粗坑村召开特委扩大会议，参加会议的有特委领导人曾广、刘向东、吴坚、吴健民，抗征队的领导人陈彬及各县委领导人共20多人。会议传达贯彻了党中央和香港分局的指示精神，讨论了潮汕地区开展武装斗争的方针任务。

粗坑会议的重大决策

粗坑会议确定：（1）选择揭阳、丰顺、五华边界的大北山为武装斗争的中心战略据点，大南山、凤凰山为战略支点，南阳山、五房山为转动点，建立梅花形根据地；（2）积极发展武装力量，巩固发展潮汕人民抗征队，更广泛开展游击斗争；（3）以反"三征"为行动口号，放手发动群众，进行减租减息斗争，引导群众从单纯的经济斗争提高到政治斗争上来，逐步建立民主政权和两面政权；（4）健全党的各级领导机构，巩固发展党的组织。会议还宣布广东区党委的决定：中共潮汕特委改为中共潮汕地委，书记曾广，副书记刘向东。

8月，吴扬调往揭阳，钟声（化名刘大夫）接任中共潮阳县委书记。当月，潮汕地委书记曾广和已调任地委执委的郑希在大北山上与钟声进一步研究落实粗坑会议精神的具体措施。明确要求潮阳县委做好几项工作：（1）发动群众开展反"三征"，紧密配合潮汕人民抗征队的军事行动；（2）开展征枪借粮，为部队提供武器装备和给养；（3）继续挑选军事骨干，动员积极分子上山参军，抓紧把武器装备转运上山；（4）建立潮阳小北山武工队和情报交通站，积极配合潮汕人民抗征队开展游击斗争，及时提供军事情报和输送军需物资。之后，潮阳县委及基层组织全力开展游击斗争。

9月29日，潮汕人民抗征队把原来的一个中队扩编为北山队和南山队。10月，北山队又扩编为第一大队，南山队又扩编为第三大队。10月20日，第三大队在大队长李习楷、政委陈彬的率领下开赴大南山，担负创建大南山和南阳山根据地的任务。潮阳县委及当地党的组织紧密配合，积极参与开辟大南山革命根据地。

第三大队挺进大南山，开辟根据地

挺进大南山对于打击牵制国民党反动军队，发动潮普惠南群众，配合大北山根据地的斗争，有着重要的意义。

韩纵北撤时，党组织留下吴明隐蔽在大南山锡坑等村坚持秘密活动，掌握了部分乡村政权和守菁队。抗征队第三大队进山不久，吴明和当地党组织便配合行动，夜袭林樟乡自卫队，俘敌30多名，缴获长短枪30多支，解散了国民党的林樟、锡坑2个乡公所，并建立了锡坑乡人民政府和八乡林村自治委员会等基层革命政权。同时，组建了惠南武工队，队长方文瑞。从此，大南山西部地区的革命斗争逐步开展起来。

1948年1月，国民党第五区保安司令兼督察专员喻英奇在潮安召开"剿共"会议，叫嚣要在一个月内"剿灭"大南山的抗征队，在3个月内"剿平"大北山根据地，反动气焰十分嚣张。根据中共潮汕地委的指示及大南山东区的情况，抗征队第三大队决定抓紧时机先发制人，组织队伍东征，开辟大南山革命根据地东部地区。

大南山东区，即潮阳、惠来交界处盐岭径以东地带，横跨潮惠南2县1局，地势狭长，纵约30公里，横约25公里，雷岭公路横贯其中，是大南山重要一翼，战略地位重要。抗征队若能在此站稳脚跟，对潮、普、惠、南一带之敌威胁很大，并能牵制敌人对大南山、南阳山、大北山的"清剿"。

拔除敌人反动据点

抗征队第三大队派出1个中队和短枪队共100多人组成东征队伍，由马毅友、周洪和李扬辛率领，从大南山的河田出发，经盐岭、潘岱，直插关外的周田、狮石、靖海，归途经华湖、林招、双溪等地，横扫大南山东部和惠来东部大片地区的国民党反动据点，摧毁近50公里内外的国民党区乡政权、警察所，焚烧当地乡政府的"三征"簿册。东征历时半个月，共缴获手提机枪2支、长短枪80多支、弹药一批。东征告捷，打击了国民党反动派的嚣张气焰，为开辟大南山东区根据地创造了条件。东征队伍回师后，于1月24日配合抗征队第三大队袭击惠来隆江镇的警察所、区公所和集结队，缴获长短枪40多支。之后，在大南山东区建立了东区武工队，队长马毅友，副队长周洪，队员有林雄、钟延安、朱泽涛、郭坚等。

抗征队东征的胜利，使当地国民党当局坐立不安，加紧了对大南山"剿共"的部署。国民党惠来县县长方乃斌亲自带队，恢复了靖海、华湖区公所，并搜捕武工队员；南山管理局国民党驻军总队长陈统能率兵进驻林招，恢复了在雷岭炮楼驻军；潮阳县政警2个中队也进驻双溪。为了对付国民党的武装进犯，中共潮阳县委同抗征队共研对策，实施了第三抗征大队向大南山西部地区转移和东区武工队继续在东区坚持斗争的部署。这样，形成东西呼应之势，既有利于周旋反击，又有利于巩固扩大根据地。为了配合抗征队第三大队在大南山西部的活动，东区武工队决定袭击国民党大长陇联防队和乡公所，2月3日下午，14名东区武工队员装扮为国民党潮阳县政府官员，前赴大长陇乡公所，并打开粮仓，把2000多担稻谷就地分给群众。是役，缴获轻机枪1挺、长短枪35支、弹药一批，俘虏国民党大长陇乡长陈衍柳及警员30多名。

惩办叛徒，为受害革命者报仇

东区武工队在袭击大长陇后，便马上进驻潘岱。这个村处于大南山东西部的中心，地形复杂，便于隐蔽，群众基础较好，富有光荣的革命传统。东区武工队东征时，两英地下党组织给其提供了雷岭、红场这一带叛徒特务的名单，其中：河田林樟乡（在今惠来县与潮南接壤处）乡长何二珠，是土地革命战争时期出卖30多位革命者的叛徒；盐岭（在今惠来县与潮南接壤处）乡长江阿吉，是抗日战争时期出卖逮捕张珂敏的叛徒；还有牛埔村刘永贞、龙坑村的刘木盛，均是革命的败类。东区武工队把潘岱、盐岭、下溪和叠石的8名积极分子组织起来，很快核实何二珠、江阿吉、刘永贞、刘木盛、郑红帝等人罪行并将他们捕获处决，清除了潘岱及周围乡村的反革命分子，为创建东区根据地奠定了基础。

袭击两英警察所，老区人民掩护武工队

3月中旬，国民党第五"清剿"司令兼潮普惠南五区指挥所主任林贤察亲自指挥"清剿"队伍进逼大南山西区。为牵制"清剿"部队的兵力，东区武工队主动出击。19日下午，钟延安率武工队员5人，化装成上圩群众，袭击了两英警察所，缴获长短枪2支。事后，南山管理局被迫收缩营地，把驻在雷岭炮楼的警兵撤回两英圩。从此，大南山东部和西部的斗争紧密配合，两相呼应。

在创立东区的根据地时，东区武工队得到了当地群众的大力支持，有的群众甚至冒着生命危险掩护武工队员。有一次，驻普宁的国民党"清剿"大队长马汉初率兵100多人包围了潘岱村，企图歼灭驻扎在该村的抗征队，而抗征队员早已转移至叠石村。但队员马桂元因病未能转移而被当地地下党组织安排隐蔽在一农民的家里，"清剿"队在搜索中抓到马桂元，怀疑他是抗征队员，把他带到寨门口审问。村民乌鼻婶见状，便上前把马桂元认作她的儿子，在场的群众也帮助证实，国民党兵只好把马桂元放了。东区武工队由于得到了当地群众的大力支持，在斗争中迅速发展，并于5月间扩编为潮汕人民抗征队第五大队。

二、建立武工队与情报交通网

1947年5月上旬，中共潮阳县委根据上级党委关于恢复发展武装力量，公开进行武装斗争的指示，迅速组建大北山武装队伍。同时，积极筹建小北山武装工作队和恢复，发展情报交通网。

1947年11月至12月，潮汕人民抗征队司令部委任郭成为队长，命其带领郭坚到潮阳组建小北山武装工作队。潮阳县委先后挑选了政治、军事素质好的党员干部彭笃民、吴表凯、刘斌、吴锋、赖仰、赖新、赖丘、谢金顺、彭强等参加了小北山武工队。吴锋任副队长，刘斌任指导员，彭笃民、吴表凯代表县委领导这支队伍。小北山武工队以小北山为据点，面向练江南北和榕江南岸的广大平原，经常活动于潮阳的一、六、八、九区和普宁的一、四区，揭阳的安乐区等地。

武工队的任务是：宣传政治形势和党的方针政策，发动和组织群众反"三征"；开展侦查活动，配合部队打仗，袭击国民党部队及其地方武装，扩大共产党和人民武装的影响，征枪借粮，解决地下党活动经费和部队给养；建立两面政权，除奸肃反，保卫党组织领导机关的安全。

大南山四七武工队组建

1948年8月，中共潮惠南边县工委成立。县工委旋即组建四七武工队，其骨干是上级派来的彭笃民、吴锋、陈南、李作宣、黄水木、游南等，队长吴锋，指导员李作宣。彭笃民代表潮惠南边县工委领导这支队伍。四七武工队以大南山为依托，面向练江南岸及惠来东区的广大平原，活动范围是潮阳的四、五、七区及九区部分地区，还有大南山东区、惠来东区等地。

8月下旬，根据潮汕地委的决定，在潮阳关埠区，揭阳渔湖区、安乐区、京岗一带活动的由潮揭丰边县委领导的潮阳八区武工队合编入潮阳小北山武工队，全队共有25人。队长郭成，指导员孙明。

小北山武工队和四七武工队在反"清剿"斗争中，经受了艰苦斗争的严峻考验，坚持以山区为依托，经常深入平原开展游击斗争，有效地打击和牵制了国民党的反动武装对大南山革命根据地的多次"清剿"。

建立和发展情报交通网络

及时准确地搜集传送情报资料，输送军需物资，是对敌斗争中一项特别重要的工作。尤其是在党组织处于地下活动和缺乏通讯、交通工具的情况下，情报交通工作显得十分重要。1947年，潮汕人民抗征队第三大队在大南山建立了情报交通站，设立7条交通干线，其中2条经潮阳分别与汕头市和惠来县联系。潮阳县委根据开展武装斗争的需要，迅速恢复和建立了一批情报交通站，各地基层党组织也相应建立联络点，形成秘密的情报交通网络。

内线直接联系党的主要领导人，总站先设在金浦，由李凤负责，后转至下尾欧。外线的情报工作是经常性的、大量的，情报站和联络点比较多，形成了秘密的情报交通网络。主要有：陈宁负责的汕头站，中共潮阳县委派员打入汕头警察局及驻汕国民党军队，开展情报工作，陈宁通过各种渠道同他们取得联系，掌握敌人内部重要情报。姚绍文（后林风）负责的棉城站，站址设于棉城中华路南门桥头协和米铺；姚绍文（任兴归副乡长）通过同县警察局刑侦队长廖先文的密切联系，取得情报资料；棉城地下党组织还在国民党县政府门口、广汕公路汽车站门口、潮海公路新宫路口设立侦察点，搜集敌人军事行动情报。钟前负责的两英站，站址设于国民党南山管理局所在地两英新圩的永济生药店；打入南山管理局及其"戡乱会"和警探队的赵公卫、林气强等掌握敌人重要情报则及时通过永济生药店转送出来，还在古溪乡利群布厂设立另一情报站，与永济生药店联系，负责人钟震（后张松源）。陈树益（后张举）负责的陈店站，站址先后设于陈厝围、柯厝围、红墩、大埔仔等地，主要任务是掌握国民党军队驻防和调动的军事情报。张衡负责的四七区站，该站在成田开设信丰书店，以书店为掩护，负责向大南山收转情报及采购转送军用物资，后又在港头设立军需物资转运点。彭东、彭绍瑞负责的龙港站，站址设于贵屿龙港学校，该站利用少年儿童不易引人注意的特点，培养儿童带信。周宏（后周昭文）负责的峡山站，站址设于桃溪存德小学，后迁到峡山广利祠厝包，该站的交通员及联络点均配双线。陈衍之（后黄是俊、黄大昌）负责的下底站，站址设于关埠中学，该站原由中共潮揭丰边县委管辖，后由中共小北山县工委领导，联系范围为榕江两岸揭阳的桑浦山、潮阳的关埠、丰顺的陷隍、汤坑等地。还有华阳与金浦两个情报交通点。华阳点由吴烈希负责，分别与龙港和县城及金浦点联系；金浦点由郑允玉、郑淑英负责，分别与县城站和华阳点联系。

三、开展平原游击斗争

1947年底，中国人民解放军转入全国大规模的战略进攻，蒋介石被迫采取分区防御的方针。12月27日，宋子文委派少将喻英奇任第五（潮汕）"清剿"区司令兼行政督察专员和保安司令。喻英奇一到潮汕，便加紧策划"清剿"，声称"三个月肃清平原匪患"。在汕头地区设立了潮普惠南、潮揭丰、潮澄饶澳3个"清剿"指挥所和汕头警备区，把直属2个"清剿"大队和省保安独立第八大队扩充到1000多人，并整编和扩大各县的保警队和自卫大队的力量。又在各县成立"戡乱委员会"，在各地实行"五户联保"的保甲制，还在山区周围增设联防点，企图消灭共产党和人民武装。

潮阳县委根据潮汕地委和潮汕人民抗征队司令部的部署，将武装队伍推向平原，主动灵活地开展游击斗争，打击国民党的地方武装及封建反动势力，从而牵制了国民党的主力部队对山区游击根据地的"清剿"。

主动出击，沉重打击喻英奇的嚣张气焰

1948年初，喻英奇在潮阳县城召开"戡乱"会议，策划"进剿"游击根据地。小北山武工队根据县委书记钟声的指示，决定在除夕夜袭击县城警察。当晚，武工队队长郭成率队员郭坚、赖仰，在棉城、金浦地下党组织的配合下，由郑衍弟带路潜入县城，袭击了正在商店购物的3名警察，缴了他们的枪，并把他们押出城外审问后释放。喻英奇对此十分恼火，下令枪毙了这3名警察。此举，震动县城内外。4月末，喻英奇调集了省保安第八营一部、第十一营及潮安、潮阳、普宁、惠来、揭阳、陆丰6个保警大队1000多人的力量，准备再次"清剿"大南山和南阳山根据地。为挫败喻英奇的"进剿"，中共潮汕地委和潮普惠南分委决定组织武装力量主动挺出外线平原作战。

袭击各地反动政权

4月底，县委书记钟声同县委宣传部部长兼一、八区区委书记吴表凯在峡山桃溪学校部署，组织力量袭击距离县城不远的华阳、内垅乡公所。并决定华阳党支部的吴发、吴钦、吴粗和积极分子吴龙等紧密配合这次行动。安排立即侦查两地乡公所的武器装备，预先画好地图。5月13日，小北山武工队和东区武工队在华阳党支部配合下，一举成功，袭击了内垅和华阳2个乡公所，缴获轻机枪3挺、长短枪30多支、子弹7000多发。此役，既补充了游击斗争中急需的武器装备，又迫使"进剿"大南山的国民党马汉初部队停止军事进攻，撤退维护后方，解了大南山之围，受到中共潮汕地委和潮普惠南分委的表扬。5月，中共潮普惠南分委决定打击港头联防队，派朱泽涛下山，和港头地下党组织积极配合，查明了港头联防队的装备及布防情况。并指示打入港头乡公所中的地下党员张成添注意跟踪监视联防队枪支存放地点，防止枪支被转移。26日凌晨，港头地下党员配合抗征队第三大队及东区武工队突袭了联防队，缴获重机枪1挺、长短枪20多支、子弹5000多发，俘虏联防队队长张朝阳。

平原游击斗争开展后，喻英奇在各乡建立自卫队、联防队和保安队，仅7月间，对小北山武装队伍先后"清剿"达19次。7月20日下午，小北山武工队根据县委的指示，由彭笃民、吴表凯带领郭成、刘斌、郭坚、吴锋、吴发等10多人，装扮成走亲戚及做生意的农民，在金浦地下党组织的配合下，袭击了距离县城只有5公里的金浦乡公所，缴获长短枪12支、子弹300发，烧毁了乡公所的文书册簿，并向大地主征用港币8万元。此举既打击了地方反动势力的嚣张气焰，又解决了人民武装队伍给养的困难。10月23日，潮南武工队与东区武工队配合，夜袭九区深溪乡公所，抓了乡长刘撷香及乡公所兵3人，缴获机枪1挺、长短枪50多支、电话机1部。11月，四七武工队及抗征队第五大队，在神山乡党支部配合下，袭击了井都乡公所，缴获长短枪25支，敌人惶惶不可终日。

炸炮楼，烧桥梁，破坏敌人通讯设施

打乱喻英奇的"清剿"计划。广汕公路是国民党部队"清剿"大南山的主要通道。1948年3月21日夜，小北山武工队与东区武工队在广汕公路沿线地下党组织的配合下，烧毁了广汕公路沿线的太和、和平、作新、西洋、溪尾、陈店等公路桥梁。8月中旬，抗征队第五大队沿华湖、沃角、京陇、周田、田心、华林、简朴一带频频出击，把妄图组织沙陇、田心、华林三乡反动联防的头子正法，摧毁炮楼2座。9月，小北山武工队又多次派吴钦等人与安轿、浔洄民兵配合，烧毁七里港桥、太和桥、后溪码头、磊口码头，使磊口至流沙的交通中断，军运停顿。同年冬，四七武工队根据潮惠南边县工委的指示，主动出击，先后炸毁大南山边沿山区的风吹、仙斗、圆山、鹤洋、庐岗等乡的炮楼。以上一系列的行动，有效地牵制了国民党部队对大南山革命根据地的"进剿"，同时，为武工队在平原的活动扫清了障碍。

发动群众抗"三征"、冲谷仓、济贫民

因国民党政府加紧了"三征"，1948年初，又因春荒严重，加上前年水灾，农作物失收，物价飞涨，民不聊生。县委指示各地党组织把开展抗"三征"斗争与关心群众生活结合起来。5月15日，八区地下党组织配合小北山武工队，发动京岗、灶浦、陂头、金沟、下底、神山官、花园等乡村数百名贫苦农民，乘夜袭击下底田赋仓库，就地分1000余石谷济贫，帮助贫苦农民度春荒。11月底，中共小北山县工委在贵屿龙港召开工委会议，工委书记吴扬传达中共潮普惠南分委关于发展大好形势，继续开展反"三征"和扩大游击区的指示。会议确定以六区作为主要活动点，发动群众，开展反"三征"的武装斗争。

1949年初，为了减轻农民的负担，改善农民的生活，大南山革命根据地党组织还领导农民进行减租减息的斗争，支持农民"赖租赖债"和提倡"二五减租减息"。一些地方的地主有抗拒的行为，党组织发动群众与其斗争。在发动群众抗"三征"的斗争中，潮南庐岗溪尾村有一支以周英为首的"锄奸队"，在平原各地筹饷筹枪，搞所谓的"锄奸反霸"，干扰县委的工作部署，破坏人民武装的威信。为维护人民武装的声誉，更深入发动群众反"三征"，中共潮惠南边县工委书记彭笃民派员对周英进行说服教育，并改编了这支队伍。

在征枪借粮中，武工队付出了艰辛，付出了代价。1948年8月29日夜，吴表凯率小北山武工队的孙明、赖仰、郭坚、郑春、孙岳章、赖如恭、吴粗、赖埃等武工队员，到灶浦沟头村向保长陈二添、陈阿猫四大富户催收原先约定的200石借粮和2支枪。因陈二添暗中急告附近的国民党黄鹤裕自卫中队，次日早晨，武工队受到该中队的包围。武工队坚持3个多小时的战斗后突围，赖如恭、吴粗、赖埃在突围中壮烈牺牲，吴表凯腿部受伤。武工队经赤寮转普宁十二乡河田村，一路上敌穷追不舍。当晚，驻赤寮的县保安队第三营黄少初部队配合麒麟联防队及警察所警兵共200多人，包围搜查了河田村。在当地党组织和人民群众掩护下，武工队才摆脱了危险。

惩办叛徒陈壬癸

陈壬癸是雷岭麻竹埔村人，土地革命战争时期当过中共广东省委交通员，1933年在汕头市被捕叛变，出卖交通线，领着国民党部队到雷岭松林村榕石洞破坏东江特委机关，使东江苏维埃政府主席陈魁亚等几十位同志被杀害。后来他当上了国民党鹅溪乡乡长、南山管理局刑警队长、第二联防处主任，活埋穷苦农民，罪恶累累。经潮汕人民抗征队第五大队与潮阳县委共同研究，决定惩办叛徒陈壬癸。两英地下党组织负责人方维新、钟南天根据县委指示，迅速掌握了陈壬癸常于夜间到两英镇镇长黄应秋家打麻将的情况，并同第五大队派来的钟延安研究了行动方案，确定在赌场将他处决。经上级批准，1948年9月15日夜，由方维新负责指挥，四七武工队和第五大队的钟延安、吴锋、林少元、郭川、古坤与这次行动的内应、地下党员赵公卫互相配合，把正在黄应秋家中赌钱的陈壬癸当场击毙。打击了国民党反动派的嚣张气焰，为民除害，老百姓拍手称快。

四、中共潮惠南边县工委及民主政权的建立

1948年1月，喻英奇在潮安召开"绥靖"会议，相继成立了潮汕"戡乱"设计委员会和各地"戡乱"动员委员会，并扩充了各县政警，在各地建立了反动联防，企图分割大北山、南阳山、大南山革命根据地的联系，妄图分割包围山区游击根据地。

建立潮惠南边县工委机关

为粉碎国民党的阴谋，同年4月，中共潮汕地委根据中共香港分局的指示，设立了中共潮普惠南分委，书记吴坚，副书记郑希，加强了反"清剿"和发展平原游击斗争的领导。5月，潮汕地委决定在大南山东部地区设立中共惠南县委员会，书记郑流阳，组织部部长朱泽涛，宣传部部长方文瑞，委员马毅友。

同年8月，潮汕地委决定把潮阳县委改建为潮惠南边县工作委员会和小北山县工作委员会，两个工委均受潮普惠南分委领导。潮阳县委书记钟声调任潮普惠南分委工作。

潮惠南边县工委书记彭笃民，委员马丁、马梅。管理范围为大南山的雷岭、石船、两英，南山边沿的潮阳四区、五区、七

区，惠来东部地区。下辖中共潮阳七区委员会（书记马丁，组织委员肖明，宣传委员张衡）和中共潮阳五区特派员周宏及中共潮阳四区特派员马世政。

小北山县工委机关驻六区龙港等地，书记吴扬（8月吴扬未能到任，由吴表凯代理书记），组织部部长吴表凯，宣传部部长彭承运。管理范围为：辖潮阳的一、二、三、六、八、九区及普宁县的四区及一区的部分地区。同年11月，吴扬到任后调整了县工委领导成员，书记吴扬，组织部部长郭春，宣传部部长吴表凯，委员李凤、彭承运。下辖中共潮阳六区委员会，书记彭承运，组织委员张声，宣传委员彭东；中共潮阳一区，特派员林凤，副特派员李凤；中共潮阳八区，特派员吴表凯（兼）；中共普宁四区委员会，书记张声，组织委员黄荣利，宣传委员罗勤兰。

建设基层政权

为了粉碎喻英奇的"清剿"，潮惠南边县工委和小北山县工委建立后，抓紧基层政权建设。同年10月，大南山东区先后成立了流陂乡政府，乡长钟南天；石船乡政府，乡长廖源；雷岭乡政府，乡长古坤。各乡政府成立后积极发动群众开展减租减息运动，成立妇女会和建立民兵组织，动员青年参军和配合部队作战，发展生产，支援前线。

在平原地区，基层组织政权的建设也得到发展，县工委派出武工队控制了一些平原乡村据点，先后建立了两面政权，在开展反"三征"和敌后游击斗争中发挥了作用。

五、民主统一战线的建立

1948年6月至8月，中共中央、香港分局、闽粤赣边区党委连续发出指示，强调必须团结一切可以争取的力量，缩小打击面，不要侵犯中农、独立生产者、自由职业者、知识分子、工商业者、华侨及开明绅十的利益；对国民党军政人员要有坚定的立场和灵活的策略，要有步骤、有区别、有分寸地对待，以争取游击战争的胜利。中共潮阳各级组织认真执行上级的指示，认真总结和克服某些过"左"和过急情绪，注意斗争策略，做好统战工作。在统战对象上，重视争取社会的上层人物和乡村武装的头面人物。在斗争策略上，坚持团结发展进步势力，争取中间势力，孤立和打击顽固势力。从而壮大了人民革命力量，削弱了国民党的反动势力，加快革命斗争进程。

争取社会各类上层人物

国民党统治下的潮阳，封建堡垒林立，封建地主建立了保安队、自卫队、联防队等武装组织。中共潮阳组织善于变革命阻力为助力。八区陈邦宪自卫大队，虽实力较强大，但迫于形势想跟共产党搭线。县委指派吴表凯做陈邦宪的转化工作，促使陈邦宪接受吴表凯对他提出的及时提供国民党的军事行动情报，保护在其势力范围内武工队的活动，代武装部队购买枪支弹药3个条件。从此，他通过乡公所的文书与吴表凯的三弟秘密联系，提供情报。有一次，吴表凯带领武工队8人于夜间乘小船到关埠的石井乡活动，天亮时接到陈邦宪派人前来密告，说吴表凯带领的队伍已被区公所发现，他们将奉命到石井执行公务，请武工队立即转移。于是，吴表凯便率武工队及时渡江转移揭阳桑浦山。六区自卫中队副中队长蔡振任曾是吴扬的学生，吴扬通过师生关系，使蔡接受教育，不再与共产党为敌，为地下党提供军事情报。六区上练乡副乡长彭松泉在地下党组织的教育下，靠近共产党。

1948年夏，中共惠南县委组织部部长朱泽涛被捕入狱，彭松泉受党委托，多次往潮州找亲友设法营救。经党组织多方努力，朱泽涛终于出狱。早在抗战时期，下八区党组织负责人吴表凯就已同当地的华阳、桑田、龙仔3个乡的副乡长交为朋友，他们及时通透情报，掩护武工队的行动。八区南安乡的刘和武是国民党潮阳县的参议员，他当过十多年乡长，在他的周围有乡长邱来木和东芦乡乡长张德明、绅士张揖，古溪乡的陈增照等，关系十分密切。把刘和武的思想做通了，就有可能把他周围的头面人物都牵住。县委派吴表凯、孙明亲自做刘和武的工作，终于把其争取过来。在刘和武的影响下，邻近许多乡村的头面人物都逐步靠近了共产党，使地下党组织和武工队在平原拥有了更多的立足点，扩大了与国民党斗争的回旋余地。

广交朋友，团结发展进步力量

两英党组织通过方维新以商会召集人的身份，同当地邮电局局长陈宝贵交往密切，成为挚友。陈宝贵认为方维新是信得过的人，没有戒备，经常把重要事件告诉方维新，甚至把国民党广东省政府给南山管理局的信件都拿给方维新阅看。方又和两英副镇长、杂粮公会常务理事钟炳祥，交上朋友。钟炳祥在参加钟廷中宴请南山管理局局长林达的酒会上，获悉林达要抓方维新的消息，及时暗中告诉方维新。方即报告上级党委，并根据指示迅速离开两英。两英党组织通过钟震与当地的外科医生刘鼎铭交朋友，建立了感情，地下党组织和武工队的伤病员都直接、间接地请刘鼎铭诊治。刘医术高明，从不泄密。

港头乡华侨张朝成，思想比较进步，地下党组织经常派共产党员张元伟与其接触，交为朋友，他先后为武工队购买短枪8支和一批弹药，帮助筹粮，还把2座新屋让给党的地下情报交通站作军需物资转运点。准备上山打游击的人员和武工队下山活动时，常常在此隐蔽。贵屿龙港村的侨眷欧阳瑞兰，在龙港地下党组织的启发下，也把房屋让给地下党作活动点。1947年冬天，潮汕人民抗征队第三大队大队长张希非派人从国统区筹集到一批国币，派侦察员送交在龙港的潮阳县委书记钟声，要县委设法为山上的同志购买一批寒衣。因冬天已到，时间紧迫，钟声请欧阳瑞兰帮忙，把这批国币转送成田信丰书店交马诚赴汕采购。钟声装扮成商人随行，欧阳瑞兰则挑着隐藏国币的番薯担赶路，由于欧阳瑞兰已怀孕数月，又因挑担赶了25公里多路程，非常辛苦。沙陇侨眷肖素惠是地下党员肖明的亲戚，肖明在沙陇砺青中学任教，住在她家。在肖明的教育下，她同情革命，把住房借给地下党组织活动。有一次，地下党组织在汕头取得一批硫磺、朴硝，准备送上大南山给武装部队制造土炸炮。为了避过敌人检查，地下党组织请肖素惠帮助，让她化装成回家探亲的华侨，派地下党员王实化装为挑夫，把暗藏在皮箱里的炸药安全带出汕头。

党组织认真贯彻执行党的统战政策，扩大了革命阵营，也为后来的策反投诚工作打下了基础。

配合主力部队，解放潮南全境

一、贯彻大岭下会议精神

经过辽沈、淮海、平津三大战役后，国民党赖以维持其反动统治的主要军事力量基本被摧毁，全国处于革命胜利的前夜。蒋介石的国民党统治集团仍妄图作垂死挣扎，玩弄"和平攻势"，企图实行"划江而治"，以争取时间，保存实力，卷土重来。1949年1月1日，毛泽东发表了题为《将革命进行到底》的新年献词，向中外宣告解放军将渡江南下，把解放战争进行到底。

为夺取革命的全面胜利，中共潮汕地委于1949年1月18日至30日在大北山解放区的大岭下村，召开地委扩大会议，全体执委和各县委书记20多人参加会议。会议总结了在开展游击战争中的经验教训，分析了全国解放战争形势，提出争取一年内解放全潮汕的战斗任务。会议决定采取若干主要措施：大力加强党的建设，壮大党的力量，保证党的集中统一领导；大胆使用和积极培训干部，着手制订接管城市的规划；发动青年参军，加强主力部队和发展地方武装力量，开展整军练兵，提高作战能力；加强政权建设和群众组织的领导，掀起全力支前高潮；着力加强财政经济工作，保证供给和改善群众生活；加强国统区城市的工作；发动大规模政治攻势和加强统一战线工作等。

大岭下扩大会议后，小北山县工委在壬屿召开县工委扩大会议，参加会议的有潮汕地委潮普惠南分委副书记郑希，县工委成员吴扬、吴表凯、郭春、李凤、彭承运、郭成等，会议由县工委书记吴扬传达地委大岭下会议精神，一致认为地委提出的一年解放潮汕的目标和确定的措施，完全符合潮汕的实际，决心按照潮汕地委提出的要求认真贯彻，狠抓落实，发扬成绩，纠正错误，克服困难，为争取一年内解放全潮汕而努力奋斗。根据地委提出的要求，结合潮阳的实际，会议研究决定抓好几项工作：（1）加快发展武装力量，发动青年参军参战，迅速建立连队，为建立团队作准备；（2）加强党的建设，壮大党的力量；（3）加强统一战线及策反工作，确定以八区自卫大队队长陈宪邦作为近期统战对象，由吴表凯负责；（4）在条件成熟的地方，建立两面政权。

中共潮惠南边县工委也迅速召开贯彻会议，潮普惠南分委副书记郑希、抗征队潮汕支队五团团长马毅友参加会议。会议由彭笃民传达地委扩大会议精神，突出抓好几项工作：（1）发展武装力量，建立边纵二支队十一团，团长钟震，政委彭笃民；（2）加强政权建设；（3）加强统一战线工作，配合边纵二支队司令部做好潮惠南"清剿"独立自卫大队队长郑星、驻和平的潮阳保安二营营长林运济、驻峡山的保警第一营第七连连长周礼、达濠巡防大队队长吴国光等的策反工作。

小北山县工委扩大会议和潮惠南边县工委会议后，广大党员、干部信心百倍，为实现会议提出的争取一年解放全潮汕而积极行动起来。

二、加强党的领导，发展人民武装

加强党的基层建设

1949年初，潮汕地委决定把加强党的建设、加强军事斗争、发动群众支前作为三大任务来抓。要求各级党组织大力发展党员，壮大党的力量，健全区以上领导机构。潮阳各级党组织通过整风学习会、支部会、小组会，对党员进行革命坚定性和组织纪律性的教育，增强党性观念。注意在青年学生和青年农民的积极分子中发展党员，使党组织有了较大的发展。至1949年10月，潮阳县党员从1948年末的361人发展到433人。

1949年2月，根据潮汕地委的决定，潮惠南边县工委改为惠潮县委员会，充实县委领导力量，县委书记彭笃民，组织部部长吴明，宣传部部长马丁，副部长张衡，委员方维新、钟震、钟南天。同时，建立了惠潮县人民行政委员会，主任方维新（布告落款化名方韬），委员陈绍宏、陈衍之。1949年初，惠潮县委决定四区和七区委员会合并为四七联区委员会，区委书记马丁（兼），组织委员肖明，宣传委员马诚。马丁上山参加武装斗争，由肖明代理区委书记。2月，成立中共五区委员会，区委书记周宏，组织委员陈上钦，宣传委员郑冠（后黄毅）。同年6月，根据潮汕地委的决定，小北山县工委和惠潮县委合并为中共潮阳县委员会，书记吴扬，副书记彭笃民，组织部部长郭春，宣传部部长吴表凯，副部长马丁，委员方维新、钟震、李凤、彭承运、钟南天、张声、林风。之后，县委成立了潮阳县青妇工作筹备委员会，书记李凤，副书记马世政，委员林风、郑丽娟、马瑜。建团工作经过试点发展较快，仅峡山团组织就建立7个团支部。4月，县委派出郑丽娟等20多人的妇女工作队到各乡村开展活动，各地先后建立了妇女组织。

发展各地人民武装

1949年初，潮汕地委先后向各县发出了关于加快发展武装力量和扩编中国人民解放军地方团队的指示，并决定把抗征队潮汕支队第五团属下的华湖武工队、关外武工队和潮南武工队划归惠潮县委领导。2月，惠潮县委以四七武工队及四七连和五团属下3

支武工队为基础，扩编为中国人民解放军闽粤赣边纵队第二支队第十一团。团长钟震，政委彭笃民，政治处主任马丁。全团260多人，配备轻机枪1挺、长短枪260多支。

1949年春节，小北山县工委书记吴扬带领小北山武工队到大南山五福田进行整风学习，并把小北山武工队组建为二支独立大队，大队长郭成，教导员孙明。原来3个武装小组则分别组成了潮八武工队，队长吴发；潮六武工队，队长王名武；普四武工队，队长赖仰。3月，小北山县工委把独立大队扩编为中国人民解放军闽粤赣边纵队第二支队第十二团。团长兼政委吴扬，政治处主任吴表凯，全团120人，配长短枪120多支。

1949年6月，在小北山县工委与惠潮县委合并为潮阳县委时，二支十一团与十二团合编为二支十一团，团长钟震，政委吴扬，政治处主任吴表凯。7月后，钟震上调二支队司令部参谋处，吴扬任团长兼政委。随着全国及潮汕解放进程的快速发展，广大青年农民和知识分子踊跃参军参战，人数倍增，大南山地区又建立了两英和五区武工队，共80多人。两英武工队队长方明，指导员赵紫；五区武工队队长陈南，指导员周宏。小北山地区扩建了六区、上八区、下八区、九区和普宁四区5支武装工作队，共120多人。六区武工队队长兼指导员郭拱；上八区武工队队长许敏；下八区武工队队长吴发，指导员林宏；九区武工队队长李银，指导员王名武；普四武工队队长赖仰。同年7月，建立了四区武工队和七区武工队。四区武工队队长黄龙，政训员郑灶；七区武工队队长郑容，不久由郑玉城任武工队队长兼指导员。

这一时期，武工队从无到有，从小到大，积极开展反"三征"斗争，紧密配合主力部队作战，战绩显著。

三、配合主力部队，推进各地解放

1949年1月，中共中央香港分局根据毛泽东主席《将革命进行到底》的新年献词的精神，发出了《关于迎接大军渡江和准备解放广东的指示信》。1月18日，潮汕地委召开扩大会议，提出努力赶上全国形势，争取一年解放全潮汕的战斗口号。同年4月9日，中共香港分局副书记、粤赣湘边区党委书记、粤赣湘边纵队司令员尹林平在陆丰县的河田主持召开粤赣湘和闽粤赣两个边区党委和纵队领导人的联席会议。粤赣湘边区的左洪涛、黄文俞同闽粤赣边区的林美南、铁坚、刘向东等领导人参加了会议。根据河田会议精神，闽粤赣边区党委决定：边纵主力先经营兴宁、五华、梅县，沟通潮梅两地的联系，然后向潮汕的揭阳、普宁、惠来等地进军。4月中旬，林美南在河婆召开有潮汕地委和边纵二支队负责人参加的军事会议，传达河田会议精神。会议决定集中边纵直属一团、五团和二支队主力团，组成攻击部队，完成河田会议赋予的任务。4月底，边纵首长、潮汕地委和二支队领导人，共同制订了拔除国民党盘踞在普宁、惠来、潮阳、南山、揭阳、丰顺等地区各个孤立的据点，解放潮汕广大平原的作战方案。

4月底至5月初，边纵直属部队及二支队共7个团3000人组成了攻击部队和阻击部队，协同攻点打援，首先拔除了暴露在解放区前沿的据点普宁鲤湖镇，全歼守敌300名。在强大攻势之下，驻棉湖和流沙的国民党2个保安营和警察所，弃城而逃，边纵部队乘胜进军流沙、陈店。

5月3日，边纵二支队十一团和十二团在地方党组织的积极配合下，与边纵主力五团和边纵二支队一团合力进攻陈店，守敌全部被围，无法逃窜。当天，潮阳县国民党保安第三营黄少初部

100多人前往救援，被二支队一团和十二团击退。5日，边纵五团开展瓦解敌军的政治攻势，并派员带信给陈店的国民党集结中队中队长范世雄，向他宣传党的政策，令其放下武器。6日晨，范迫于形势，率先带领20多人，携带轻机枪1挺，向解放军投诚。陈店另外2个据点，也因孤立无援，守敌70多人相继投降。此役，缴获敌人轻机枪2挺、长短枪90多支。至此，陈店解放，并即日成立陈店军事管制委员会，主任彭承运，副主任郭征尘。为了加强党在这一地区的领导，县委决定成立中共九区委员会，区委书记彭承运，组织委员郑冠，宣传委员王名武，青年委员李旭，妇女委员李琅。

四、围攻南山管理局，生擒匪首林达

南山管理局是土地革命战争时期反共将领张瑞贵、邓龙光"进剿"潮普惠苏区后建立的县级反革命堡垒，旨在"围剿"大南山革命根据地，镇压根据地人民。它起初称移垦会，后称移民垦植局，把当时一些被反动派"清乡"逼迁、无处栖身的所谓"罪民""难民"集中在两英龙船岭等地开荒。其管辖范围：东至华林桥仔头，西至云落，南至华湖，北至高堂，东西110华里，南北60华里。这就是潮、普、惠三县交界的大南山区。南山管理局1933年开始设于现潮南区红场镇林招乡。1935年搬往潮南区两英镇的两英圩。

在土地革命战争时期，国民党反动派在苏区残酷镇压革命人民。1933年秋，国民党当局在雷岭峰顶建筑一座4层半的钢筋水泥结构瞭望台。还筑了一道屏障，从两英通雷岭，南经华湖抵惠城，北抵司马浦，接通省道，把大南山拦腰截成两段，在经济上实行封锁，禁止粮、油、盐等日常生活用品进入苏区。张瑞贵、邓龙光、何宝珠等国民党反动军队反复进攻、"包剿""围

剿"，施行烧、杀、抢政策，使大南山所有村庄瓦砾遍地，茅草丛生。从土地革命战争时期至解放战争时期，大南山人民饱受南山管理局的反动统治，遭受肆意摧残。当地群众对反动派无不咬牙切齿，对南山管理局的八任局长均起了入木三分的外号：薛汉光称作"死乌青"，刘炳江"老好钱"，曾也石"棕扫帚"，黄瑞瑜"靠收拾"，郭基扬"刮唰唰"，王乃勋"断脚筋"，易敬简"芒种蝎"，林达"野过贼"。

南山管理局局长林达，出身潮阳县达濠区，是该局第八任局长。此人也是蛇鼠之辈，满脸麻子，当地百姓呼其为"斑林达""野过贼"。他在蒋家王朝面临末日之际，仍助纣为虐，坚持与人民为敌，卖死力配合喻英奇匪部向解放区"进剿"。他疑神疑鬼，撤掉了隐蔽在此的中共党员林气强在该局担任"勘乱会"秘书的兼职。他还无故逮捕永济生药材店的2名药童。此外，还随意传讯、逼供、拘留被怀疑可能到大南山参加革命的家属，对其胡作非为。

具有革命传统的当地人民群众，在中国共产党的正确领导下，在解放战争的隆隆炮声中，经过潮汕人民抗征队的积极筹谋，发动群众，坚持抗"三征"的斗争。1949年2月以后，在中国人民解放军闽粤赣边纵队二支队主力部队的支援下，经过二支队十一团的持续努力，深入群众，开展地下斗争，游击战争逐步开展。昔年的苏区，除大南山北麓周围的乡村仍维持两面政权外，仅存有两英的南山管理局这个反动政权和盘踞在周围6座炮楼的反革命武装力量。

5月6日，边纵司令员刘永生、副司令兼参谋长铁坚、副政委朱曼平，二支队司令员张希非、政治部主任郑希，边纵五团团长邱志坚、二支队一团团长陈华及十一团团长钟震、政委彭笃民等分别在潮阳九区的大长陇和陈厝围召开军事会议，进行作战部署。会议决定采取"分割攻坚，攻城打援"的战术解放两英，由二支队一团主攻南山管理局及河浦乡公所；二支队十一团攻打墙围乡公所；边纵五团二连和二支队十一团侦通连一起围攻两英警察所；边纵各直属团和二支队四团分别布防于两英外围打援。5月7日傍晚，开始实施对敌分割包围，发起攻击，首先拔除敌人分散的小据点。8日拂晓，二支队十一团第二连配合四七武工队对被围困了一夜的墙围炮楼之敌再次发起攻击，用地雷、炸药攻击敌人碉堡，并结合政治攻势，指名喊话，墙围炮楼守敌被迫投降。河浦寮之敌，凭险固守，拒不投降，二支队司令员张希非命令二支队一团增调重机枪，组成重机枪交叉火力网，压制敌人火力，掩护二支队一团战士李来吉向前冲锋，用炸药炸开老寨门，部队立即冲了进去，敌人大部分缴枪投降，小部分爬越寨墙逃跑。部队乘胜追击，在河浦乡郊外，活捉了化装逃跑的南山管理局局长兼保安大队队长林达，不久其受到人民公审被判处决。8日下午3时，长期驻守于雷岭公路林招炮楼瞭望哨的12名守敌也缴枪投降。至此，两英解放。是役，全歼南山管理局1个自卫大队和警察所及墙围、河浦2个乡的自卫中队，歼敌200多名，缴获轻机枪6挺、长短枪400多支、电台1部、弹药及军需物资一大批。当天，两英成立了军事管制委员会，主任方维新。

两英是国民党南山管理局的所在地，而南山管理局则是潮汕地区国民党长期反共"剿共"的重要堡垒。两英的解放，宣告了国民党"剿共"反动堡垒——南山管理局的彻底毁灭，沉重地打击了垂死挣扎中的潮汕国民党反动派，在潮普惠南地区乃至潮汕地区影响很大。

五、攻心策反，扩大战果

陈店、两英相继解放之后，潮阳县委在组织人民武装力量对敌发动军事进攻的同时，对国民党的党政军开展政治攻势，瓦解敌人。棉城地下党组织派员将《告蒋军政人员书》投放到县警察局。贵屿新坑党支部把中国人民解放军的捷报传单散发到黄少初部驻扎的成林祠及卡通楼。关埠和峡山地下党组织也散发张贴捷报传单。

策反保安二营营长林运济

1949年初，潮汕地委及边纵二支队司令部指示潮阳县委，抓紧对驻守和平据点的县保安二营营长林运济进行策反。县委派四区区委郑文风担此重任。郑通过曾与林运济有过同事关系的张七，打入该营当副官做内线，然后由张七联络该营副营长张治（与张七是叔侄关系），并逐步扩展至该营所属3个连队。至同年5月，时机比较成熟，郑文风便亲赴林运济的营部，以闽粤赣边纵二支队代表的身份，与林谈判，促其起义。林提出为照顾其家属的处境，要求人民军队以佯攻协助其假装迫不得已才起义。郑同意了林的要求。

为防止林运济思想生变，6月14日凌晨，二支队十一团配合二支队一团、三团秘密进入和平乡包围了林运济部，十一团一营1个连配合二支队一团1个连队警戒于和平桥尾山，以阻击援兵并防止林运济逃跑。拂晓，经过佯攻，林运济率全营官兵150多人到和平桥头宣布起义，缴交长短枪130多支、轻机枪2挺。

当天上午，敌省保安十六团一营300多人从潮阳县城来犯，被警戒于和平桥尾山的部队阻击后撤退。15日晨，敌省保安第十六团一营、省保安独立团第八营、汕头市保安营一部共800多人，分两路向桥尾山前沿部队进攻，抢占鸡笼山制高点，并用迫击炮及重机枪封锁和平桥，二支队三团、四团的增援部队无法过桥，过了桥的部队处于背水作战的劣势。根据二支队司令部的部署，下午4时，在桥尾山阵地阻击部队主动撤退。但是，由于桥面被敌强大火力封锁，难以从和平桥撤退，在此关键时刻，和平区委郑文风、马锡江、马龙、马庆生等根据二支队政治部主任郑希的指示，及时组织地下党员迅速从练江各处找来一批木船摆成浮渡，让阻击部队通过。此时，驻赤寮的黄少初部队抄后路堵截，后续部队在二支队一团副团长黄欣进指挥下，迎头痛击敌人，二支队四团、十一团迂回至敌侧翼，迫使黄少初部撤退。

策反保安一营七连连长周礼

1949年夏，县委又配合二支队政治部特工科对驻守在广汕公路峡山据点的县保安第一营第七连连长周礼进行策反，通过属于两面政权的峡山乡乡长周继嗣与周礼的关系，启发其及早弃暗投明。周礼最终在7月23日凌晨3时率兵65名，由二支队十一团参谋张七和地下党员陈志民等指挥，开赴九区柯厝围村二支队十一团团部接受改编，并带轻机枪2挺、花机关枪2挺、长短枪77支、手榴弹29颗，还押送反动官兵6人交十一团处理，其中有保安第一营营长王振华。

巡防大队队长吴国光起义投诚

9月上旬，达濠渔商海上巡防大队队长吴国光在潮阳党组织与二支队特工科的配合策动下宣布起义，吴带领40多人携带水轮和机枪1挺、轻机枪2挺、长短枪40多支乘船投奔靖海解放区。

策反"清剿"独立自卫队队长郑星

县委又指示郑文风负责郑星的策反工作。郑星是驻守于金浦、梅花一带的潮惠南"清剿"独立自卫大队大队长，是称霸一方的地方反动武装头子。郑文风一方面通过和平马史村，做通其在该大队当副大队长的义父黄汉英的思想工作，再由黄汉英启发引导郑星弃暗投明；另一方面，郑文风又写信同郑星谈形势，讲政策，并以林运济弃暗投明为例，促使其早下决心投诚。郑星于10月13日率领官兵70多人从金浦乘船抵沙陇转赴两英宣布起义，并缴交重机枪1挺、轻机枪3挺、长短枪150多支。

动摇国民党部队军心

林运济、吴国光、郑星、周礼的起义，大大动摇了国民党部队的军心。驻八区的敌军惊慌失措，潮阳自卫中队中队长黄鹤裕和潮阳联防队中队长庄汉良先后间接向武工队表示起义投诚之意。鉴于小北山地区仍然处于反动势力控制之下，过早接受这支队伍起义投诚，其地盘可能会被其他敌军占领，对以后的斗争不利。经请示县委，决定接受起义时间视形势发展而定，接受前该部的人员、武器、弹药等应先登记，并受武工队控制。9月中旬，潮汕将近解放，经县委同意，正式接受黄鹤裕和庄汉良部180多人的起义，接收机枪4挺、长枪200多支、短枪20多支、子弹及其他物资一批。

国民党县保安独立连黄汉英部、县自卫独立中队黄英绰部和八区华阳乡方道初、内堀乡郑传名等的自卫中队均于10月中旬先后宣布向人民武装部队投诚，共缴交重机枪2挺、轻机枪8挺、长短枪220多支、弹药一批。

六、战斗在大南山的印刷组

革命无悔写春秋

大南山麓号角频吹，解放战争摧枯拉朽。早在1947年，"潮汕人民抗征队印刷组"成立，活跃在大南山山区，组长李作宣，这便是闽粤赣边纵队第二支队第十一团印刷组的前身。随着潮汕革命斗争的发展，1948年8月，中共潮惠南边县委组建潮阳县四七区武工队，调李作宣任该队指导员，印刷组组长便由吕登扬负责。鉴于革命斗争的需要，1948年冬，大南山印刷组与大北山《团结报》合编。随着解放战争迅猛发展，根据上级指示，1949年2月惠潮县委奉命于大南山的红场组建第二支队第十一团，第二支队政治部委派吕登扬负责筹建第二支队第十一团印刷组。其时工作人员有：男同志有黄振浩、黄胜、张卫、张耀源、吴雄、郑略、黄健华、郑剑青，女同志有郑克鸣、郑秀珍、郑莹、马洁、林宝川等10多人，组长吕登扬、黄振浩（6月始任）。印刷组没有固定的驻地，它是随敌情的变化和部队的转移而转移的，居无定所，背包在肩，工具在手，流动驻村，风餐露宿。该组先后驻扎于大南山的圆山仔、林招、林者世（苏林）、佳溪、四溪、大溪坝和大南山前哨的东浮山、梅林、白坟等村落。

印刷组的任务：翻印供部队、机关干部学习的16开和32开规格的小册子；经常缮印毛泽东的《反对自由主义》《反对党八股》《为人民服务》《纪念白求恩》《论联合政府》《目前形势和我们的任务》等文章；抗"三征""减租减息"等文件；翻印军事教材、革命歌曲、民谣和中国人民解放军在前线的捷报、号外、宣传标语、布告、征枪借粮收据等。印刷组成员刻苦钻研，对技术精益求精，一张蜡纸最多曾印过4000多份，创造了当年的奇迹。在那战火纷飞的武装斗争环境里，印刷组为更好地服务前线，任务十分繁重，大家经常是夜以继日地埋头苦干。缮写手往往干得眼花缭乱，精疲力竭，头晕目眩；印刷手有时日夜站着印刷，站得两足浮肿。他们为了早日解放潮汕，孜孜以求，不下火线，无怨无悔，奉献青春。

战火锤炼育新秀

印刷组的领导，以身作则，身教在先，对上级的指示不折不扣。他们在这块洒满革命先烈鲜血的土地上，率领组员冒着敌人的炮火勇往直前，自觉弘扬民族精神，争当民族脊梁。1949年6月，印刷组在武装斗争前线建立了新民主主义青年团，大家不畏艰难险阻，主动申请入团，经战火考验，先后吸收黄振浩、郑莹、黄胜、郑略等为新民主主义青年团员。他们有觉悟、有抱负，干起工作多是通宵达旦，以手中的钢笔和刷子当武器，以资料文件为子弹，痛揍国民党反动派。是年9月，表现最为突出的郑莹率先在火线光荣加入中国共产党，往后，印刷组建立了党小组，充分发挥了党团组织的先锋模范和突击作用。

大智大勇壮军威

印刷组凭着一颗红心，为了革命的需要和解放战争的胜利，为了广大劳苦人民的翻身解放而工作。他们所到之处广泛深入宣传解放军的性质和英勇善战的事迹，与老区群众结下了鱼水情谊。村民热情勇敢支援人民子弟兵，自觉以村为单位组织民工，积极为印刷组搬运文件，挑行李，一村转过一村，安全直达驻地。

印刷组缮印的文件底稿，都属机要绝密，每到驻地，依靠当地可靠的地下党员、骨干，火速找最偏僻、野草高、没人到过的深谷山沟石洞藏放，绝不落在敌人手中。印刷组枕戈待旦，每碰到敌情，需要转移，则不论白天或黑夜，必须立即把藏放于石洞的文件底稿取回带走。1949年8月间，印刷组驻扎于大南山前沿的梅林村（现属潮南区仙城镇），是夜11时许，接紧急情报，称国民党胡琏残部要进犯解放区，印刷组与径口地下交通站有被包围的危险，必须火速撤出包围圈。黄振浩、张耀源与几位当地群众迅速出发，冒着毛毛雨，快速摸黑直达梅林山顶的深坑石洞取回文件。

印刷组翻印的宣传资料，总是大智大勇地及时由交通站转送第二支队第十一团所属部队、各区武工队和地下党组织，乘夜间在白区张贴、散发，敌人看了密密麻麻的标语群和传单，既怕又恨，惶恐不安，大长了解放军威风。

1949年9月下旬至10月中旬，正是印刷组工作最繁忙、最紧张、最兴奋的时刻，大家一鼓作气赶印潮阳县军管会、第二支第十一团、县人民政府的布告、标语以及对敌军政策、解放城市工商业政策等各种印刷品。大南山印刷组在艰苦的斗争岁月里，转战大南山区，浴血奋战，胜利地完成了党赋予的历史使命。为人民的解放事业作出了不可磨灭的历史贡献。

七、活捉黄少初与阻击胡琏增援部队

围歼赤寮敌军，活捉匪首黄少初

国民党驻赤寮的黄少初部队，是一支较为强悍的地方自卫队，被编为县保安第三营，拥有3个连队约200多人，除1个连驻关埠外，其余2个连分驻赤寮的5个据点，还联系着拥有30人左右的赤寮警察所和1支乡公所武装。黄少初，被喻英奇委任为潮普揭边联防办事处主任，对人民武装在小北山的活动威胁很大。1949年7月初，中共潮汕地委和二支队司令部根据潮阳县委的要求，决定组织力量围歼黄少初部队，并派二支队副司令员陈彬、政治部主任郑希在陈店陈厝围村与中共潮阳县委书记吴扬初步研究作战方案。二支队司令部根据部队侦察和中共潮阳县委提供的情况分析判断，歼敌战斗一开始，驻汕头市、潮阳棉城的刘鼎汉部和其他地区守敌，必然前来增援，因此，决定集中边纵第五团和二支队5个团共3000多人的绝对优势兵力，以攻点打援的战术突击围歼黄少初部。

围攻黄少初部一役，歼敌110多人，缴获重机枪1挺，轻机枪5挺、冲锋枪3支、步枪100多支、短枪十多支、弹药物资一大批。该役大振军威，鼓舞民心。中共潮汕地委书记曾广专程前往部队驻地参加祝捷大会，中共中央华南分局为此给二支队和边纵五团发来嘉奖电报。

阻击追歼国民党军残部

1948年11月，蒋介石的第十二兵团在淮海战役中被中国人民解放军围歼，侥幸逃脱的副司令胡琏收罗其残部在浙江、江西等地整编，由4个军缩编为2个军（代号"雄狮""龙蟠"）。中国人民解放军横渡长江，解放南京以后，以雷霆万钧之势，东向江浙，南下湘赣，穷追逃敌。在解放大军追赶下，胡琏残部于1949年秋溃退至兴梅潮汕地区。7月初，"龙蟠"部退往闽西，"雄狮"部所属洪都、抚河2个支队，还有国民党江西省政府主席方天部等2万多人窜向粤东。这时，早于6月25日从台湾乘船在汕头登陆的国民党十八军十一师刘鼎汉部6000多人，会同喻英奇的三二一师，向潮阳、揭阳、潮安、澄海等县城推进，其目的在于打通潮梅走廊，接应胡琏残部逃往台湾。国民党部队在潮汕的大集结及其逃亡前的抢掠，使潮汕地区的形势急剧变化，出现了黎明前的黑暗。当胡琏残部及刘鼎汉部抵达潮汕之际，中共闽粤赣边区委副书记、边纵政治部主任林美南及时指示边纵二支队，要乘刘鼎汉部立足未稳之机，集中兵力到潮汕平原，配合地方武装，积极寻机歼敌，以打乱其部署。

"台湾新军"抵达棉城、司马浦等地以后，到处拉丁抢粮，群众深受其害。潮阳县委遵照上级的部署，组织武装力量，积极开展"反抢粮，保家乡"，阻击胡琏残部窜扰的斗争。

7月2日，"台湾新军"600多人从县城出发至峡山后，分两路进犯两英。一路从司马浦正面进攻，另一路经下东浦、鹤洋、古溪直至新厝仔，企图钳形包围两英。二支队十一团闻讯伏兵于古溪附近截击，俘敌2名，缴获步枪2支、子弹2箱。当敌人抵达两英时，两英军管会早已转移，敌人扑空。为抗击胡琏残部的窜扰，各武工队频频出击，主动歼灭敌人有生力量。9月2日晚，武工队在胡琏残部刚刚修复的西洋公路桥下，埋下地雷，炸毁敌人军车1辆。9月26日晚，二支队十一团一营配合二支队一团突击营，于司马浦引诱驻廖创兴大院及炮楼的胡琏残部外出，以便歼灭。但敌人很狡猾，按兵不动。翌晨，二支队部队转移至两英古厝乡之后，敌人从司马浦沿公路向两英推进，占据两英新圩、老圩，登上金龙楼，把守公园南畔大堤。二支队一团副团长黄欣进、政委许衡组织突击营短枪班和二支队十一团侦通连突入两英圩，分两路钳形包围敌人，敌人负隅反抗，战斗激烈。二支队十一团一营三连部署于埔尾山，警戒普宁占陇来援之敌。下午3时，驻普宁占陇的胡琏部队派兵来援，激战至傍晚，双方各自撤退。是役，敌人死伤20多人；二支队十一团三连连长吴和、指导员郑春，战士王彬、许北、周水、陈钦、陈强光荣牺牲。9月间，胡琏残部常到禾皋、大布、下店、西洋等乡村抓壮丁，二支队十一团多次派出小分队进行袭扰，先后解救了被抓去当兵的300多名青年农民。9月底，胡琏残部100多人，在仙城径口村包围了成立不久的陈店民兵大队，民兵勇敢突围，在突围战斗中，大队长韩乌目、民兵陈水来不幸牺牲。

八、乘胜追歼残敌，潮南全境解放

1949年5月初开始，在边纵主力部队和潮阳党组织的有力配合下，经过艰苦作战，陈店、两英、沙陇相继解放，人心振奋。根据上级党委的指示，潮阳县委一边继续组织武装力量，配合主力部队作战，拔除敌人据点，追歼残敌；一边发动群众，捐钱捐物支援前线，动员挑选青年参军参战，夜以继日地为潮阳的解放而努力。

拔除反动据点，扩大解放区域

5月8日两英解放后，二支队十一团乘胜前进，进攻港头、泸岗、成田、沙陇等乡公所，炸毁成田、沙陇、田心炮楼4座，缴获敌人长短枪250多支。随后，又挺进井都，包围浦东盐警队，扫除了国民党在大南山革命根据地东北边沿的联防线。敌人不甘心失败，妄图卷土重来。

5月20日，国民党的雷英、唐强中的2个保安营100多人，从棉城出发抵达溪头后，分两路从成田和港头向二支队十一团营地流汾水进逼。二支队十一团在虎岗山和尖山迎击敌人，激战至下午，敌人被击退。是役，敌人死伤13名；二支队十一团战士蔡泉、马辉杰、连荣坚、方算珠、方廷贵光荣牺牲，另有3人受伤。

6月中旬的一天拂晓，国民党驻峡山某部向解放不久的两英进扰，包围两英军管会。其时，二支队十一团不在两英，只有1个连队和政工队共70多人留守，情况十分危急。彭笃民、方维新立即指挥队伍突围，在当地党组织和群众的帮助下终于脱险。

6月23日上午，喻英奇派唐强中、穆严两个营，配合五区峡山、九区溪尾2个联防队共700多人，从陈店、司马浦、峡山分三路向大南山二支队十一团营地的仙斗、印石、梅林等地进攻。十一团居高把守，英勇阻击，激战两小时后，敌人见无机可乘，撤回驻地。

林运济起义后，四、七区全境解放。7月初，沙陇成立军管会，主任马丁（兼），副主任郑文风。7月12日，二支队十一团七连在上八区武工队的配合下，袭击了八区关埠的玉浦、柳岗、下寮3个乡公所，缴获轻机枪1挺、冲锋枪2支、短枪100多支。至7月中旬，二支队十一团沿小北山一带进攻，扫除了芦塘、东坑、灶浦和铜盂等地的乡公所。八九月间的一晚，二支队十一团二营的四连和五连安营于贵屿坑仔村祠堂待命，南阳乡乡长郭秀林迅速派人报告附近的胡琏残部，并假意给十一团赠送子弹，以拖延时间，妄图消灭在这里待命的2个连队。营长郭成等察言观色，识破敌人的阴谋，指挥部队迅速乘夜转移。当队伍转移至壬屿山时，坑仔村响起了枪炮声，敌人扑了空。

8月11日晚，两英军管会领导及政工人员从两英新圩秘密转移至埔尾荫石村住宿，国民党县自卫中队发现后，于12日早集中200多人分两路包围荫石村，企图活捉军管会主任方维新，方维新带领全体人员突围。敌人进村后，对军管会住宿的房屋进行搜查，一无所获，反被军管会的土制炸药炸伤3人。他们恼羞成怒，放火烧掉了这座房子。

8月22日，党组织派小北山武工队员杨虎、黄英、张木及下尾王乡的民兵队队长王石猴等人，袭击了国民党设在揭阳艮洲江上的稽查站，毙敌7名，伤敌1名，缴获机枪1挺、长短枪5支、子弹及物资一批。

9月9日，国民党的潮阳保安团和普宁保安团拼凑了120多人，从峡山经华桥、铜盂直抵六区的仙岐、岐北圩流窜，乘圩期洗劫群众财物。岐北地下党支部派员报告了二支队十一团在附近活动的部队。二支队十一团二营五、六连及六区武工队闻讯包围截击敌人，岐北党支部积极配合，派员当向导，并组织群众设路障阻击敌人。是役俘敌8名，缴获步枪8支、轻机枪1挺和物资一批。

全民动员，踊跃支前

1949年9月4日，中共潮汕地委发出了关于拥军助战和组织欢迎南下大军动员委员会的指示。9月20日，潮阳县委成立了潮阳迎军动员委员会，指示各区乡党组织在指导思想上要"一切服从战争"，"一切为了支前"，要发动群众，从思想、物质、行动上做好支前和迎接南下大军的准备。

在潮阳县委和迎军动员委员会的领导及基层党政组织的配合下，全县人民群众，尤其是解放了的陈店、两英、沙陇、雷岭、石船等地的群众，积极地投身支前迎军活动。各区乡都组织了民工运输队、慰劳队和服务队，支援前线战斗。各地群众在艰苦的生活条件下，省吃俭用，纷纷捐粮捐物支援前线，慰问人民解放军。雷岭乡在干部、党员的带动下，捐款支前活动形成了村与村之间的竞赛，男女老少都参加。捐集的物资有家禽、蛋品、粮食、山草、布料、火柴。下厝村妇女主席发动妇女协力赶绣了一面大红旗，准备赠送给南下解放军。广大社会青年响应党的号召，踊跃报名参军。贵屿新坑党支部，及时选送20多名进步青年和民兵参军参战。铜盂潮港党支部认真挑选15名青年民兵参加人民解放军。关埠下底党支部动员学校14名进步青年学生入伍。六都中学、砺青中学、联中、创大的党支部都动员了大批青年学生参加人民解放军。棉城、华阳、金浦、和平、峡山、赤寮、陈店、两英、胪岗、成田、沙陇、神山等地，都有大批青年踊跃参军。此外，很多学校还发动师生为人民解放军制作慰问品。

追歼穷寇，解放潮阳

9月底至10月初，潮汕地委召开扩大会议，部署配合南下大军作战，歼灭残敌，解放全潮汕和接管城镇，建立城市革命秩序等工作。尔后，中共潮阳县委书记吴扬在两英主持召开会议，及时贯彻落实地委扩大会议精神，研究设置接管城镇的工作机构和人事安排。

10月5日，根据华南分局的指示，闽粤赣边纵队在梅县研究决定了由直属团和二、三、四支队解放潮汕的军事计划。13日，闽粤赣边纵队、潮汕地委、南下工作团和支队领导人，在揭阳五经富召开军事会议，研究关于兵分两路解放潮汕的战略部署。会议决定：东路军为主力，由边纵正副司令员刘永生、铁坚和二支队司令员张希非指挥，以边纵和二支队4个团及暂编的三支队从揭阳解放区东进，解放揭阳、潮安、澄海，从北面包围汕头市，边纵5个直属团则从揭阳直接东进汕头市；西路军为配合，由二支队参谋处主任陈扬、政治部主任郑希指挥的二支队四团、九团、十一团从普宁东进，解放潮阳，配合东路军从南面包围汕头市。

10月19日，西路军在陈扬、郑希的指挥下，从普宁急速东进。流窜潮普一带的胡琏兵团残部从海上逃命。

为防止敌人垂死挣扎，破坏县城各种设施，棉城党组织根据县委的布置，积极配合县委做好城镇的安全保护和迎军进城工作。一是宣传共产党的政策和人民解放军的纪律，安定民心；二是散发传单和投寄《告蒋军官兵和公务员书》，要他们弃暗投明，不继续与人民为敌，要保护好机关文书档案，不准转移军械，不准破坏公共设施；三是团结商会进步人士，稳定市场物价；四是整修增设街道棚门，增派力量，加强治安巡逻，防止盗贼抢劫，扰乱社会治安；五是书写张贴迎军标语，组织迎军队伍，学唱《义勇军进行曲》，准备劳军慰问物品等。

10月20日凌晨，负责闽粤赣边纵队西路军指挥的陈扬、郑希派出由钟震、朱泽涛、叶常青带领的40多名精干短枪队作为解放潮阳县城的先头部队进入棉城镇，在棉城党组织的配合下，迅速控制了电话通讯，查封了国民党政府的机关单位。由于边纵二支队特工科事先做好潮阳警察局廖先文的策反工作，加上棉城地下党组织的密切配合，各项接管工作进行得比较顺利。是夜，国民党的潮阳警察局及县城自卫大队官兵160多人宣布起义，缴交轻机枪1挺、长短枪120多支、弹药一批。

20日上午，中共潮阳县委及其机关工作人员，边纵二支队四团、九团和十一团部队，在边纵西路军陈扬、郑希的组织指挥下，开进了棉城镇，迎军队伍和各界群众热烈迎接部队进城，潮阳县城宣告解放。当日，潮阳军事管制委员会和潮阳县人民政府宣告成立。军管会主任郑希，副主任杜伦；县长吴扬，副县长方维新。

20日下午，二支队十一团派一营配合二支队四团、九团挺进南塘、海门，追歼残敌。逃跑到南塘的普宁县国民党军政人员200多人被追歼部队包围，普宁的政警大队队长方思达不得不带着逃跑的军政人员到潮阳县城连通车站向二支队部队投诚，缴交重机枪1挺、轻机枪6挺、步枪150多支、子弹及军用物资一大批。同时，二支队十一团参谋叶常青奉命带侦察连与二支队九团的1个连共100多人开赴岩石，接管国民党汕头警察局永泰分局的岩石仓库和岩石分局。次日晨，岩石分局的局长带30多名官兵宣布起义，向解放军缴交长短枪350多支、子弹和档案资料一批。

1949年10月22日，边纵二支队部队乘胜追歼达濠、广澳一带残敌，部分敌人乘船从海上逃跑。至此，潮阳全境解放。自此，全县人民在党的领导下，开启了向社会主义过渡的时期。

第五章

新中国成立后至潮南设区前建设时期

潮阳解放后，潮阳县人民在中国共产党的正确领导下，推翻了三座大山，翻身做了主人。全面实行土地改革，对资本主义工商业进行社会主义改造。农业社会主义改造经历了互助组、初级社和高级社三个发展阶段，人民群众生产积极性高涨，解放了生产力。从中华人民共和国成立初期到第一个五年计划期间，潮阳县经济发展较快。1952年全县工农业总产值比1949年增长29.63%，年均递增9.04%；1957年工农业总产值又比1952年增长38.19%，年均递增6.68%。1958年后，农村全面实行人民公社化，第二至第四个五年计划期间，由于极左的影响，先是搞了"大跃进"、出现"浮夸风"和刮"共产风"，后是搞了"文化大革命"，造成1966—1975年工农业总产值负增长。1976年10月结束了"文化大革命"，工农业生产开始回升，特别是1978年中共十一届三中全会后，全县城乡逐步实行经济体制改革，建立了多种经济形式并存的经营体制，实行对外开放、对内搞活的方针，国民经济进入了一个新的发展时期。1980年，全县工农业总产值比1975年增长51.56%，年均递增8.67%。第六个五年计划期间，国民经济在改革中作了重大调整，理顺了关系，1984年起呈现了快速增长的态势。1985年工农业总产值比1980年增长46.73%，年均递增7.97%。1990年工农业总产值27.34亿元，比1985年增长129%，年均递增18%。1995年工农业总产值140.91亿元（按1990年不变价，下同），比1990年增长4.15倍，2000年工农业总产值338.72亿元，比1995年增长1.4倍。2002年工农业总产值同比增长8.21%。

经济建设的发展

一、农业生产的发展

潮阳县的农业久负盛名，农民有精耕细作的传统和较丰富的经验。主要作物有稻、薯、麦、花生、甘蔗、黄（红）麻、豆类、水果、蔬菜等。过去受自然环境和封建土地所有制的束缚，农业经济长期落后，农业生产水平低下。民国时期，水稻单产150千克左右。中华人民共和国成立后，变革土地所有制，解放了生产力，大搞农田基本建设，改善生产条件，实行科学种田，农业生产发展较快。1955年粮食平均亩产503.8千克，成为全国3个粮食亩产千斤县之一。1956年育成高产良种"矮脚南特"，开创了绿色革命的先河。1979年平均亩产849.5千克，成为广东省第一个粮食双跨《纲要》的县（《纲要》指标为亩产200千克，双跨《纲要》为亩产400千克）。1984年全县粮食总产49.33万吨，平均亩产946千克，总产和单产分别比1949年增长1.8倍和2倍，双创中华人民共和国成立后最高纪录。

水果种植也取得长足发展。20世纪50年代就出现亩产万斤蕉柑的高产典型。1970年柑橘总产量3.18万吨，占全省总产量的四分之一，居全国县级第二位，成为"柑橘之乡"。1985年全县水果种植面积18.96万亩，总产量5.68万吨，分别比1949年增长12.2倍和7.3倍。种植面积超万亩的有柑橘、香蕉、荔枝、橄榄、柿子、杨桃等。2002年水果种植面积15.61万亩，总产9.61万吨。

蔬菜种植面积逐步扩大，品种增加到50余个。1985年种植9.23万亩，总产28.89万吨。种植面积超万亩的有小白菜、芥菜、包菜、马铃薯等。

1979年后，对种植业产业结构逐步调整，在农业结构上，种植业与林、牧、副、渔业的产值比例发生很大变化，1979年为1∶0.52，1993年为1∶1.57，到2002年为1∶1.89。1990年种植业总产值6.31亿元，比1979年1.7亿元增长2.71倍。2002年，种植业总产值7.61亿元，比1990年增长20.6%。

自1998年以后，潮阳粮食生产实现稳产高产，1989—2000年连续12年水稻亩产1000千克以上，连续12年保持"吨谷县（市）"称号。随着商品经济和市场经济的发展，本地种植业发生了变化，逐渐向"三高"型（高产、优质、高效）方面发展。

土地改革

1951年1月中旬，潮阳县贯彻《中华人民共和国土地改革法》实行土地改革。全县土地改革分为"清匪反霸，退租退押"（称"八字运动"）、"划分阶级，分田分地"、"开展复查，发土地证"三个阶段进行。自1951年1月下旬搞土地改革试点，至1953年3月进行全面复查土地改革工作，为期25个月。1950年至1953年全县清匪反霸结合第一次镇压反革命运动，全歼五区（峡山）溪尾周等地土匪恶霸，先后侦破5股反革命组织和特务组织，缴获各种枪支1393支，子弹13084发，手榴弹50枚，土炸弹246枚，巩固了基层政权，保障土地改革的顺利进行。土地改革完成后，封建土地制度被彻底废除，农民当家做主，耕者有其田。全县234个乡132829户（共有人口616172人），贫农、雇农、中农分得土地472135亩，平均每人分得0.77亩耕地。土地改革解放了农村生产力，极大地调动了农民生产的积极性，促进了农村经济的恢复与发展。

农业互助合作

土地改革期间，贯彻执行中共中央第一次互助合作会议精神，按自愿互利和等价交换的原则，组织起众多季节性互助组，实行以工换工或计值付酬；做到土地改革和生产两不误。土地改革后，开展以互助合作为中心的大生产运动，促进互助组的发展，推动了农业生产的发展。至1954年底，全县互助组发展到1.45万组8.83万户，占总户数的近66.49%。

1954年春，贯彻执行中共中央《关于发展农业生产合作社的决议》，峡山南里乡、司马浦仙港乡等建成首批初级农业生产合作社（简称初级社）。1955年秋，农业合作社推向高潮，全县互助组均转为初级社。至年末，全县初级社发展到1335个11.6万户，占总农户的64.43%。

1955年秋收后，全县有179个初级社6.1万户转为按劳分配的高级农业生产合作社（简称高级社），占总农户33.91%。至年末，全县高级社发展到775个14.5万户，占总农户的80%。1956年夏至1957年夏，出现部分农民"怕吃亏"而产生的退社风波。1957年夏收后，农村开展社会主义教育运动，退社风得到解决，散伙的高级社得到恢复。

人民公社化

根据中共中央《关于在农村建立人民公社问题的决议》，至1958年9月下旬，全县17个大乡、2个乡级镇改建为13个人民公社，并成立县人民公社联社，实行政社合一的管理体制。公社化初期，强调"一大二公"（一个大集体，两个公有制），刮"共产风"，严重挫伤社员的生产积极性。1959年3月，贯彻中共中央《郑州会议纪要》后，开始纠正"共产风"的错误，实行以生产队为基础的三级所有制，形势逐渐好转。是年冬至翌年2月，开展反右倾、拔白旗运动后，再次刮"共产风"，发射所谓"高产卫星",弄虚作假的"浮夸风",使农业生产受到严重破坏。1960年11月23日,潮阳成立处理"共产风"领导小组,开展整风整社,贯彻等价交换和按劳分配原则,纠正"一平二调"。1961年上半年,贯彻中共中央《农村人民公社工作条例(草案)》(即"六十条"),纠正社队规模偏大、对下管得太死等问题,并停办公共食堂。1962年,根据《关于改变农村人民公社基本核算单位的指示》,确立"三级(公社、大队、生产队)所有,队(生产队)为基础",实行以生产队为基本核算单位,把组织生产和收益分配的单位统一起来,改进劳动管理,解决了自1958年以来已存在、人民公社化后更趋严重的平均主义问题。同时,实施农业产品收购"向粮看齐",组织支援贫困队;分给社员自留地;允许社员搞正当的家庭副业;有部分社队把各种作物包产到户,把少量土地借给社员冬种,放宽对私人开垦的限制,促进了农业生产的发展。

从1966年起,全县开展了持续十余年的"农业学大寨"运动。由于"文化大革命"的干扰,受"左"倾的思潮影响,学习大寨没有从实际出发,死搬硬套,偏重于突出政治,以"抓阶级斗争为纲",推行"政治评工",否定按劳分配原则,限制社员发展家庭副业,不准个体经济存在,挫伤群众生产积极性。

联产承包责任制

1978年,党的十一届三中全会后,农村实行经济体制改革。1979年春,贯彻中共中央《农村人民公社工作条例》(试行草案)和《关于加快农业发展若干问题的决定(草案)》,推广"五定一奖惩"(定人员、定地段、定工分、定成本、定产量,超产全奖,缺产全惩)、联产到组的生产责任制,纠正过去"干多干少、干好干坏,一个样"的问题。1980年春,推广承包到组、包产到户的联产承包责任制。至1981年冬,全县8385个生产队，水稻包产到户的有8312个队，占99.13%。1982年进一步完善农业生产责任制，主要落实一个"包"字（包产到户），全县农村基本实行以家庭承包为主的联产承包责任制，调动了农民的积极性，促进了农业生产的发展。

1983年底撤销人民公社，恢复区乡建制，1986年又改为镇（乡）村建制。1984年贯彻执行中共中央《关于一九八四年农村工作的通知》，在继续稳定和完善家庭联产承包责任制的基础上，发展农村经济联合社，全县共建立719个联合社。社内土地共有，实行"统分结合，双层经营"，责、权、利紧密联系；兴办工副业，以工补农，发挥集体优越性，调动农民积极性；鼓励各种专业户和新兴经济联合体的发展，搞活农村经济。1985年全县农村种植业、畜牧业、运输业、服务业、加工业、捕捞业、养殖业蓬勃发展，专业户发展至4190户（其中种植业375户）；由农民自愿结合集资经营共负盈亏的新经济联合体975个。至2002年，农村单一农业、单一粮食的传统生产结构进一步向多样化、商品化、专业化发展，广大农民真正走上了脱贫致富之路。

二、林、牧、渔业的发展

中华人民共和国成立后，潮阳的果林业、畜牧业和水产业得到很快的发展，取得了很大的成绩。

果林业的发展

潮阳气候条件优越，适宜种植水果。传统种植杨梅、荔枝、龙眼、香蕉、青梅、柑橘等。县境北部中丘地区以果代林，扩种杨梅、香蕉、梨、柿等；南部大南山高丘的红场、雷岭、两英、仙城、成田等镇的丘陵地区，果林混交，发展荔枝、青梅、鸟梨、杨桃、油柑等，尤其是雷岭荔枝种植发展到2万多亩。20世纪50年代至70年代，平原地区的胪岗、和平等地区大面积种植生柑，1957年潮阳生柑总产居全国县级之冠。胪岗的胪溪首创大面积丰产和亩产万斤柑纪录。1979年全县水果种植面积4.99万亩，总产量1.77万吨。1984年水果种植面积比1979年翻了一番，达10.06万亩，总产量3.78万吨，比1979年增长113.6%。1986年全县水果种植面积15.61万亩，总产量7.52万吨，种植面积和总产量双创历史最高纪录。2002年水果种植面积15.61万亩，总产量9.61万吨。自1987年以来，潮阳生柑种植面积逐年大幅度减少，1990年起，名优特水果种植面积有所扩大。

潮阳山地土层多为赤红壤，沙滩地由季风海潮所夹带的泥沙堆积而成，平原广阔，江河堤防漫长，适宜植树造林。明清时期，林木较为茂盛。民国时期，原始天然林不断被毁坏或乱砍滥伐，大部分山地丢荒，至民国末年，只有疏残林16.4万亩，生态严重失调。中华人民共和国成立后，潮阳人民政府投入巨资，组织群众植树造林，绿化荒山，林业生产发展迅速。

20世纪50年代，以营造薪炭林为主，大搞荒山绿化，林业资源逐步得到恢复。1956年成田简朴村被国务院评为12个"全国林业先进单位"之一。

20世纪60年代，继续营造薪炭林，种植用材林，广栽沿海防护林，林业资源得到巩固和发展。1964年起红场等山区推广种植福建乌龙、奇兰、梅占等优良茶叶品种，成为汕头专区茶叶生产基地之一。

20世纪70年代，扩展薪炭林，推广针阔混交林，大搞近山、滩地种果，广植茶树、油茶等经济林。1978年两英东北林场被评为广东省标兵林场。1983年潮阳被原林业部评为"全国平原绿化先进县"。

20世纪80年代，调整林种结构，大办种果基地，改造疏残薪炭林为速生丰产混交林，搞好平原农田林网配套工程，建设环山果园，开发沿海沙滩资源，办成沙滩柑基地。1985年，宜林地73.96万亩，有林面积69.07万亩，比1949年增长3.21倍，森林覆盖率由1949年的8%提高到28%。1987年山滩地水果产量7.69万吨，茶叶419吨，油茶籽305吨，林业总收入4376万元。

1990年后，林业走商品经济和生态公益林分类经营的路子，造林绿化得到进一步发展，每年造林2万至3万亩。1998年起，生态公益林面积稳定超过经济林面积。2001年，林业总产值9404万元，平均每亩山（滩）地创值134.3元，双创历史最高纪录。

畜牧业的发展

潮阳农民历来有饲养家禽、家畜的习惯并掌握选种、阉割和中草药治疗疫病等技术。但长期以来，畜牧业属家庭副业，发展缓慢。中华人民共和国成立后，潮阳人民政府鼓励农民发展禽畜生产，推广科学饲养，加强防疫灭病，畜牧业发展较快。

1950—1958年，畜牧饲养量呈上升发展趋势。至1958年，仅生猪饲养量，全县达到42.76万头，上市量22.44万头。1959—1961年，由于"大跃进"、人民公社化带来的"浮夸风""共产风"的影响，加上自然灾害，粮食减产，饲料缺乏，畜禽饲养量急剧下降，1961年生猪饲养量降为20.65万头，上市量6.7万头。1962年后贯彻新的饲养方针和派购政策，生猪饲养量回升，至1967年，生猪饲养量达62.77万头，上市量31.13万头。1968—1978年，生猪饲养量在50万头上下徘徊，上市量在24万头左右。

1978年党的十一届三中全会后，潮阳贯彻落实农村联产承包责任制，并改"见猪派购，比例购留"为"级级包干，派购到户，超奖缺惩"的派购政策，调动了农民养猪的积极性。至1979年，生猪饲养量达68.22万头，上市量达34.97万头，首次实现"亩地头猪"，生猪出栏率列全省县级养猪第一名。1981年起实施品种、饲料、防疫等项技术改革，到1984年，生猪饲养量达

72.77万头，上市量37.56万头，均创历史最高纪录。1985年取消生猪派购，实行议购议销政策。是年，生猪饲养量70.86万头，耕牛1.38万头，家畜374.4万只。

2002年，潮阳有大、中、小型牲畜养殖场107个，其中规模化养猪场10个，中小型养猪场共92个。生猪饲养量68.4万头，耕牛存栏量4418头，山羊饲养量3182只。家禽饲养业也出现2678户初具规模的专业户，全年饲养量1366万多只。

水产养殖业的发展

潮阳濒临南海，拥有海域渔场8400平方海里，内陆水域27.6万亩，水产资源十分丰富。新中国成立前，由于渔具、渔法落后，渔民只能在近海作业，且不安全，一遇台风暴潮便船倾人殁。海捕量低下，海淡养殖的规模和产量也极有限。新中国成立后，逐步发展集体化生产和机械化作业。1958年水产品总产量1.8万吨，比1949年增长97%，被评为全国水产先进单位。1985年水产品总产量2.48万吨，比1958年增长37.8%。海捕产品有鱼、虾、蟹、贝四大类。其中马鲛、石斑、海鳗、鱿鱼、墨鱼、梭子蟹、龙虾、响螺、赤蟹、泥蚶、鳗鲡等是出口创汇品种，驰名海内外。海淡养殖有对虾、牡蛎、赤蟹、泥蚶和鲩、青、鲢、鳙、鲤、鲈、鲳、罗非鱼等。1985年有机动渔船471艘，2.47万千瓦，并配备电台、对讲机、探鱼仪、卫星定位仪、起网机等助渔、助航设备，开拓了深海作业，保障生产安全。

1988—1991年，在渔区推行以劳带资、劳资结合的股份合作制和家庭经营等多种经营方式。至1991年，有机动渔船达797艘，并基本配备有关先进设备。1992—1996年，海洋捕捞业完善渔船股份合作制，调整生产布局和作业结构，加速技术改造，发展中深海渔业生产。1997—2002年，深化渔业体制改革，逐步建立"公司+渔户"的经营体制，推进渔业产业化进程。1999年海洋捕捞总量7.4万吨，实现国家提出"零增长"的要求。2000年调查登记在册的捕捞机械动力渔船有800艘。

潮阳历来有淡水养殖的传统。1949年，全县有鱼塘5800亩。1952年起逐步开发山塘、水库、河涌养殖，淡养面积不断扩大，1960年发展到3.58万亩。此后，由于填塘种粮等原因，养殖面积缩小。

1979年后，淡水养殖生产得到恢复和发展。淡水养殖面积1981年达4.13万亩，产量2271吨；到1985年达4.9万亩，面积比1949年增长7.4倍，产量4741吨；1991年降至2.35万亩；到2002年，达2.69万亩，产量1.61万吨。

三、农田水利基本建设

全县耕地1949年为71.15万亩。通过复耕围垦，1956年增至72.02万亩。1958年以后，随着水利、公共交通、城乡建设，耕地逐年减少，至1985年减为54.59万亩，比1949年减少16.56万亩，人均占有耕地（按农业人口计）由1949年的0.97亩减为0.34亩。

农田基本建设方面。潮阳地貌复杂，山区耕地高低不平，道路弯曲，沟渠淤塞。练、榕两江平原堤围低矮单薄，常遭涝、潮危害；沿海坡地、塭田（当地的水产养殖场）屡受旱、咸之灾；丘陵坑廊谷底，时患山洪冲刷，水土流失，土地贫瘠。1949年，全县仅有近10万亩农田较为稳产。中华人民共和国成立初，县人民政府组织农业普查，制定以治水为中心的农田水利基本建设规划。随后投入资金，发动群众兴建塘库，蓄水防旱；筑堤建闸，防洪拒咸；改直河道，整修排灌渠系统；铲埔填堀，平整耕地。1956年开始于沿海沙滩营造木麻黄防护林。至1957年，全县改善农田耕地面积52.48万亩，抗旱能力提高了15天。

1958年冬至1959年，全县掀起以平整耕地、改良土壤为中心的基本农田建设高潮，平地改土19万多亩，旱地改水田1.14万亩，调整了社队之间的插花地，基本实现耕地网格化，道路、沟渠笔直化。1960年，练江平原大搞分围筑堤，堵截客水，配套电排整治内涝。至1963年，全县3.45万亩单造田改为双造田，共建成稳产高产农田20万亩，约占耕地的30%，并为山、水、田、林、路的综合治理打下基础。

"文化大革命"时期，潮阳倾全县之力建成闻名全国的海门湾闸坝、南山截洪新河及引提潮水溪水等水利工程，使练、榕两江平原解除或减轻洪（潮）涝灾害，提高农田保工、保水、保肥的能力。1980—1985年，农田水利建设的维修、配套举措，使有效灌溉面积达到90%。1950—1979年全县基本农田建设，共投放劳力2.13亿工日，构筑1.85亿土石方，使有效灌溉面积扩大到占耕地面积的82%，旱涝保收占耕地面积的81%。

水利建设

潮阳本县地处南海之滨，居练江、榕江中下游，历史上由于堤坝少，常受台风暴潮影响，动辄漫滩泛滥，淹没农田。南、北山山前平原多山洪，水土流失严重。1949年全县耕地71.15万亩，有洪泛面积20.3万亩，潮泛面积32万亩；涝区23万亩，易旱30万亩。

中华人民共和国成立后，党和人民政府依照"水利是农业的命脉"的思想，高度重视水利建设，实行统一规划，组织发动群众进行综合整治。1950年11月，县人民政府投资2万元，七区（沙陇）各受益乡筹集大米250吨，兴建潮汕地区第一座小（一）型水库——小龙溪水库，受益面积7000亩。1953—1957年，按民办公助原则，全县共建成小（一）型水库15座，小（二）型水库24座，塘堰29座，蓄水5631.3万立方米，灌区13.6万亩，抗旱能力30天。其中1954年建成第一座坝高16.5米、总库容226万立方米、灌区1.2万亩的蟹窑水库；1955年春建成第一座坝高19.5米、库容336万立方米、灌区2.17万亩的洪口輋水库；1956年夏建成坝高25米、库容500万立方米、灌区3.6万亩的下金溪水库。以上工程均发挥防洪与灌溉效益。

1958—1960年，是本县兴修水利、大兴水库建设的时期。1958年5月建成第一座中型水库——河溪水库。是年，秋风、上龙溪、上金溪、顶溪、鲤鱼陂、飞英等中型和小（一）型骨干水库，41座小（二）型水库，80座塘堰以及大批谷坊、拦砂坝工程先后开工。3年间，全县增加水库库容1.06亿立方米，扩大灌区30万亩；还有380多个库容6000立方米以下的拦砂坝、谷坊等。

20世纪60年代初，贯彻"巩固提高，积极配套"的水利建设方针，认真执行国家水利部关于水库设计标准规定，根据潮阳山地少于平原，水源不足及1963年大旱的教训，加固并扩建一批水库，新建一批灌区"卫星"水库，提高水库防洪标准与灌区抗旱能力。20世纪60年代末，建成潮阳最高土坝的龙溪二级水库和一批供山区发电的小水库。

1970年建成海门湾闸坝，防潮抗咸，捍卫练江平原30万亩农田。1973年按国家水电部统一部署，开展水利大检查，全县塘库定型造册，分批维修配套，加强管理。1975年建成南山截洪新河，把南山水库群12条水系、影响216.3平方公里工地的山洪直接引入南海，从根本上减轻练江平原的涝灾。1976年开展水库防洪复核，分批除险加固，使82座水库脱险或提高标准与质量。20世纪70年代至80年代初，兴建以增水增电、提高防洪与灌溉标准为目标的红场、小龙溪（外坝址）等中型水库。

中华人民共和国成立后至1985年，全县水利建设累计总投资3.32亿元（不含群众自筹资金），投放劳力2.49亿工日（不含义务劳动工日），建成山塘水库362座，修筑灌区渠道1666公里，筑江海堤567.8公里，建涵闸304座，建设机械、电动排灌总装机1485台3.57万千瓦，建水电站47座，总装机61台1.44万千瓦，治理水土流失190平方公里，全县保证灌溉面积51.59万亩，旱涝保收面积43.67万亩，分别占耕地面积的94.5%和80%，基本上解除了严重的旱涝灾害。

四、工业生产的发展

1949年，有手工业和私营工业2553户，从业5000多人，工业总产值1745.6万元。中华人民共和国成立之初，在党的领导下，人民政府着力恢复和发展传统工业。1956年对手工业和私营工业进行社会主义改造，同时大力兴办国营工业。1957年国营和公私合营工业企业48家、手工业合作社38个，从业人员2.5万人，产值4435万元，产值比1952年增长91.38%。

由于"大跃进"和"文化大革命"的影响，工业生产出现萎缩、停滞。经过1962—1964年和1980年后的两次国民经济调整，特别是后一次调整，使工业步入了正轨，出现了国营工业、二轻集体工业、乡镇工业、私营和个体工业、"三资"（中外合资、中外合作、外商独资）和"三来一补"（来料加工、来样加工、来件装配和补偿贸易）工业齐头并进的局面。其中，乡镇工业异军突起，成为全县经济的"半壁江山"，填补了一批产业门类的空缺，形成了电力、纺织、抽纱、食品、电子、机械、五金矿产、音像材料、化工、轻工塑料、工艺首饰、服装、建材等门类较齐全的工业体系。1985年，各种类型工业企业4600多家，从业人员22.1万人，工业产值近4亿元（其中乡镇工业产值2.28亿元，占57.2%），比1980年增长69.85%。工业产值在工农业总产值中的比重由1949年的15.2%上升到56.4%。1990年工业企业达到8000多家，产品4000多种，有27项产品获部优、省优称号，18种产品填补国内和广东省内空白。是年产值15.07亿元。20世纪90年代，引进工业先进技术装备，1995年工业总产值达123.68亿元。1996年后，服装、化妆品、文具、机制纸等主要工业品增幅较大，2002年工业总产值262.64亿元。

国营企业

潮阳1950年组建新潮电力厂，1951年12月组建新潮染织一厂。1952年潮阳县私营印刷厂转为公营新潮印刷厂，全县有国营企业3家，职工241人，产值136万元。1956年合并12家棉布加工厂为地方国营染织二厂、三厂、四厂、五厂，同时组建公私合营玻璃厂、烟厂、火柴厂、犁鼎厂、酒厂等12家，共有职工2933人，工业产值2163.7万元。1958年"大跃进"时期，全县大办工业，国营企业增加到16家，公私合营企业12家。1960年全县国营企业减少为13家，公私合营10家，职工有4427人，工业产值2173.8万元。1965年，全县国营企业为11家，公私合营企业1家，共有职工2503人，工业产值1870.5万元。1970年仅剩的1家公私合营的烟厂也转为国营企业。国营企业增加到12家，职工2962人，工业产值2330.8万元。1971年国营企业14家，1975年创建通用机械厂，国营企业增加到15家，职工3544人，工业产值3368.6万元。1980年兴建潮阳县糖厂，国营企业增加到16家，职工3925人，工业产值3783.3万元。

1980年后，贯彻"调整、改革、整顿、提高"的方针，调整生产布局和产品结构，进行引进、技改，涌现一批具有先进水平的工业产品。1985年，全系统有国有工厂22家，职工7228人，固定资产原值4901.6万元，产值8029万元，利润226.9万元。1983—1986年，国营企业逐步全面实行经济核算责任制。1987年后，国营企业实行外引内联和对企业进行配套改革，涌现一批骨干企业和诸如彩电、塑料玩具、仿毛装饰布、煤矿液压支柱等48种特色"潮货"打入国内外市场。1994年后，全县国有企业（1993年3月29日，八届全国人大一次会议后，国营企业改称国有企业）实行诸多改革举措，包括内部制度改革，分配制度改革，综合改革，合、兼、并改革，产权制度改革，产权转让、承包、租赁改革。1999年2月，对锻压机床厂实行部分产权制度改革，职工2161人领取一次性生活补贴，与企业解除劳动关系。

截至2002年，全县国有工业企业18家，其中转产经营5家，停产13家。对留存的几家国有企业实行资产重组、减负增效等改革。是年，国有企业产值8878万元。

二轻企业

潮阳的二轻企业是在个体手工业的基础上逐步组织和发展起来的。1949年，个体手工业从业人员3000多人，主要集中在铁、竹、木小农具和日用小五金生产行业，以及建材、家具、服装等行业，规模小是其主要特点，产值1745.6万元。

1954年，根据"积极领导，稳步发展"的方针，试办手工合作组织。1956年全面组织合作社（组），基本完成手工业社会主义改造，全县组建手工业生产合作社（组）38个，从业人员3944人。潮阳成立手工业联合社，领导并管理各手工业合作社（组）。全县手工业合作社（组）1958年发展到72个，1966年增加到133个，从业人员6403人。1967年，部分手工业合作社（组）下放给各人民公社管理。1970—1972年有6个手工业生产合作社转为合作工厂。1973年成立县二轻工业局，加强对手工业合作企业的领导。是年，县管手工业合作社增加到88个。1977年，分布于基层的53个县管二轻企业划归各人民公社管理。是年，县二轻工业局仍下辖35个二轻企业。1982年起，县二轻企业实行改革，1983年全面实行经济核算责任制。1986年后，实行外引内联并举，引进丝绸和时装加工业。1988年实行承包责任制改革，二轻系统工业企业37家，职工7179人，产值5674.96万元。1991年、1994年分别对第一、二轮承包经营责任制进行承包基数审计，兑现奖惩。1996年，工业产值2250万元，拥有固定资产1062万元，创汇133.8万元，职工488人。1993—1995年，手工联合社下辖工业企业转产8家。2002年，二轻工业企业在产7家，年产值1390万元，余下26家企业以租赁形式进行经营。

乡镇工业（社队企业）

社队企业的基础为农村手工业。1958年，全县掀起大办公社工厂的热潮，至1959年兴办各类厂（场）1296个。1962年调整压缩。1967年，县下放94个手工业生产合作社（组）给公社管理，社办工业有所发展。

1978年改革开放后，把发展乡镇企业（即前称社队企业）作为振兴农村经济的一项重要工作，加快了发展步伐。1979年，全县乡镇企业发展到1898家，从业人员11.6万人，总收入1.24亿元，固定资产原值2548.1万元。1984年，乡镇企业分为区办、乡办、村办、合作办和个体办（民营）5个层次，称"五个轮子"一起转。是年，企业增至2996家，从业人员19.14万人，总收入2.91亿元，固定资产原值5340.1万元。1990年，乡镇企业增至6635家，从业18.6万人，固定资产原值4.02亿元，总产值8.67亿元。

进入20世纪90年代，进一步鼓励民营乡镇企业的发展。1994年起，每年都有一批工业企业建成集体公司，并不断引进国外先进技术设备，引进高端人才，研究生产名、优、新产品，形成外向型创汇企业。2002年，有245家工业企业以轻工、食品、纺织、服装、工艺品为主的产品出口，从业人员3.2万人，出口产品交货总值26.45亿元。

"三来一补"企业

1979年10月，旅港同胞柳炎城到峡山洋内创办一家"三来一补"工艺厂，为全县"三来一补"企业之首例。1982年，全县"三来一补"工业企业发展到298家，客商投资（引进设备）745.86万美元，出口商品总额552.44万美元，偿还客商投资175.12万美元。1985年"三来一补"工业企业1463家，客商投资6162.3万元，出口商品总额2227.25万美元，偿还客商投资343.94万美元。此后出现下滑趋势，逐年减少的"三来一补"工业企业主要转型为独资生产经营。1990年"三来一补"工业企业358家，从业人员2.75万人，引进设备850.6万美元，工缴费1292万美元。1996年，"三来一补"工业企业178家，从业人员1.46万人，引进设备2570万美元，工缴费6703万美元。2002年新建和续建的"三来一补"工业企业建设项目44个，投资总额为6.19亿元。

"三资"企业

潮阳本县"三资"企业始于1984年。时县塑料厂（1985年称塑料片材厂）与泰国公司合作，生产塑料玩具，总投资88万美元，其中外资占40%，企业定名为"潮新塑料玩具有限公司"。翌年与美国布朗公司签订进口三层双色塑料片材生产设备协议，生产单层、双层和三层板材，是年产值30.5万元。1992年，全县"三资"企业增至97家，从业人员6743人，累计投资2046万美元，出口商品总额2094.6万美元。2002年"三资"企业达337家，从业人员2.13万人，累计投资3.54亿美元，出口商品2.85亿元。1994—2002年，"三资"企业营业收入在亿元以上的有9家，占全县营业收入在亿元以上的58家工业企业的15.52%。

此外，1984年起至1998年有若干家国有企业进行公司制改造，改为股份合作制企业，还有一批市直集体企业和民营企业逐步组建成有限责任公司。

建筑业

潮阳建筑业有着悠久的历史，传统的建筑技艺名扬海内外。清咸丰十一年（1861）汕头开埠后，素以技艺精湛、勤劳守信著称的潮阳建筑工匠，成为汕头建筑业的主要招募对象。民国时期，建筑业向海外发展，新加坡的星洲公园、香港的虎豹别墅等建筑，都留下潮阳建筑工匠的印迹。中华人民共和国建立后，潮阳建筑业进入新的发展时期，建筑队伍不断壮大，施工设备日见完善，建筑技术迅速提高。特别是改革开放以来，建筑业"立足广东，面向全国，走向世界"，施工队伍遍布省内各地、国内14个省（自治区、直辖市）、港澳地区，以及伊拉克、利比亚、塞班岛、天宁岛等国家和地区。1985年，有四级以上建筑企业30家，建筑队伍4万多人，施工设备净值2786.5万元，完成建安总量2.6亿元，居汕头市各县之首。建筑业的崛起成为本地的主要支柱行业之一。

五、商贸业的发展

潮阳物产丰富，生柑、薯粉、鱿鱼、渔网、抽纱、土布等土特产品，经汕头销往国内外，又从汕头等地运入洋布、肥料、药材、米面、烟酒茶等商品。中华人民共和国成立后，人民政府对商业实行整顿、改造，发展国营、供销合作社商业和对外贸易。改革开放后，商贸业蓬勃发展。1985年，有国营、集体、私营和个体商业网点1.07万家，社会商品零售总额3.74亿元，比1952年增长6.85倍。城乡集市贸易成交额1.29亿元，对外贸易收购总值6078万元，主要出口产品有手工艺品、农副产品、工业品等100多种，产品远销世界五大洲几十个国家和地区。社会商品零售总额2000年为85.93亿元，2002年达85.2亿元。

集市贸易

中华人民共和国成立初期，社会购买力弱，集市贸易仍不景气。1951—1952年，县人民政府举办若干次物资交流大会，活跃城乡经济。1954年后，国家逐步扩大工农业产品统购统销范围，集市贸易相对削弱。1956年，开放自由市场，集市贸易重新活跃。1958年人民公社化后，集市贸易基本被卡死，民间私下交易禁而不止。1962年开放农贸市场，恢复一些农副产品的自由贸易。1965年城乡集市贸易成交额3035万元，占社会商品零售总额的31.9%。"文化大革命"初期，集市贸易被封闭，后有所恢复，仍受诸多限制。

改革开放后全面开放集贸市场。城乡集市贸易成交额1980年1.16亿元，1985年1.29亿元，分别占社会商品零售总额的57.1%和34.3%。随着改革开放的深入，各地陆续新建一批分设摊档的市场，私营商业不断繁荣发展，商品流通形式多样化、便利化，集市贸易规模相对收缩。

私营商业

1950年，商业普查登记时，全县16个重点市镇私营大小商号4083户，主要经营粮、油、茶、日杂百货、饮食等60多种行业。1952年调查统计时，除陈店、石船、贵屿3个区外，共有固定小商贩2968户，流动小商贩6881户。1953年国家过渡时期总路线提出对资本主义工商业实行"利用、限制、改造"的政策。1955年，根据"统筹兼顾，全面安排，积极改造"方针，引导私营商业走合作化道路，建立公私合营、合作商店（小组）、代销、经销4种商业组织形式。至1956年，全县对私营商业的改造形成高潮。全县纳入改造的私营商业4880户8212人，固定资产34.8万元，流动资金38万元。建立全行业公私合营商业88家，纳入769户1818人，资金28.54万元；合作商店315家，纳入2410户4632

人，资金3.14万元；合作小组196个，纳入1514户2056人，资金6.34万元；代销、经销197户。当时未纳入的私营商业和小商贩后来也大部分陆续吸收入公私合营企业成集体商业，基本完成了对私营商业的改造。1958年公社化后，私营商业大大减少。1961年调整商业体制，开放农贸市场，个体小商贩有所恢复和发展。1964年，全县有证个体商业2068户，资金4677.2万元，个体饮食等服务行业612户，资金841.7万元。

改革开放后，流通体制改革，个体商贩获得宽松环境。1983年，全县有证个体商业4337户，个体饮食等服务业1294户；1985年有证个体商业8358户，销售额8164万元，个体饮食业1362户，销售额4317万元，个体服务业249户。至2002年，全市（县级潮阳市）共有个体工商户1.59万户，是1979年的6.3倍，其营业额占商业流通交易总量的六成以上。

集体商业（供销合作社、合作商店）

中华人民共和国成立后，供销合作商业迅速发展。1950—1951年，全县共建立区（乡镇）供销社1个，乡（村）供销社17个，工人消费社1个，社员5.29万人。主要经营粮食、燃料、副食品、日用工业品和肥、药、具等。1952年1月成立县供销合作总社，管理供销、消费、手工业生产等合作社。1956年，随着私营工商业的改造，全县供销社社员增至30.08万人，股金36.18万元，干部、职工1100人，生产、生活资料销售额2455万元。1978年，生产、生活资料销售额8512万元，比1956年增长2.5倍。1983年，县供销社改名为县供销联合社（简称县联社）。1985年，县联社设农业生产资料、土产、日用杂品、干鲜果品、副食品、物资回收、综合贸易和贸易共8个公司，1个车队，下辖26个基层供销社，全系统干部、职工6586人，社员33.1万人，股金64.2万元，自有资金2522万元。年纯购进额5722万元，生产、生活资料销售额7131万元，分别比1954年增长2.3倍和1.5倍。1950—1981年有数据可考的21年，年年盈利。1978—1981年实现利润1049万元，1981年实现利润350万元，为最多年份。随着私营商业的发展，1982—1985年亏损1343万元。

国营商业

中华人民共和国成立后，于1950年1月成立潮汕贸易公司潮阳分公司，并在县城设门市部，在峡山、沙陇、谷饶、陈店、两英、关埠设国营商店，主要经营粮食、食油、食盐、棉纱、布匹、肥料等大宗商品，执行供货、销售挂价的经营制度，在打击奸商、平抑物价、稳定市场等方面发挥了积极作用。同时，扶持供销合作社，组织城乡物资交流，活跃城乡经济。到1956年，国营商业除粮食局外，设贸易、专卖、油脂、百货、糖业糕点、纺织品、医药、药材、煤业建材、水产、针棉织品、文化用品、蔬菜食品杂货、食品、饮食服务共15个公司和木材供应站。1957年实行"三部分管"：商业局管工业品，服务局管副食品和饮食业，供销社管农村商业。此后，国营商业和供销合作商业几经分合，体制、机构变动频繁。1975年，国营商业和供销合作商业再次分家，商业局辖百货、五金交电、化工、药品、食品、石油燃料、糖烟酒和饮食服务8个公司。1976年国内纯购进总额7950万元，国内纯销售总额1.48亿元，分别比1965年增长42.1%和68.5%。

1978年后，国营商业逐步深化改革，实行多条流通渠道、多种经营方式的经营责任制，改革统收统支的财务管理制度。1984年7月放开分配、经营、人事、物价浮动权，实行经营承包责任制。1993年实行"三自一包"（自筹资金、自主经营、自负盈亏、个人承包），促进自我发展。1994年全系统企业管理机构由原来的64个精简为49个，人员由490人减为255人，年减少费用38万元。1996年，全面推行目标利润考核、效益与奖励挂钩责任制，零售门店、组、站实行"利润承包、自负盈亏"或"定额管理，超奖缺扣"的经营承包责任制。全系统批零承包339个，年上缴各项承包费422万元，为改革开放后最高一年。1997—1999年，全系统经营门店（公司）承包86个，上缴67万元。2002年，全系统属下3个副科级公司、19个股级公司、105个承包门店，年上缴承包款和出租闲置场地收入115.6万元，为最低一年。

第二节

各项社会事业的建设发展

一、基础设施的建设发展

本地的交通运输、邮电通信、能源等事业建设，伴随着经济建设同步发展。

交通基础设施建设

至中华人民共和国成立前，全县通车公路共4条71公里。中华人民共和国成立后，积极发展交通运输事业。1955—1960年，恢复修筑县级公路8条74公里，社队公路10条40.2公里，总长114.2公里。1971—1978年，修筑县级公路6条40.1公里，社队公路14条55公里，总长95.1公里。1981—1983年，加强"老、少、边、山区"的公路建设，修筑红场至汤坑9.6公里。全县的通车公路从建国初期4条71公里增至1985年44条365.39公里，增长了4倍多，初步形成以县城为中心、外通省内外、内连各区（镇）乡并深入边远山区的四通八达的公路运输网络。2000年8—12月，开展"村村通机动车"大会战，2002年基本完成大南山区交通网络建设，建成三级公路75公里，全市（指县级潮阳市，以下不另注）公路通车里程达790.7公里，其中混凝土路面614.6公里，占77.7%，公路密度62.1公里/百平方公里。初步形成国、省、市（县）道为主骨架，村、镇道路为分支的区域性公路网络。

运输业的发展

1930年，由行东公司（集丰）承租广汕公路潮普路段营运，有汽车4辆，至1933年发展到大、小汽车34辆，营运线路由蚝田至普宁县池尾长62公里。是年底成立广东东路行车管理处，广汕公路省道收归官办。1933—1934年，由惠潮行车公司承租营运，有汽车7辆。1939年因日军入侵潮汕而停业。1945年德兴行车公司承租潮普公路潮阳段营运，有汽车19辆。至中华人民共和国成立后由国营潮汕运输公司接管。1955年有客车15辆，货车24辆，渡海电船4艘，是年秋实行公私合营，在汕头汽车运输总站辖下成立潮阳中心站，组建306车队。1956年转为国营企业，增辟广州、樟木头、惠阳线路。1958年潮阳中心站改称潮阳运输站，1972年潮阳运输站改称潮阳汽车站。1973年组建304车队，承担县境内客运任务外，还新辟县境外运输。1979年增开潮阳至深圳、东莞、厦门、珠海等客班车。1985年有客车67辆，每日开班车59班（次）。

20世纪90年代，逐渐开辟跨省客运线路。1997年，深汕高速公路通车，西线各长途班车陆续改走高速公路。至2002年，营运车辆有豪华大巴36辆，普通大客车89辆，豪华中巴57辆，普通中巴112辆。1979年，客运企业只有1家，客运量320.06万人，总客运周转量8832.99万人公里。2002年，客运企业4家，总客运量405.05万人次，总客运周转量5.05亿人公里。

货运方面，中华人民共和国成立前，有货车2辆6.36吨位。中华人民共和国成立初期，国营潮汕运输公司派出货车6辆，营运汕头至普宁线路。1958年起，潮阳组建汽车货运车队，先后有大小货车20辆。1980年后，货量增多，货车相应增加。至1985年共拥有大小货车50辆共200多吨位。

个体运输户在改革开放后，随着农村商品生产的发展，运输市场的开放，应运而生。1985年，全县个体运输专业户拥有货车251辆1004吨位；小四轮362辆362吨位，手扶拖拉机3252辆3252吨位。

单车运输曾是潮阳仅次于汽车运输的重要陆运工具。1941年全县有营运单车120多辆。1958年成立县单车运输团，1959年单车运输团有职工1100多人，营运单车1100多辆。1961年成立单车运输社。1962年曾抽调200多辆单车到江西省运粮，历时1个多月。1970年建海门湾闸坝，全县3000多辆经改造加粗钢线的单车轮流到工地运载石料，最多的每架载重200—300公斤左右石料，发挥重大作用，一时震撼全国。此后，单车社逐渐发展机动化运输。1983年单车运输基本消失，单车社改名为县运输服务公司。

水运方面，练、榕、濠三江可通航的干、支流16条，通航里程173公里。

邮电事业建设

中华人民共和国成立前夕，全县有长途电话所1家，电话站9处，电话线路总长260.3公里，都为竹竿单线，电信员工31人。

中华人民共和国成立后，县邮电部门调整组织，增设分支机构，发展邮路，更新电信设备，初步形成以县城为中心的邮政通信网络。1958—1962年，邮电管理体制下放；20世纪70年代初，县邮电局分为邮政和电信两局。

改革开放后，邮电事业建设飞速发展。会议电话双向汇接台于1979年组装并投入使用。1980年，市内600门准电子自动电话装成投产。1981年成立邮运车队。1984年开通广州、香港等地长途电话。1985年安装使用电报自动汉字译码机。至此，潮阳邮电设备、配套已初具规模。县邮电局辖下有邮电支局（所）27处，职工576人。邮电代办所12处，邮路82条，总长1666公里。电报电路8路，电传收发报机15部。长途载话终端机设备容量39路，市话、农话交换机总容量4400门，话机2667部。通信网络遍布城乡，可与全国各地以及与我国开办国际电话业务的国家和地区通话。

1998年10月，邮电分营。对邮路进行重新规划、调整、整顿，邮政通信网络更加科学合理，投递效率和投递质量提升，服务更为全面和安全。至2002年，全市（县）设置投递邮路99条，总长2283.6公里。全市（县）村村通邮路，直接投递到户。

1989年5月，实现农话与市话自动电话联网通信。至1997年底，全市（县）程控电话交换机容量近25万门，程控电话用户16.2万户，使用的长途电路达3440条，中继电路1.37万条。1998年实施电话网扩容。全市（县）程控交换设备容量26.1万门，长途电话1.15万条，中继电路3.95万条，电话用户达到19万户。至2002年，交换机进一步扩容，固定电话用户总数达44.5万户，"打电话难"彻底成为历史。

1991年12月，开通移动通信基站，首批用户30户，至1993年共建起25个模拟基站。1994年开通第二代移动通信电话GSM数字移动电话。1997年11月，建成潮阳首个移动电话交换局，网络容量5万户。2001年，联通公司又在潮阳建CDMA网络。至2003年1月，全市（县）移动电话用户达30.8万户。电话通信实现现代化。

电力能源建设

1923年，有邑人创办电灯公司，配备2台160千瓦德国西门子发电机组，县城机关、学校、街道及部分住宅始有电灯照明。1940年，两英古溪、仙城深溪、峡山桃溪、司马浦大布等地兴办织造业，自备发电机。中华人民共和国成立初期，县人民政府征用峡山桃溪等民间织布厂火电机组2台（套）28千瓦，兴办国营新潮电力厂，后逐渐发展多地配备小型火电机组。1960年后，由于各行业发展所需，社队、企业多自备火力机组。至1966年，全县17个人民公社均先后创办火力发电厂，总装机容量612千瓦，年发电量32.34万千瓦时，有20家企业自备火力发电机组27台（套），总装机容量805千瓦。1972年全县火力发电总装机容量5744.4千瓦，比1966年增长3.1倍，发电量543.6万千瓦时。

改革开放后，电力工业迅速发展。1985年全县火力发电总装机容量1.24万千瓦，发电量1419.4万千瓦时，分别比1972年增长了115.9%和161.1%。1993年4月，潮阳电厂第二期工程建成投产，1994年全市（县）火力发电量2894万千瓦时。1995年1月，电厂第三期工程建成投产，火力发电量猛增至1.61亿千瓦时。2002年全市（县）火力发电量2.8亿千瓦时，达到历史最高纪录。

潮阳有可供开发的丰富水力资源。1958年5月，始有农业生产合作社使用木制水轮机发电加工农产品。同年10月，上龙溪水库工地建成引水式木制旋桨水轮机1台，配套21千瓦发电机，发电供工地照明。后来和平安桥建成两击式铸铁水轮机，配套2.5千瓦发电机发电照明，被誉为"潮阳第一颗山村夜明珠"。1959年农村掀起"小、土、群"水电站建设热潮。1964年建成秋风水电站。20世纪70年代是水电建设大发展时期。

改革开放后，水电发展迅速。1985年，全县有水电站47座，总装机容量1.44万千瓦，占可开发水力资源的86.7%。其中县电网12座，年发电量4315.88万千瓦时，占全县电网总供电量的56.7%。1989年全县共有水电站48座，占可开发水力资源的87%。1990年水力发电量3870万千瓦时。1994年起，随着火力发电量的增加和一批输变电站的建成投运，潮阳的水电供电下降到只占全市（县）总供电量10%以下。

二、教育事业的发展

1949年，潮阳有中学10所（其中8所为私立），小学407所（其中县立仅2所），幼儿园1所，在学高中生29人，初中生2291人，小学生50123人，入园幼儿70人。按当时人口算，平均每414人中才有1名中学生，每19人中只有1名小学生。全县只有中学教师173人，小学教师1828人，当时成年人中文盲占80%。

中华人民共和国成立后，全县教育事业不断发展。全县中小学学生人数迅速增加，教育质量明显提高。1956年，中小学生分别增至10162人、100214人，为1949年的4.38倍和2倍。1953年开展以扫盲为中心的成人教育，有18万工农群众参加业余学习。1963年贯彻《全日制中小学暂行工作条例（草案）》，教育事业步入正轨。1966年上半年统计，全县中学增至23所，其中高、完中7所，在校高中生1898人，初中生10678人；小学407所，小学生195704人。1966年起的10年，由于"文化大革命"的冲击，教育事业受到严重破坏。1976年后经过拨乱反正，教育事业又迈步向前发展。

改革开放后，社会各界发挥办学的积极性，潮阳海外华侨、华人及港澳同胞踊跃捐资兴学育才，校舍、设备日趋完善，教学条件大为改善。据统计，1979—2002年，旅外侨胞捐资新建或改建学校（含完全中学、初级中学、小学、幼儿园）140所，占地面积170.35万平方米，总建筑面积76.58万平方米。

1983年11月，经汕头市教育处验收，潮阳成为"脱盲县"。1984年10月，经省、市检查验收，全市中、小学基本实现"一无二有"（校无危房，班班有教室，人人有课桌椅），被省评为实现"一无二有"特级县。1985年，全县有完全中学10所、初级中学11所、职业中学（高中）8所、区办联中（初级中学）和小学附设初中班的学校146所、小学472所、幼儿园358所，还有师范学校、教师进修学校各1所，学生总数29.26万人，教职工1.22万人，学龄儿童入学率97%，比1949年分别增长4.57倍、5.1倍和64.4%。

1997年后，潮阳坚持"积极鼓励，大力支持，正确引导，加强管理"的方针，鼓励、支持企业、社会团体和公民依法办学，初步形成以政府办学为主，社会广泛参与，公办学校和民办学校共同发展的办学体制。至2000年，全县先后创办了3所民办学校，共有小学生3778人，初中生1643人，高中生185人。

1979年全县有学校567所，其中幼儿园49所，小学488所，初中、普通高中29所，中等师范学校1所，在校学生总数28.1万人；2002年全市（县）有学校834所，其中幼儿园225所，小学490所，初中93所，普通高中20所，职业高中3所，中等师范学校、建筑中专、教师进修学校各1所。在校学生58.36万人，与1979年相比，学校总数增长47.1%，学生总数增长107.7%。全县人民热心兴学育才，1979—2002年，通过多渠道筹集资金18亿元，新建、改建、扩建一大批校舍，基本实现校舍楼房化。其中，群众集资2.81亿元，新建、扩建学校123所；侨胞捐资7.6亿元，新建、扩建学校260多所（宗）。改造老区山区危破小学一批，援建老区希望小学10所。至2002年底，全市（县）中小学校占地面积749.65万平方米，校舍建筑面积277.18万平方米，分别是1979年的8倍和6.8倍，并添置一大批桌椅和教学设备，大大改善了教学条件，广大学生在良好的学习环境中茁壮成长。1979—2002年，共向全国大中专院校输送6.1万名学子。

三、医疗卫生事业的发展

潮阳中医历史悠久，西医于1906年始传入。1948年，全县有县立医院1所，区（镇）卫生分院8所，私办医院分诊所426个，病床41张，从医512人。由于医疗卫生状况落后，人民缺医少药，鼠疫、天花、霍乱、疟疾等传染病和地方病连年发生。中华人民共和国成立后，贯彻"预防为主"的方针，深入持久地开展爱国卫生运动与除害灭病工作，推行预防接种，实施计划免疫，提高人民的抗病能力。20世纪50年代初根除了鼠疫、天花、霍乱等烈性传染病。1959年基本消灭疟疾。1985年消灭小儿麻痹症；百日咳、白喉、流行性乙型脑炎、流行性脑膜炎、病毒性肝炎、流行性感冒等传染病也得到有效控制。

改革开放后，潮阳旅外侨胞大力支持家乡医疗设施建设。据统计，1981—2002年，旅外侨胞捐资兴建扩建医院（医疗站）20座，其中比较大宗的有侨资兴建的沙陇中心卫生院、潮阳吴宏丰妇婴医院、谷饶卫生院等。与此同时，随着医疗卫生、农村医疗卫生管理体制改革，医疗卫生事业加快发展。1979年全县有医疗卫生单位29所，其中公社（镇）卫生院26所，病床1100张，卫生系统总人数2247人，"赤脚医生"1576人。2002年有医疗卫生单位31所，其中镇（街道）卫生院25所，综合医院5所，病床1882张，卫生系统总人数4978人。此外，还有乡村集体或个体办的医疗站点651个，乡村医生1245人。2002年卫生系统用房基本实现楼房化，楼房建筑面积25.7万平方米，比1985年7.77万平方米增长2.3倍。2002年开始实施农村合作医疗工作。

四、科技、文化、体育事业的发展

科技事业的发展

中华人民共和国成立前，潮阳的科学技术水平低下，农业一直采用传统落后的生产方式，工业多为小作坊手工操作，科技人员稀少，丰富的自然资源得不到充分利用，生产力水平低下。

中华人民共和国成立后，潮阳重视发展科学技术，成立科研机构，多渠道培养科技人才，开展科技试验活动，普及科学知识，鼓励创造发明，推广应用科研成果，促进经济建设的发展。改革开放后，潮阳认真贯彻"经济建设要依靠科学技术，科学技术要面向经济建设服务"的战略方针，进行科技体制改革，增加科技投入，加强科技管理，开展学术交流，招聘科技人才，加快科技引进，推进科技事业的发展。1979—2002年，潮阳科技成果获市（县）科技进步奖445项，获汕头市科技进步奖70项，获省级科技进步奖18项，获国家科技进步奖1项。

中华人民共和国成立后，县政府内有几名技师，社会上有少数医疗卫生技术人员及专业学校毕业的中小学教师，工厂（作坊）、建筑业、农业、林业有为数不多的受过专业训练的技术人员。随着国民经济和教育事业的发展，专业门类增多，科技队伍不断壮大，技术人员知识结构也发生很大变化。20世纪五六十年代，科技人员主要集中于农业、水利、工业、医疗和教育系统。20世纪七八十年代，交通、建筑、邮电、财贸等系统以及党政机关团体也拥有一定数量的科技人员。至2002年，全市（县）拥有各类专业技术人员2.42万人，其中高级职称127人，中级职称4232人，初级职称1.46万人。

1979年，潮阳成为广东省第一个粮食双跨《纲要》的县。1989—2000年，潮阳水稻亩产连续12年保持"吨谷县（市）"称号，其原因除了改革开放农业体制改革，实行家庭联产承包责任制，激发了农村生产力的发展之外，分布于城乡基层的农业科技队伍，也发挥了指导农村、农业、农民科学种田，推广杂交水稻良种、改进栽培管理技术的历史性作用。

改革开放后，潮阳结合本地资源优势、产业特点，通过举办和参与一系列技术产品交易洽谈会，有组织、有计划地在农村、企业中推广应用先进科技成果，加强科技创新，加快科技成果向生产力转化的进程。至2002年，全县（市）引进、推广应用科技成果200多项，对经济社会事业的建设发展起到了促进的作用。

文化事业的发展

潮阳接受中原文化较早。中华人民共和国成立后，从仙城、两英等地出土一批文物，经考证，与中原地区发现的新石器时代的古遗物相近。散布于县内各地的摩崖石刻、碑刻、古墓随葬品、古建筑等反映了自东晋置县以来，潮阳的文化随着历史的推移有着明显的变化和长足的发展。据清代《潮阳县志》记载，从唐代至清代，颇有造诣的仕宦文人达120多人，留下了很多不朽的著作。石雕、木雕、嵌瓷等建筑装饰有独特的创造，闻名东南亚一带；潮剧、笛套音乐、英歌舞等极具地方特色。大革命、土地革命战争时期和抗日战争时期，一批文艺战士、学校师生、工农群众等活跃于大南山等地，自编自演话剧、活报剧等，激发群众革命斗志；大南山石刻革命标语令敌人心惊胆战。

中华人民共和国成立后，潮阳人民继承和发扬历史的文化艺术精华，现代文化设施日趋完善。雅俗共赏的乡土文艺作品硕果累累，专业和业余文艺创作活跃。1976—1985年，发掘、创作的潮剧和移植改编的剧目共66个，在省级以上报刊发表或由出版部门出版的小说、剧本、报告文学、诗歌、曲艺等156个，有42个作品获省、汕头市创作奖。潮阳的石雕、木雕、嵌瓷等建筑装饰手工艺，继承和发扬了传统技艺，融入了当代题材，在表现手法上有独特的创造。潮剧、笛套音乐、英歌舞、剪纸、香稿塑等极具地方特色。1988—1999年，两英镇永丰村、成田镇西岐村等英歌队代表潮阳英歌队先后参加全国性献演或应邀赴港澳参加庆典献演6次，被专家们誉为"民族魂魄""民族精粹"。1996年英歌舞经原文化部评审，被授予"中国民间艺术之乡（英歌艺术）"称号。现代文化设施也日趋完善，形成了县、镇、村三级组成的文化娱乐网络。

潮阳在科学技术、文化艺术领域涌现了一批蜚声国际的英才。他们中有中国现代心理学家郭任远、声学家马大猷、冶金学家郭慕孙、经济学家萧灼基，电影业先驱郑正秋、蔡楚生，书画家赵凤、陈大羽，红学家郭豫适，学者萧遥天等。

体育事业的发展

潮阳体育运动源远流长。民间传统体育活动有荡秋千、放风筝、顶棒、角力、举石担、武术、气功、泅水、拔河、赛龙舟、象棋等。20世纪20年代以来，田径、球类、体操、游泳等现代体育先后传入本县学校，并在社会传播。但因场地限制，设施简陋，缺乏技术指导，普及和提高缓慢。中华人民共和国成立后，体育运动蓬勃发展。潮阳贯彻"发展体育运动，增强人民体质"的方针，城镇、乡村、机关、工厂普遍修建篮球场、乒乓球室等体育场地，中、小学校多辟田径场或小操场，学校建立体育教学制度，把体育编为正课，传授体育技术，体育竞赛活动逐渐展开。1956年9月，潮阳体育运动委员会（简称县体委）成立，加强了体育工作的领导与指导。

改革开放后，潮阳体育事业进一步发展。1979年后，潮阳组织了一支教练员、裁判员队伍，这支队伍具有体育理论水平和专业技术，是运动会、单项竞赛、运动队伍训练、群众健身教学的组织者、指导者。至2002年，全市（县）共有国家级裁判员161人，其中有田径、篮球、乒乓球、游泳、排球、散打、武术、羽毛球、网球、体操等各个项目、级别的裁判员。

1979—2002年，潮阳先后向省输送游泳、赛艇、击剑、帆板、柔道、篮球、举重、摔跤、跳水、武术等体育项目运动员28人；输送到省体校各个项目运动员30多人；输送到汕头市体校各项目运动员400多人。1979—2002年，在潮阳青少年业余体校各项目受训的运动员近1000人。

至2002年底，全县（市）有体育场馆402个，计体育馆2个，400米田径场6个，300米田径场1个，200米以上运动场16个，足球场22个，网球场2个，灯光球场3个，篮球、排球、门球场170个，游泳池馆6个，非标准体育场所164个，训练房10个，场馆占地面积81.51万平方米，建筑面积57.76万平方米。群众体育日趋社会化、多样化。

第六章

建区以来的发展变化

第一节　建区以来特别是党的十八大以来的发展变化

2003年，潮南区经国务院批准设立。十余年来，历届区委、区政府艰苦创业、辛勤努力、披荆斩棘，紧紧依靠海内外潮南人的智慧和力量，克服了重重困难，开拓进取，抓稳定、正风气、搞建设、做规划、闯新路、促发展，特别是十八大以来，潮南区坚持"稳中求进"总基调，积极有效地应对了复杂多变的经济形势，战胜了重大洪涝灾害，经济稳步发展，基础设施加快建设，社会和谐稳定，民生不断改善，取得了极不平凡的大发展、大跨越。2019年实现地区生产总值456.96亿元，同比增长5%，是2003年6.1倍；工业总产值1024.55亿元，同比增长1.1%，是2003年5.8倍；规模以上工业总产值751.61亿元，同比下降0.6%，是2003年10.9倍；农业总产值35.14亿元，同比增长3.8%，是2003年3.15倍；全社会固定资产投资总额460.58亿元，比2018年增长15.1%，是2003年28.8倍；社会消费品零售总额303.58亿元，比2018年增长6.8%，是2003年6.9倍；外贸出口总额59.04亿美元，比2018年增长0.5%，是2003年10.8倍；一般公共预算收入10.88亿元，同比增长0.3%，是2003年12.9倍。

一、工业经济繁荣发展

2019年底，全区工商登记企业累计达到7130家，个体工商户60197户，形成纺织、服装、精细化工、文具用品、塑料制品、印刷包装、电子电器、旅游用品、保健食品等产业优势的工业体系。据国家有关专业机构统计，潮南女性内衣产量占全国40%，家居服占全国80%，面辅料占全国35%，是广东省乃至全国纺织服装的主要生产基地之一。2012年，潮南被中国纺织工业联合会授予"中国内衣家居服装名城"称号，并被列入广东省服装产业转型升级重点培育产业集群，2015年被原国家质检总局批准创建"全国服装（内衣家居服）产业知名品牌示范区"，2017年4月正式命名为"全国服装（内衣家居服）产业知名品牌创建示范区"。峡山街道、陈店镇、两英镇分别荣获"中国家居服装名镇""中国内衣名镇""中国针织名镇"称号；司马浦镇是全省首个"口腔用品科技创新专业镇"，全区牙刷销量在国内市场占有率达40%以上。全区共有专利申请20368件，专利授权14024件，拥有注册商标累计达到75185件，中国驰名商标9件，广东省名牌产品15件；获评"2019年全国科技创新百强区"。"雅倩"被列入中国"500个最具价值品牌"，"拉芳"被评为"中国科技品牌500强"。

二、农业经济不断提升

大力发展现代效益农业，提升农业机械化、基地化、产业化发展水平。建成省级农业标准化示范区12个，省级无公害农产品生产基地25个。德兴台隆生态循环农业示范园被列为国家循环经济和资源节约重大示范项目。陇田镇东华村被认定为全市首个全国"一村一品"示范村。台湾农民创业园建设步伐加快，创业园农产品电商平台投入运营，滨海生态农业观光园启动建设，建成了北欧智能农场。台创园企业长和公司入选首批粤港澳大湾区"菜篮子"生产基地名单，成为汕头市唯一供港蔬菜种植基地。广东德兴"绿都"牌杜洛克种猪和丰乐公司"南国佳人"红肉火龙果入选广东省第三届"十大名牌"系列农产品。

三、商贸经济异军突起

潮南区顺应经济发展潮流，立足产业优势，打造电子商务发展平台，取得了迅猛发展。曼妮芬、芬腾两大品牌在淘宝等各大电商平台的内衣家居服销量长期保持在全国前10名，2015年"双十一"网上销售额均突破1亿元大关，创造了中国内衣行业的历史纪录。全区拥有38个淘宝村、6个淘宝镇，成为全国拥有最多淘宝镇的县域和全国十大淘宝村集群之一。陈店淘宝一条街、司马浦口腔用品生产基地被评为首批市级"互联网+"应用型培育小镇。

四、旅游文化取得突破

潮南区有深厚的历史文化和红色革命旅游资源，其中革命旧址红场、红宫、石刻革命标语被列为广东省省级文物保护单位；红场革命烈士纪念碑和大南山革命历史纪念馆，被汕头市定为爱国主义教育基地。潮南区也拥有丰富的滨海资源等自然风景资源，其中大南山森林公园是省级森林公园、翠峰岩是市级自然保护区。潮南区陇田镇东华村、井都镇丰乐公司获"广东省休闲农业与乡村旅游示范点"称号，雷岭镇获"广东省休闲农业与乡村旅游示范镇"称号，陇田镇东华村被农业部评为"2016年中国美丽休闲乡村"，2019年获评首批"广东省文化和旅游特色村"。同时，潮南人文荟萃，崇文重教，文化底蕴深厚，有"海滨邹鲁"之称。大寮嵌瓷技艺是国家级非物质文化遗产、潮南西岐英歌、潮州笛套音乐被列入省级非物质文化遗产。

五、城乡环境展现新貌

经过设区十多年的发展，潮南区城乡坏境有了新的面貌，城乡规划更趋合理、交通大会战捷报频传、水利建设逐步配套齐全、电力设施不断完善。

城乡规划实现"一张图"

面对新区基础薄弱、短板突出的实际，区委、区政府坚持规划引领发展，抢抓特区扩围机遇，把全区599.9平方公里作为一个整体进行规划，与汕头市城市总体规划同步编制，形成《汕头市潮南区城乡总体规划（2013—2030）》，在全市非中心城区率先实现全区城乡规划"一张图"，与汕头市城市总体规划实现"无缝衔接"。出台潮南区发展规划大纲（2020—2035年）初步方案，编制完成中心城区发展规划、乡村振兴战略规划，230个行政村（涉农社区）整治规划和77个美丽宜居村（社区）美丽乡村规划、两英镇中心城镇建设规划等，形成控制性详细规划全覆盖的现状"一张图"和规划"一张图"成果。推进"三旧"改造，累计完成改造地块控制性详细规划28个，规划范围约8894.72亩，其中涉及地块62宗，改造用地面积1483.35亩。实施农村闲散土地盘活利用，启动33宗占地263.35亩闲散用地盘活工作，提升农村节约集约用地水平。

交通基础设施建设全面推进

建成国道G324线、沈海高速公路、揭惠高速公路、和惠公路、司神公路、环城公路、峡新公路等，在建的汕湛高速、潮汕环线高速、陈沙公路、井田公路等贯穿境内的交通项目。同时，成功争取汕汕高铁在潮南设站，标志着潮南迈进高铁时代；完成了衡山路等一批城乡道路改造建设，全区公路密度从2003年的78.8公里／百平方公里提升到2019年的156.7公里/百平方公里，形成了"四横十纵"、内通外联的交通大格局。

水利项目建设配套完善

成功争取了亚行贷款1亿美元用于潮南水资源保护及利用示范项目。成功入选全省首批6个村村通自来水工程建设示范县，获得省财政补助资金1.28亿元。先后建成了45个小型一体化集中式供水工程，以及雷岭水厂、龙溪水厂等一批项目，开工建设三大水系联网管道、秋风水厂扩建、金溪水厂改建、潮南引韩加压泵站等一批工程，完成建设32.331公里练江干流堤围、97.53公里练江支流堤防加固和7宗中型水库除险加固工程，城乡供水保障和防灾减灾能力明显提升。

城乡供电水平明显提升

理顺了供电管理体制，2012年5月成功设立潮南供电局。电网工程顺利实施，500千伏海门华能电厂3、4号机组送出线路工程，110千伏新联、田心、港美、华桥输变电工程及110千伏义英站扩建工程等一批输变电工程项目竣工投产；国道G324线、环城公路、陈沙大道等电力设施迁改和电缆落地分步实施，大大提高了潮南电网的供电能力和供电可靠性。

六、社会环境明显改善

积极探索创新社会管理机制和模式，推进依法治理，不断提升社会管理水平，规范经济社会发展秩序，推进和谐潮南建设。

"创文强管"深入开展

坚持拆建并举、建管并重，实施"区、镇、村"三级联创，实行区领导、区直部门、镇（街道）班子成员挂钩帮扶制度，推动"创文强管"向村（社区）延伸拓展，创建一批创文示范村（社区）。开展城乡清洁工程，确保每个镇区建成"五个一"、每个村居建成"六个一"，改善农村生活环境。实行扁平化交通秩序执法管理，严查酒驾醉驾，整治非法"泥头车"，打击非法营运，规划好全区重点路段、重点区域停车位，营造有序交通环境。新建改建了南河、玉峡街心等各类公园、广场、农贸市场。打造"全民家庭活动日"创文品牌。成田镇基层社会组织联合会"爱心超市"、峡山街道桃溪社区分别被评为省级"最佳志愿服务项目"和"最美志愿服务社区"。基层社会组织联合会的经验做法在全省进行推广。

练江整治强势推进

加大环境保护执法力度，查处各类环境违法行为。实施印染行业清洁化改造，全区132家印染企业除10家关停外其余全部完成清洁化改造工作。"1+1+5"环保基础设施加快建设，区纺织印染环保综合处理中心基本建成，被列为全国深入推进环境污染第三方治理园区；全区拟保留印染企业中的52家自建厂房企业全部入园建设，25家印染企业投产试运营。区生活垃圾焚烧发电厂当前平均日处理生活垃圾近1200吨，日平均发电量约40万千瓦时；区生活垃圾焚烧发电、污泥干化掺烧项目进入设备调试阶段、压缩转运项目正式运营。5座污水处理厂及配套管网加快建设，全区日处理总规模37万吨，已建成日处理总规模21万吨、污水管网72.57公里；新建污水处理厂日处理总规模16万吨，均实现通水试运行，通过环保竣工自主验收，配套管网总长434.25公里，已完成402.03公里。

创建国家森林城市工作扎实开展

着力推进创建国家森林城市工作，完成森林碳汇林造林种植面积7644亩，沿海防护林体系建设工程造林种植面积1200亩，亚行贷款项目三大水库周边水源涵养林建设工程造林25430.4亩的第三年抚育任务，全区森林覆盖率34.1%。

新农村建设深入开展

积极开展"百村示范、千村整治"美丽乡村建设大行动，加快推进第一、二批共70个"百村示范、千村整治"美丽乡村示范村（包括17个省定贫困村、第三批省级新农村连片示范建设工程5个示范村），以点带面推进230个村（社区）新农村建设。开展以"三清三拆"和"清垃圾、治污水"专项治理为主要内容的人居环境综合整治工作，所有自然村专项整治基本完成，农村人居环境得到明显改善。以陇田镇东仙社区、华瑶社区，成田镇田中央社区、简朴村、华西村5个示范村为主体村的省级第三批新农村连片建设已基本完成。第一、二批美丽乡村示范村建设成效显著，雷岭镇荣获"广东省休闲农业和农村旅游示范镇"称号，成田镇简朴村入选"汕头市十佳美丽乡村"，峡山街道大宅村入选"汕头市十佳宜居特色乡村"，东华村获评"首批广东省文化和旅游特色村""广东美丽乡村特色村""汕头市十佳美丽乡村"。

民生事业全面发展

坚持民生优先，增加财政投入，着力解决群众关注的热点难点问题，群众获得感、幸福感、安全感持续增强。区级财政用于民生事业的支出从2003年的2.8亿元增加到2019年的78.03亿元，年均增长24.84%。新改扩建中小学校舍233所，新增高中学位2.5万多个，九年义务教育巩固率由2003年的68.6%提高到2019年的96.2%以上；高中阶段教育毛入学率从2003年的18%提高到2019年的95.04%以上。潮南区职业技术教育中心一期、二期工程先后建成，成田高级中学和中民学校改扩建工程、砺青中学新校区等项目加快推进。全区11个镇（街道）均被评为省教育强镇，创建广东省教育强区目标顺利实现，义务教育发展基本均衡区通过国家认定，广东省教育现代化先进区创建步伐加快。

医疗卫生方面。先后建成区人民医院住院综合楼、民生医院二期住院楼、区残疾人康复活动中心、6所镇级卫生院标准化建设等一批工程，建成村级卫生站179个，区人民医院异地新建项目、66个公建规范化村卫生站顺利推进，区中医医院和区精神专科医院启动筹建工作。潮南民生医院成功晋升为"三级乙等综合医院"，成为粤东地区首家民营三级医院。

建成区图书馆、文化馆分馆5个，服务点15个，（社区）综合性文化服务中心示范点25个。全区参加城乡居民基本医疗保险133.8万人，城乡居民养老保险参保人数57.88万人。脱贫攻坚深入开展，先后通过全省扶贫"双到"第一、二轮的目标责任考评，2019年全区9621户38396人相对贫困户全部退出，17个相对贫困村全部出列。

社会治安持续改善

组织开展"扫黑除恶""三打两建""飓风"系列、"云剑"等专项行动，强化社会治安综合整治。加强治安视频监控、治安卡口整合利用，建设潮南区社会治安视频（卡口）汇接平台，在全省率先建成警务动态管理系统，实施立体化治安防控，提升侦查破案水平。先后摘除了"信访工作重点管理地区""社会治安整治突出地区""打拐重点地区"的落后帽子。

打假治劣成效明显

采取强力措施，坚持重拳出击、主动打击、持续打击，坚持"查事"和"查人"相结合，保持打假高压态势，大力打击卷烟等制假售假违法犯罪行为，规范市场经济秩序。先后摘除了"制贩假重点地区""制假人民币重点地区"的落后帽子。

第二节

迈进新时代，开启新征程

一、发展定位与目标

发展定位

潮南老区人民深入学习贯彻习近平总书记一系列重要讲话和关于革命老区建设重要论述精神，以习近平新时代中国特色社会主义思想为指导，充分发挥潮南滨海特色资源优势，按照沿海经济带规划推动潮南加快发展，打造成为省、市沿海经济带的重要节点，建设成为全国革命老区振兴发展示范区。充分利用潮南丰富的红色资源，打造红色基因传承的重要平台，加强爱国主义教育和革命传统教育，推进红色文化、红色旅游与生态旅游、滨海旅游深度融合，建设成为全国知名的红色文化传承和红色旅游示范区。发挥临海革命老区的特殊区位优势，充分利用广大海外华侨资源和人文资源优势，积极参与"一带一路"尤其是海上丝绸之路建设，努力打造成为沿海经济带的战略支点，加强与粤港澳大湾区、海峡西岸经济区的联动发展，打造革命老区参与"一带一路"建设的示范区。

发展目标

到2025年，综合经济实力大幅提升，潮南人均地区生产总值增速高于全国平均水平，人均可支配收入超过全国平均水平，基础设施日益完善，现代产业体系基本确立，生态文明建设取得重大进展，基本公共服务均等化基本实现，人民获得感、幸福感、安全感更加充实、更有保障、更可持续。

二、开拓区域发展新空间

优化区域发展格局

深入实施"南拓北优"发展战略，加快构建"两带两走廊、一轴一城区"城市化发展格局。深入推进练江流域综合整治，打造河畅、水清、堤固、岸绿、景美的练江生态景观带。依托大南山北麓原生态林区、南山截流，打造山水相映、人景相宜的大南山生态景观带。加快推进国道G324线沿线产业更新提级、城市有机更新，打造新型工业化与城市化融合发展的国道风尚走廊。按照"串珠成链、金脊通海"理念，实施陈沙大道改建工程，建设新型专业园区、"双创"中心、产学研基地、文化创意产业园等，打造创新创业和现代产业高端要素集聚的陈沙大道"双创"走廊。依托峡新公路，构筑纵贯南北的城乡发展动脉，打造峡新发展轴。加快中心城区规划建设。

打造产业集聚平台

以全区印染企业入园建设为契机，进一步做好园区规划，统筹考虑纺织服装、内衣家居服等上下游企业全链条融合、集聚化发展，把印染中心打造成为产业生态化的典范、创新创业的基地、规范高效的全国一流纺织印染园区，培育超1000亿纺织服装产业集群。以两英龙岭等旧厂房相对集中的区域为改造开发试点，积极谋划招引有实力的企业对旧厂房进行改造开发，重点支持纺织服装、塑料制品、日用化工、口腔护理等传统产业，促进转产转型，培育发展产业集群。扶持生物医药、滨海生态旅游等新兴产业，加快形成绿色生态、特色鲜明、优势互补、竞相发展的产业集群。

加快建设特色小镇

积极创建国家级、省级特色小镇和特色小城镇，培育建设一批特色小镇和特色小城镇。做精做强特色小镇主导产业，构建小镇大产业，实现特色产业立镇、强镇、富镇。重点推进陈店内衣小镇建设，积极培育胪岗农业生态旅游小镇、红场镇伍田潮汕民俗文化小镇、雷岭红场生态森林旅游小镇、司马浦镇"互联网+"应用型培育小镇等，打造区域发展新的增长极。

三、打造创新型新经济

提升制造业水平

以发展先进装备制造业为重点，着力提升制造业尤其是先进制造业的发展水平。进一步推动纺织服装、精细化工、文教用品等传统制造业的改造升级，积极谋划打造高端医疗器械产业基地，配合推进建设海上风电运维、科研及整机组装基地。在节能环保装备领域，重点发展余热发电设备、城市生活垃圾处理成套环保设备。

发展红色生态旅游

加快实施大南山片区旅游专项规划，谋划建设大南山干部学院，创建智慧生态园区。以红场、雷岭革命老区为核心，串联仙城、两英、成田、井都等红色遗迹（址）、"红色印记"，加快红色旅游资源的规划开发，结合潮汕民俗风情打造红色旅游精品线路，开发建设大南山红色旅游区、伍田潮汕民俗文化小镇。结合胪岗、仙城、陇田、井都等地独特的生态农业、田园风光、四季水果打造乡村红色生态旅游线路。利用广东滨海旅游公路建设的有利时机，丰富的滨海资源，以田心湾为核心，加快发展滨海休闲旅游。

壮大纺织服装产业

围绕建设高附加值纺织服装研发设计产业集群和高性能纺织机械生产基地，推进纺织服装产业智能化技术改造，加快创建广东省质量强区示范区，规划建设内衣家居服省级质检站和纺织产业综合智能服务平台等一批公共技术服务平台，打造覆盖产品设计研发、生产加工、品牌营销及物流、服务等环节的时尚产业链。加快产品研发设计、流程控制、企业管理、市场营销等环节的数字化、网络化、智能化和管理现代化，做大做强一批纺织服装专业镇。抓好印染中心建设运营，加快配套设施项目建设，确保127家印染企业顺利投产。

打造国内知名日用化工、口腔护理基地

依托拉芳、雅丽洁等知名企业，重点发展高附加值、高技术含量、环保型的高档化妆品、洗涤用品等精细化工产品，扶持一批日用化工品牌企业做强做大，打造国内知名日用化工生产基地。发挥司马浦口腔用品专业镇的产业集聚优势，加快口腔用品技改创新，支持发展口腔护理产业技术创新联盟，推进牙刷产品省级质检站等公共技术服务平台建设，打造粤东乃至国内知名的口腔护理用品集聚地。

做优做强特色农业

充分发挥地理标志产品优势，加快农业产业园和特色平台建设，着力打造井都蔬菜、雷岭荔枝、红场茶叶、泸岗脐橙等特色农产品品牌。推进台湾农民创业产业园建设，加快培育农业产业化龙头企业、农民合作社和家庭农场，鼓励龙头企业和农民合作社做大做强精深加工。建设完善网上农资农产品交易平台，发展农产品定制开发和直销运营的新模式，支持农产品电商平台建设。

引导发展商贸物流

引导商业、交通运输、供销、邮政等领域龙头企业向农村延伸经营服务网络，鼓励老区发展集商品销售、物流配送、生活服务于一体的乡镇商贸中心，引导集快递收发、代销代购、水电费代收、信息服务等多重服务功能的乡村综合便民服务点建设，推动物流服务和农村生活服务点（助农服务点）功能融合，实现"多点合一、一点多能"。引导农产品批发市场、连锁超市和合作社积极开展"农批零对""农超对接""农社对接"等各种形式的产销对接。鼓励传统产业应用电子商务工程，进一步拓展潮南优势产业电子商务的发展渠道，谋求与国内外大型电商平台对接，培育一批具有市场竞争力的电商龙头企业。

四、开创城乡新面貌

增强城区辐射带动作用

实施"城区三年大提升"行动，加快老城区改造，实现中心城区大提升，增强城区辐射带动能力。推动产城融合发展，建设和谐宜居宜业宜游的现代化城区。开展绿色城市、智慧城市建设，加快城区重大基础设施建设，完善城际交通网络，加强城镇道路及其配套设施改造，提升综合服务水平、空间环境品质和交通通达性。加强供电、供排水、供气、垃圾污水处理等市政设施建设与改造。扩大森林、湿地等绿色生态空间，提高城区生态承载力。加大教育、卫生、文化、体育等公共服务设施建设力度，完善便民利民服务设施。

实施乡村振兴战略

按照区乡村振兴战略总体规划，着力实施乡村振兴战略，大力改变农村面貌，以产业兴旺为重点、生态宜居为关键、乡风文明为保障、治理有效为基础、生活富裕为根本，大力破解城乡二元结构问题，在保留历史文化、绿水青山、乡村特色的前提下做好"三清三拆"，加快建立生活垃圾"村收集、镇转运、区处理"体系，统筹建设污水处理厂、排污管网，打造"四好农村路"，大力发展农村产业，布局建设工业园区，培养造就一支新型职业农民队伍，引导广大农民树立市民思维强化城市意识，破解城乡二元结构问题。

加快交通基础设施建设

推进汕尾至汕头铁路（潮南段）建设，推进粤东城际铁路网（潮南段）建设，加快推进汕湛高速（潮南段）项目、潮汕环线高速（潮南段）等建设，完善对外通道，加密高速路网。以"四好农村路"为目标，切实提高农村公路路面等级标准、通达能力。加快滨海旅游公路（潮南段）、国道G228线潮南段改造工程规划建设，组织实施省道S235司神线司英路段路面改造工程、省道S236线汕头市潮南段（陈沙大道）改建工程、汕南大道、潮南沿江路、振兴北路、振兴南路、峡安路、峡溪路、揭惠高速红场连接线和陈沙大道东延等项目建设，进一步提升路网整体通行能力和服务水平。

完善城乡公交站场建设，加快未通客车行政村的窄道、公路拓宽改造和生命安全防护工程建设。完善综合客货运枢纽及配套设施建设，推进区粤运汽车客运站、货运物流中心、汕汕高铁潮南站等项目的规划建设，增加客运站新能源汽车充电桩。配合市推进布局建设通用机场，配合推动海门港配套建设，完善港口集疏运条件，提升通航能力。

补齐水利基础设施短板

围绕提高水利防灾减灾能力目标，实施中小河流治理工程，海堤、水库除险加固达标工程，练江流域综合整治工程（水利部分）。着力提升供水保障能力，重点推进村村通自来水工程、利用亚行贷款广东潮南水资源保护及利用示范项目建设，推进中小型灌区续建配套与节水改造，加强"五小"（小堤防、小灌区、小山塘、小水陂、小泵站）水利工程建设，改善农村生产生活条件，促进粮食增产增收。

构建清洁低碳、安全高效的现代化能源体系

加快推进区纺织印染环保综合处理中心热电联产项目、区生活垃圾焚烧发电厂扩建项目。改造输变电设备及网络，实施峡山、陈店、井都等220kV输变电工程。强化天然气和油品运输网络，重点推进粤东天然气主干管道粤东LNG项目配套管线（潮南段）、天然气管网建设项目。

五、构建生态新家园

实施重点生态工程

加快练江流域水环境治理，实施秋风、龙溪和金溪三大水库周边水源涵养林建设工程、低效林改造建设项目。加强区内山体和水体湿地的有效保护和规划利用，保护森林、河流、湖泊、农田等生态资源，加强自然保护区、森林公园、湿地公园基础设施建设。完善公园绿地体系。构筑区域绿道系统。加强滨海资源保护，加大海洋及水产保护区生态修复和保护力度，推进滨海岸线合理开发，形成蓝色生态屏障。

加强环境综合治理

加强环保基础设施建设，推进峡山污水处理厂三期厂网工程及两英污水处理厂扩增管网工程、陇田陈店司马浦污水处理厂及管网工程、区垃圾焚烧厂污泥处置中心、区农村分散村居生活污水处理项目、区生活垃圾焚烧发电扩建工程项目和源头截污、雨污分流项目建设。加快纺织印染环保综合处理中心建设和印染企业搬迁入园集聚工作，全面推进重污染行业升级改造和废水深度

治理，实施对练江流域总氮、总磷的控制。

六、推进民生新跨越

推进精准扶贫、精准脱贫

以贫困村创建新农村示范村为契机，扎实推进"千村示范、万村整治"工程，加快交通、能源、排水、通讯、医疗教育等基础设施和公共服务向镇村（社区）延伸。充分挖掘农村现有资源，实施特色产业培育，加快雷岭东老村百花山风景区、红场茶叶种植加工等项目建设。多渠道开发就地就近就业岗位、大力加强就业服务、开展技能扶贫行动，引导贫困劳动力与用人单位精准对接，全力推进就业扶贫。大力发展优势特色扶贫产业、完善产销对接机制、规范发展资产收益扶贫、加强生态扶贫力度。着力实施教育脱贫攻坚行动、深入实施健康扶贫工程、切实保障贫困户住房安全、强化综合性保障扶贫、推动解决因残致贫问题、开展扶贫扶志行动。加快实施交通扶贫、大力推进水利扶贫、大力实施电力和网络扶贫，主要是解决"一相当"问题。加强扶贫资金使用和监管、做好金融扶贫、加强土地政策支持、实施人才和科技扶贫计划、完善贫困人口动态管理。

优先发展教育事业

加快改善办学条件，逐年新建、改扩建一批公办幼儿园，办好乡镇公办中心幼儿园和村级幼儿园，建立公办幼儿园生均公用经费拨款制度和普惠性民办幼儿园补助机制。加大义务教育公用经费保障力度，推进砺青中学新校区、六都中学新校区等项目建设，确保如期完成"全面改薄"规划任务。加强农村教师队伍建设。进一步加大乡村学校紧缺学科教师补充力度，培养培训乡村学校教师，支持建设区级教师发展中心，省级培训名额进一步向乡村学校倾斜，进一步提高乡村教师专业水平。

提升医疗卫生服务水平

加强基层医疗卫生服务体系建设，完善重大疾病防控、妇幼保健、计划生育等公共卫生服务网络，重点加快区人民医院异址新建项目建设，筹建区中医院、区妇幼保健院。推动每个乡镇办好1所卫生院，原则上1个行政村建设1个村卫生站，服务人口少于1000人的行政村可与邻村合并设置建设1个村卫生站。加快医疗卫生信息共享和大健康数据库建设应用。实施分级诊疗制度，大力推行医疗联合体和区镇医疗服务、镇村卫生管理一体化，加大城乡医疗卫生机构对口支援力度。鼓励支持社会力量办医，引导社会资本参与公立医院建设。加强基层医疗卫生队伍建设，基本实现城乡每万名居民有2.5名合格的全科医生，每个村卫生站至少应有1名乡村医生执业，全面实施全科医生特设岗位计划，加强住院医师规范化培训，提升医疗服务水平。

构建公共文化服务体系

进一步完善公共文化设施网络，加大支持力度，规划建设区级体育馆、文化广场、博物馆等公共文化设施建设项目。加快建设一批文化馆、图书馆、博物馆、艺术中心等标志性区级文化设施，重点推进大南山革命纪念馆建设，丰富公共文化服务供给，健全全民健身公共服务体系，加强公共文化队伍建设，加强老区历史文物保护，着力构建区、镇（街道）、村（社区）三级全民健身设施网络和城乡15分钟健身圈，推进公益性文化体育设施免费开放。

积极推进就业创业

建立完善就业对口帮扶机制，采取现场招聘、组织农民工进城与送岗位进村相结合方式帮助老区人民就业。大力扶持老区人民创业，在资金投入、创业资助、租金补贴等方面给予更多更大的扶持。积极实施智力扶持，引导鼓励更多的大学生到老区山区扎根，发挥大学生"大脑"扶持作用，让扶持老区工作更具可持续性。大力推动劳动力技能培训，研究和探索开发更多符合老区劳动力培训意愿、更适应劳动力市场需求的培训专业和培训工种，更好地满足老区劳动力的培训意愿，并做好培训、就业的有效对接，加快老区劳动力转移就业步伐。

完善社会保障

全面推进老区社保扩面征缴工作，突出重点落实城乡居民养老和医保制度，确保基本实现应保尽保，应发尽发。加强对老区贫困人员大病保障，制定实施大病保险向困难群体倾斜的相关政策，逐步完善城乡居民大病保险制度。对建档立卡未标注脱贫的贫困人员、低保对象、特困人员等困难群体参加城乡居民基本养老保险的，逐年按最低缴费标准全额代缴养老保险费，实现贫困人口100%参保。

潮南区将更加紧密地团结在以习近平同志为核心的党中央周围，按照"两个一百年"的奋斗目标，按照《海陆丰革命老区振兴发展规划》的要求，在区委、区政府的正确领导下，不忘初心，继续前进，主动担当、主动作为，突出抓重点、补短板、强弱项，努力创造无愧于时代、无愧于人民、无愧于历史的潮南新业绩。

第三节 情系老区促发展

一、革命老区"五难"问题得到缓解

由于地理等原因，革命老区尤其是山区在革命战争时期的优势，成为中华人民共和国成立以来经济社会建设的劣势。时至改革开放后，革命老区尤其是山区人民不同程度存在"读书难、行路难、看病难、饮水难、住房难"的"五难"问题。以林若同志为会长的广东省老区建设促进会（以下简称省老促会），"代表了共产党的良心"（时任广东省委书记汪洋同志评语），在大量调查研究掌握情况的基础上，报告省委、省政府，要求省财政拨款支持解决革命老区"五难"的问题，得到省委、省政府的重视和支持。此后，市、区老促会高度负责，把帮助解决老区"五难"问题摆在重要位置，积极配合地方党政和有关职能部门，开展调查摸底、规划审批、检查督促等各项工作，有效地促进了有关工作的开展和推进。据统计，至2007年底，潮南区共完成47所老区小学改造工程，其中省财政共支持资金2350万元（每所补助50万元），在地方党政的支持和社会力量的支援下，改造后的老区小学一时成了潮南老区村的亮点，大大改善了老区小学的教学条件。至2009年底，潮南区老区村完成了村村通硬底化道路的基建任务，为全区原96个老区村完成水泥路面建设，总里程256公里，省、市共支持资金7686万元。另外，在汕头市老促会和交

通职能部门的支持下，还争取省、市有关部门拨款830万元帮助
修筑赤林路、峡安路、沙陂路、千川后坪路和捷苏路5条"硬骨
头"路。因此，有效地改善了老区的交通条件。至2010年，全区
10所老区镇卫生院中，除仙城镇卫生院需要易地征地另建外，共
完成9所老区镇卫生院的改造改建任务，省级财政共拨款1000万
元（每所补助改造款100万元）。尤其是泸岗镇和成田镇两所卫
生院在社会贤达的赞助支持下，均建成相当规模、门类齐全、设
备配套的镇级卫生院，受到上级的表扬。仙城镇也于近年完成易
地新建任务，且规模可观。老区镇卫生院的改造，改善了服务老
区人民的卫生医疗条件。

此外，解决老区人民饮水难、饮水安全和老区住房难问题的
工作，也得到各级党政和有关职能部门的重视支持，正按计划逐
步实施。尤其是村村通自来水的工程，得到上级有关部门的大力
推进，潮南大南山革命老区片区饮水难、饮用水安全问题已基本
得到解决。

二、革命烈士后裔学子梦圆校园

1989年广东省老促会成立后，就把关心革命烈士后裔子女
成长作为缅怀先烈、告慰先烈的一项重要工作来抓。于是，在省
委、省政府的重视支持下，发动社会力量赞助筹集了一笔革命烈
士后裔助学基金，每年拨出专款给各市老促会，由市老促会分
配到各区（县）老促会，由区（县）老促会发放给有困难的烈
士后裔，作为其助学金。由于面广人多，分发的资金数量有限。
因此，地方政府纷纷给予支持。潮南区自2004年成立区老促会以
来，区政府财政列入预算，每年拨给区老促会5万元作为烈士后
裔助学金配套资金。早些年，上级老促会的拨款和区财政的拨
款，基本可以应付烈士后裔学子助学金基本水平的发放。近年

来，随着烈士后裔学子的不断增加，以上两项拨款已经不足发放，在区、镇（街道）党政领导的重视支持下，区老促会动员企业家自愿向省老区基金会义购书画，把义购款项转赠给区老促会作为烈士后裔助学金，解决了烈士后裔助学金发放缺口的问题。区老促会还动员社会有识之士捐助，旨在提高烈士后裔助学金发放标准。近年来汕头市老促会筹措资金，不断加大对烈士后裔助学工作的扶持力度，逐渐增加烈士后裔助学金拨款金额，2017年度拨款达到6.3万元。

潮南区老促会每年在开展烈士后裔助学工作中，坚持先调查摸底、审核建档，坚持"三证齐"，即检验烈士证、户口本、入学缴费单，做到准确无误发放助学金。同时坚持把革命传统教育贯穿于助学工作全过程，以传承红色基因。据统计，至2019年，16年来，潮南区老促会共发放烈士后裔助学金132万余元，受助学子920多人次，使烈士后裔学子能够梦圆校园。

三、潮南区被列入享受海陆丰革命老区县扶持政策范围

广东省老区建设促进会新一届理事会在陈开枝会长的领导下，发扬省历届老促会理事会情系老区的优良传统，积极争取海陆丰革命根据地欠发达的革命老区享受国家扶持政策。鉴于汕头市潮南区及潮阳区土地革命战争时期，属于海陆丰革命根据地的重要组成部分，两地老区人民为革命作出重大贡献和牺牲。但其基础设施相对落后，区财政支持力度有限，较为困难，且老区贫困面较大，属经济欠发达的革命老区。区老促会在市老促会和区委、区政府重视支持下，通过口头反映和书面请示的形式，多次向省老促会反映老区情况和诉求，得到省老促会陈开枝会长的高度重视和支持，他亲自带队前来潮南、潮阳调研，了解实情，倾听老区人民呼声和诉求。省老促会专门向省委、省政府写报告，

提出将潮南、潮阳两区列入享受海陆丰革命老区欠发达老区县扶持政策范围的建议意见，尤其是坚持不懈、竭尽全力地争取省委、省政府的高度重视和支持，并与有关部门沟通协调，积极建言献策。这种情系老区的奉献精神令老区人民感动和敬佩。

在各级老促会和各级党政及有关部门的重视支持下，广东省政府批准出台了《海陆丰革命老区振兴发展规划》（以下简称《规划》），把潮南和潮阳两区正式列入享受海陆丰革命老区欠发达老区县扶持政策范围，《规划》实施时间是2018—2025年，出台了59项扶持政策助推老区发展，为加快潮南老区建设发展注入新的动力。

消息传来，潮南区人民欢欣鼓舞，在区委、区政府的领导下，以更加饱满的工作热情，投入到贯彻实施好《规划》的工作中，做到学好政策，用足政策，积极主动做好政策项目的对接落实工作，最大限度地发挥政策效益，加快潮南老区振兴发展步伐，更好地造福老区人民。

附　录

革命遗址、文物、纪念场馆

雷岭茶园农民协会旧址

雷岭茶园农民协会旧址位于潮南区大南山区里的雷岭镇茶园村古氏祖祠。该祠也称"思敬堂"。

1925年冬，雷岭茶园村村民古来金、古亚贼，经过多方联络，于1925年11月在茶园村的古厝祠堂

茶园农民协会旧址外貌

成立了雷岭第一个农民协会，会员70多人，并升起了会旗，开展革命活动。会址便设在茶园村老寨古氏祖祠。此后雷岭20多个村相继都成立了农民协会。在农民协会的领导下，组织起尖串队，购买枪支武器，成为农会的自卫武装力量。

古埕农民协会旧址——天后圣庙

天后圣庙位于潮南区井都镇古埕社区。

天后圣庙

1926年初，中共党员姚念于古埕成立农民协会，会址设于天后圣庙。1930年起，该庙为大南山革命根据地在练江西南岸江边的一处秘密联络点。1936年姚念以此庙为集结点，组织青年抗日救国会，开展抗日活动。同时组织农民抗日自卫队，队员60人，队址设于此庙。

井都农民协会旧址——西林庵

该旧址位于潮南区井都镇上南社区境内，原名金狮兰寺。1926年，中共党员刘廷波在西林庵成立上店乡农民协会，会员200多人，后改称"井都农民协会"，遭国民党井都联团大队"围剿"。1937年底，中共党员姚

西林庵内景

念回家乡组织青年抗日救亡同志会，曾住宿西林庵。1938年，中共党员郑亦凡（神山人）以任教为掩护，在此开展革命活动。此后西林庵成为抗日战争时期和解放战争时期革命活动的秘密联络点。

天后古庙外貌

胪岗农民协会旧址——天后古庙

位于潮南区胪岗镇胪岗社区胪山旁，与胪岗学校相邻，俗称"胪岗妈宫"。

1927年，古庙作为胪岗农民协会会址。抗日战

争时期，乡民联防抗日，于旗台上设置岗哨，发现日军进村便以鸣锣为号，聚集农军围击日军。因此，古庙曾遭劫，旗台被毁。后经乡众集资修复并新建旗台亭，并修造"庐山古苑"风景山。

红军石洞

位于潮南区仙城镇深溪社区金竹岭西北山麓翠峰岩处，海拔245.5米。该石洞由若干块天然巨石堆砌而成，面积约为200平方米。

1927年，中共东江特委书记彭湃和潮普惠苏维埃政府副主席刘大刚，带领赤卫队在潮普惠各地掀起声势浩大的农民革命斗争，后因敌人发动"围剿"，紧急情况下将队伍转移至仙城深溪金竹岭西北山麓的翠峰岩。刘大刚等领导同志曾在岩旁一天然石洞中隐蔽指挥作战，石洞外设置岗哨，故该洞

红军石洞洞口

红军哨所旧址

被称为"红军石洞"，岗哨被称为"红军哨所"。洞名和哨所名均为罗天同志所题。

英雄石洞

原名潘岱岩洞，因彭湃曾在此隐蔽，亦称"彭湃洞"。位于潮南区的红场镇潘岱村西南200米处的山窝中。

1928年2月23日至28日，东江特委书记彭湃同志（该年6月当选中共中央政治局委员）指挥红二、四师及潮阳、普宁、惠来三县农民武装攻占惠来县城。转入大南山后，曾隐蔽于该石洞，领导指挥大南山革命斗争，其间

英雄石洞（彭湃洞）入口

由该村农会执委林娘圆负责粮食给养和传递情报。洞内有一露天处面积约10平方米，据说是彭湃同志当时休息、晒太阳之处。同年10月，接上级指示，彭湃偕革命伴侣许玉磬化装赴上海时，托林娘圆同志保留石砚1个，纸簿2本，现该物品保存于海丰县红宫展览馆。

1993年10月该石洞被定为县级重点文物保护单位。1996年中组部原副部长王照华到此参观，为英雄石洞题字。

革命石洞

原名济美尖石洞，徐向前疗伤住过石洞，亦称"徐帅洞"。

革命石洞（徐帅洞）

位于广东省汕头市潮南区雷岭镇济美村境内，是一处隐蔽的天然石洞。

1928年春，徐向前（时任红四师师长）率领起义军与东江特委书记彭湃率领的队伍会合，并与大南山赤卫队攻打惠来县城，在激烈的战斗中，他腿部负

伤，伤口化脓。彭湃派员护送徐向前至济美村尖石洞隐蔽疗伤。该村地下党支部书记蓝坤和陈巧莲与其单线联系。他们不顾个人安危，多次翻山涉涧采集草药，为徐向前敷药疗伤，并及时送去食物，及至徐向前康复重新投入领导大南山革命根据地的革命斗争。

彭湃演讲台旧址

该旧址位于潮南区雷岭镇鹅地村寨前埕巨石。

彭湃演讲台旧址

1928年3月，东江特委书记彭湃与其革命伴侣许玉磐带领的红军从惠来到鹅地村，他站在鹅地村寨前埕的大石头上，向农民兄弟发表演说，宣传革命道理，号召贫苦兄弟团结起来，打倒土豪劣绅，分田分地，翻身做主人。在1928年3月至9月期间，彭湃先后3次到雷岭指挥革命运动，分田分地，组织农民赤卫队、游击队，住过茶园村陈进文、洋坑村陈瑞隆、龙坑村罗文来、济美村蓝坤的房子和龙坑村寨前的三坑蓝石洞。在开展革命活动期间，彭湃头戴大竹笠，腰系浴布，肩挑锄头及粪箕作掩护（大竹笠、浴布、锄头、粪箕收藏于博物馆）。

红军炸炮厂旧址

该旧址位于潮南区雷岭镇济美村四房祠。

济美村炸炮厂遗址

1928年10月，根据东江特委的指示和开展革命斗争的需要，济美村地下党支部书记蓝坤负责在该村四房祠堂创建红军炸炮厂。炸炮厂生产时间近3年，为潮、普、惠三县革命武装部队提供了大量的土炸药和土地雷，在战斗中发挥了巨大的作用。

陇田溪西农民协会旧址——五皈寺

五皈寺原名五堡庵，位于潮南区陇田镇溪西村。1928年，五皈寺作为沙陇溪西农民协会会址。同年，彭湃率军从海陆丰转移进大南山时，于五皈寺前召开群众大会，发表演说，宣传革命真理，号召将革命坚持到底。

五皈寺内景

南山临时军事委员会旧址——红宫

红宫位于潮南区红场镇林招村三房祠，是红军四十七团成立和潮阳县革命委员会成立的处所，也是彭杨军校第四分校的校址。当时仿效苏联克里姆林宫将四周墙壁均刷为红色，故名红宫。

红宫外貌

1929年6月，中共南山临时军事委员会在此成立，潮、普、惠三县工农革命军和部分常备赤卫队到此祠集会，宣布成立红军四十七团，团长何石，副团长陈海云，政委陈开芹。

1929年夏，潮阳农代会在此宣布成立潮阳县农会。同年冬，在东江革命军事委员会领导下，潮阳县革命人民在此成立潮阳县革命军事委员会，主席刘大刚，秘书长兼党团书记方方。

1930年初，红军第六军第十六师（后改红十一军）军事政治学校第四分校在此开办。后为纪念被国民党杀害的中共东江特委书记彭湃和中央军事部部长杨殷，中共东江特委决定把军校改名为彭杨军校。

1979年12月，南山临时军事委员会旧址——红宫被定为广东省革命文物保护单位。

排金山战役旧址

又名排军山，位于潮南区红场镇东北部，属大南山系，东西走向，呈条状。面积0.45平方公里，海拔326米，是出入红场、雷岭两镇的要冲。1930年4月28日，国民党师长张瑞贵，向大南山革命根据地进犯。当时红军四十九团奉命捷足先登，占据排金山，红军四十七团与水头村赤卫队互相配合，与四十九团形成钳形攻势，居高临下，粉碎了国民党张瑞贵部的进犯。共毙敌100多名，俘敌23人，缴获机枪200多支及弹药物资一批，威震东江。

中共东江军委被服厂旧址（红军被服厂）

该旧址位于潮南区雷岭镇龟山村雷氏祖祠。

该厂于1930年夏创立，主要生产军服、军帽、绑带和军袋等。布料主要是"民主蓝"，由地下党组织通过商人从外地购进。

中共东江军委被服厂旧址

红场广场革命旧址

该旧址位于潮南区红
场镇的大陂村、大溪坝村和
虎白坟村之间的飞鹅山下，
为中共东江特委和潮普惠县
委、县苏维埃政府发动群众
所开辟，当时广场面积近
2000平方米。广场南侧有一
圆台巨石被作为天然阅兵台
和讲台。广场作为红军操场

红场广场一角（左起集福善堂、建有四角亭的阅兵台，
右为红军戏台）

使用，并设有戏台、球场和秋千等文体设施。革命石匠翁千于阅
兵台巨石正面镌刻"巩固苏维埃政权"7个大字，还凿有16级石
阶方便登上阅兵台。

1931年5月17—23日，东江第二次工农兵代表大会在这里召
开，参加会议代表有300多人。东江特委书记徐国声将广场命名
为红场。从此红场广场便成为潮、普、惠三县和东江特委机关开
展军事、政治、文体活动的中心场所。

1979年，广东省革命委员会把大南山红场广场革命旧址列为
广东省革命文物重点保护单
位。1985年8月27日，广东
省人民政府将红场广场、红
宫、大南山石刻革命标语一
同列为广东省重点文物保护
单位。红场广场被汕头市定
为爱国主义教育基地。

中共东江特委旧址

该旧址位于潮南区红场

中共东江特委旧址外貌

镇叠石村。

1930年8月，中共东江特委、东江苏维埃政府及军委机关从丰顺八乡山迁到此地办公。时借用民房50多间作为办公场所。无产阶级革命家彭湃、徐向前、李富春、邓发、古大存、方方等先后在这里指挥过革命斗争。东江特委机关进驻之后，这里便成为东江地区各根据地开展革命斗争的党、政、军领导中心。

中共闽粤赣边区第一次代表大会旧址

该旧址位于潮南区红场镇大溪坝村余氏祖祠。

1930年10月下旬，中共中央委员邓发和中共广东省委组织部部长李富春来到东江特委所在地大南山红场。11月1日在大溪坝村余氏祖祠主持召开中共闽粤赣边区第一次代表大会。

中共闽粤赣边区第一次代表大会旧址

参加会议的代表有70多人，方方担任大会秘书长。会议决定成立中共闽粤赣边区特别委员会，选举邓发为特委书记，同时将东江特委改组为西南（辖潮阳、普宁、惠来、揭阳、海丰、陆丰、紫金）、西北（辖兴梅等7县）两分委，分别由颜汉章、刘琴西担任书记，还组建了潮普惠等7个边区县委和1个边区县工委。

中共潮普惠县委、县苏维埃政府办公旧址

该旧址位于潮南区大南山区红场镇大陂村的杨氏祖祠。

1930年11月，中共闽粤赣边区特委决定，潮、普、惠三县党

组织合并，成立中共潮普惠县委，书记陈醒光。11月中旬，中共潮普惠县委在大溪坝石狮埔召开了全县工农兵代表大会，成立了潮普惠县苏维埃政府，方光庆、刘大刚分别担任正、副主席。

潮普惠苏维埃政府旧址外貌

红军军械修配厂旧址

红军军械修配厂旧址位于潮南区大南山区的红场镇虎白坟村附近的山猪坑石洞。1930年，红军四十七团为粉碎国民党对潮普惠革命根据地封锁，解决红军装备的需求，在红场镇虎白坟村建立红军修械厂。

红军军械修配厂旧址

该厂在为苏区反"围剿"修配枪械、制造地雷、制作炸炮等武器方面发挥了重要作用。1932年因遭国民党张瑞贵部的"围剿"而转移到附近的山猪坑大石洞，也称"击鼓洞"，现旧址尚存。

大南山石刻革命标语

分布于土地革命战争时期东江党、政、军领导机关所在地红场镇及周边的普宁、惠来的山区，以潮南区红场镇山区居多。1930年底，中共潮普惠县委和苏区政府为了巩固大南山革命根据地和苏区政权，采取了一系列措施，其中就包括制作石刻革命

红场镇红场广场阅兵台标语

革命石匠翁千用过的铁锤铁锥

标语。为纪念县苏维埃政府的成立，革命石匠翁千在红场大溪坝村石狮埔的大石上刻下"惠潮普工农兵第一次代表大会万岁""反对第二次世界大战"等大标语。此后，翁千接受了中共潮普惠县委交给的镌刻革命标语的任务，和他的助手们在纵横几十公里的大南山主要路边35处大石上先后刻下了57条大标语，共461个字。其中属潮南红场山区的有24石37条，共306个字；普宁山区的有7石10条，共81个字；惠来山区的有4石10条，共74个字。1978年12月8日，广东省人民政府把大南山石刻革命标语定为广东省重点革命文物予以保护，并发给一块大理石保护标志，该石现立于红场镇革命旧址红场广场内。

西南红军医院（红军医院）旧址

该旧址位于潮南区大南山区红场镇大溪坝村东北面1公里处，系一天然石洞，俗称"老虎洞"。

1931年初，中共闽粤赣边区特委领导下的西南分委所辖潮普惠和海陆惠紫地区的红一团和红二团，为治疗伤病员而在此洞建立西南红军医院，简称红军医院。洞内面积200多平方米，该院原设有住院部、手术室、工作室和药房等，遗址尚存。洞前大石上"红军医院"4个大字，为吴南生亲笔所题。

中共东江特委办公旧址——三乡祠

该旧址位于潮南区大南山区雷岭镇霞厝村。

1931年春，中共东江特委曾从红场转移入雷岭霞厝村。当年东江特委领导人颜汉章等，以此祠为办公地点，领导大南山革命斗争。

中共东江特委印刷厂旧址

该旧址位于潮南区大南山区雷岭镇霞厝村妈祖宫。

1931年春，东江特委转移到雷岭镇霞厝村办公，印刷厂也搬至雷岭镇霞厝村妈祖宫。印刷厂的领导人是罗诗光，厂工作人员有6人。该厂主要是印刷潮、普、惠三县政府的布告，印制传单、标语和借条等。

西南红军医院旧址外观

三乡祠旧址左侧外观

中共东江特委印刷厂旧址

中共东江特委中医局旧址

该旧址位于潮南区大南山区雷岭镇霞厝村真君大圣庙。

1931年春，东江特委临时迁到雷岭办公，中医局也转移到霞厝村。中医局除了给特委的同志看病之外，还给群众免费看病、治病。

中共东江特委中医局旧址

彭杨军校第八分校旧址

彭杨军校第八分校旧址外貌

该旧址位于潮南区大南山区雷岭镇麻埔村老寨。

1929年彭湃与杨殷被反动派杀害后，东江特委为纪念两位烈士，将红军第六军第十六师（后改红十一军）军校第四分校改名为彭杨军事学校。

1931年大南山革命组织在雷岭创办分校，麻埔村陈氏祠堂为第八分校。1933年3月，在配合古大存率领的赤坪崩山沟战和鹅地马耳山伏击战中，第八分校的官兵发挥了重大的作用。

陈店福潭村革命活动点旧址——六禾关帝古庙、西天佛祖庙

该旧址位于潮南区陈店镇福潭村，始建于清顺治八年（1651），由陈店、仙城、两英3镇18村村民共建。

六禾关帝古庙、西天佛祖庙是土地革命战争时期革命人士从

六禾关帝古庙外景

六禾西天佛祖庙外景

事革命活动的地点。大南山赤卫队，配合红军四十七团、四十九团作战，曾以六禾关帝古庙、西天佛祖庙为联络点，以贩卖神品为掩护，运送粮食武器及文件等。后中共地下党人士还曾在关帝庙制造土制炸药、寄存弹药。

中共潮汕地下党活动地旧址——西顾庵

该旧址位于潮南区司马浦镇华里西村（俗名下尾欧村）东头，俗称东河头庵。

1938年春，该庵曾作为上练公学校舍，校长郭启澄（中共地下党员）利用学校从事革命活动，校舍遂成为当年地下党在练江平原的一个重要革命活动据点。1940年4月以后，上练公学成为外来革命干部居住或伤病员医疗休养的掩护地点。其间曾安置和掩护不少革命同志。

2013年，华西里村民筹资易地新建西顾庵。

西顾庵旧址内景

两英情报交通站旧址

该旧址位于潮南区两英镇新圩紫云路49号，是一幢二层楼房。1939年后，国民党加紧监视以教师为职业的共产党员的活动，党组织因此决定在两英设立永济生中药店，作为党组织的地下活动点。由钟前、钟廷明、钟少卿、钟萍洲、钟震筹资贷款开办。该店从1939年开设至1948年农历十二月二十七日的10年间，顺利地完成上级党组织交给的各项任务。该站成为抗日战争时期和解放战争时期的中共情报交通站。

革命活动点旧址——凤来堂

凤来堂又称陈氏祖祠，位于潮南区陈店镇陈围村。抗日战争至解放战争时期，该祠堂作为小学校舍，又是中共地下党活动场所，并作为地下交通站，成为大南山、小北山和各地下党递送情报的联络点。

革命活动点旧址——成丰楼

成丰楼是中共地下党革命活动旧址，位于潮南区陈店镇溪北村东潮蓝的一处楼房。楼始建于1932年。解放战争时期，潮普惠地下党县委机关曾设立于此。当时地下党领导人常在此开会，发动群众进行革命及捐献物资支援前线等。因该楼年久失修，1998年由溪北村进行筹资建筑新楼。该楼成为当地革命传统教育基地。

两英革命烈士纪念碑

两英革命烈士纪念碑位于潮南区两英镇河浦社区公园内（两英中心卫生院旁）。1956年9月，潮阳县人民委员会为纪念1949年9

两英革命烈士纪念碑

红场革命烈士纪念碑

月中国人民解放军闽粤赣边纵队第二支队在两英镇对敌战斗中壮烈牺牲的革命烈士郑春、吴和、陈强、王彬、许北、陈钦、周水等，倡建立此纪念碑。碑下埋葬着7位烈士遗骸。

1992年4月，两英革命烈士纪念碑被定为县级文物保护单位。

红场革命烈士纪念碑

红场革命烈士纪念碑位于潮南区大南山区的红场镇飞鹅山南麓，与革命旧址红场广场邻近。系潮阳县人民委员会为纪念大革命时期、土地革命战争时期及解放战争时期在大南山牺牲的革命烈士，于1963年12月建立。

1988年10月，大南山红场革命烈士纪念碑被广东省人民政府定为广东省重点保护纪念碑，并被定为省党史教育基地和汕头市爱国主义教育基地。

仙城革命烈士纪念碑

仙城革命烈士纪念碑位于潮南区大南山北麓的仙城镇深溪社区鸡仔寮山东麓半山腰。1971年为纪念土地革命战争时期英勇牺牲的潮普惠苏维埃政府副主席刘大刚、潮阳县赤卫队队长刘明合等7位烈士而立，于1998年重修，碑下埋有烈士

仙城革命烈士纪念碑

遗骨。

仙城革命烈士纪念碑1992年4月被定为县级文物保护单位。为汕头市爱国主义教育基地。

大南山革命历史纪念馆

大南山革命历史纪念馆位于潮南区大南山区红场镇政府所在地。该馆系广东省党史教育基地和汕头市爱国主义教育基地。馆名系郑希同志所题。

该馆为1994年初，由潮阳市人大常委会议案和潮阳

大南山革命历史纪念馆

市政协提案，经当时潮阳市委、市政府筹集资金175万元兴建，并于1997年10月22日落成开馆。馆内展出当年彭湃、徐向前、李富春、邓发、古大存、方方等老一辈革命家在这里点燃革命烽火，中共闽粤赣边区第一次党代会在这里召开，潮普惠苏维埃政权在这里诞生，东江特委、红二师、红四师、红军四十七团和四十九团在大南山进行革命斗争的珍贵文物和历史图片。

该馆分四大展厅，分别展示大革命、土地革命战争时期以及抗日战争和解放战争时期开辟大南山革命根据地过程的珍贵图片及资料等。

翁千故居外景

革命石匠翁千故居

该故居位于潮南区成田镇后坪村寨内。故居为"下山虎"建筑结

构，墙体为石料，面积约168平方米。

翁千是大南山石刻革命标语的主要镌刻者，为革命鞠躬尽瘁，且满门忠烈，为革命作出了巨大的贡献和牺牲。

2017年，翁千故居被定为汕头市革命文物保护单位。

中共潮阳县委第一次代表大会旧址

位于潮南区两英镇圆山村罗厝祠堂后，地处大南山北麓。

1928年1月2日，省委巡视员叶浩秀亲临大南山的圆山乡召开潮阳县第一次党员代表大会，有32名党员参加会议。会议成立了13人的中共潮阳县委员会，林国英任县委书记。

港头农民协会旧址（张族祖祠）

位于潮南区胪岗镇港头乡新中村。2004年被定为汕头市文物保护单位。

1927年大革命时期，中共地方组织曾在该祠成立港头农民协会，组织赤卫队，开展革命活动。1928年3月1日，工农革命军第三独立团以张族祖祠为临时指挥所，组织袭击驻港头国民党第十一军教导团，毙敌70多人，缴获枪支弹药等物资一批，史称"港头之战"。在抗日战争时期，该祠作为地下党活动点和情报站，为抗日战争的胜利作出了一定的贡献。

永思堂

永思堂位于潮南区司马浦镇港洲村浮洲老寨内的连氏古溪祖祠。2001年12月被定为县级文物保护单位。

1947年，中共大南山游击队利用浮洲四面环溪的地理位置，多次派中共地下工作者到浮洲永思堂宣传发动群众打土豪、建立游击根据地，得到了村民的大力支持。当地村民还秘密运送粮食、军火上大南山革命根据地。

霞厝村红军炸炮厂旧址

该旧址位于潮南区雷岭镇霞厝村妈祖宫。

1931年2月，位于雷岭镇济美村四房祠的红军炸炮厂在一次生产中因操作不慎被炸塌。后来炸炮厂迁往霞厝村妈祖宫继续生产，霞厝村村民蓝炳选、蓝喜才主动报名参加此项工作。

古埕抗日自卫护乡队旧址

该旧址位于潮南区井都镇古埕社区北门水窟仔池前姚氏祖祠崇德堂。

抗日战争时期，日军侵占海门后，经常侵扰地处海门湾的井都古埕乡，抢掠财物，滥杀乡民。时古埕人民在乡长、青抗会原负责人姚俊崖等人的组织下，以该址为据点，组建一支60多名青年参加的抗日保乡队，开展抗日自卫还击战，多次击退小股日伪军的袭扰，打死打伤日军多名，智取日兵枪支，活捉日本兵，起到一定震慑作用。

潮阳青年抗日救亡同志会古埕联络站旧址

该旧址位于潮南区井都镇古埕社区四中队的正贤堂。

抗战时期，正贤堂是古埕乡青年乡民开展抗日活动的据点，成为潮阳青年抗日救亡同志会联络站。

沙陇村犁民协会旧址

该旧址位于潮南区成田镇沙陇村。

大革命时期，中共地方组织派杨志龙、黄娘见等领导人到沙陇开展农民运动，在沙陇及周边各村成立农民协会（又称犁民协会），点燃了革命的星星之火。之后在沙陇地域三蛤水举行流陇乡及惠来东区参加的农协大会，选出农协领导。为表纪念，农协在大会会址旁一块大石上镌刻犁徽。

大南山游击队秘密交通站——永安里

该旧址位于潮南区陇田镇华瑶社区的"四点金"加厝包。

1946年，时任四七联区区委组织委员的萧明以永安里作为地下党的活动据点及大南山游击队的秘密交通站，配合与支持中共领导的游击队在绵亘潮、普、惠的大南山脉开展武装斗争。
1947年3月，于永安里建立中共砺青中学地下党支部。1947年
6月，在活动于永安里的地下党组织指导下，华瑶先后成立共青
团、农会、民兵队等组织，为武工队开展大规模的清匪反霸斗争
提供准确情报。

附录二 革命历史文献、资料

红色歌谣

（一）彭湃革命歌谣三首

农会歌

服从农会命令，遵守农会纪律。

按章交纳会费，拥护多数议决。

不分地方界限，不分姓名差别。

不得籍会营私，私斗尤须禁绝。

凡属本会会友，务须亲爱团结。

万众一心向前，打倒贪污豪劣。

帝国主义军阀，专吸人民膏血。

工农联合奋斗，敌人完全消灭。

（深溪革命烈士纪念馆收录）

分田歌

分田地来分田地，田地分来无差异。

肥瘠先搭配，远近皆一体。

不论多与寡，劳动合规矩。

且看从前旧社会，富人享福穷人死。

皆因制度坏，出生豪绅与地主。

强占天然公有地，屠杀农民肥自己。

此苦绵绵长千年，数千年数千年。

今日劳动压政权，打倒豪绅与地主。

还我农民自耕田。

自耕田来自耕田，还是大家努力齐向前。

（深溪革命烈士纪念馆收录）

田仔骂田公

冬冬冬！田仔骂田公。

田仔做到死，田公吃白米。

冬冬冬！田仔打田公。

田公唔（不）知死，田仔团结起。

团结起来干革命，革命起来分田地。

你分田，我分地。

有田有地真欢喜，免食番薯食白米。

冬冬冬！田仔打田公。

田公四散走，拿包斗包斗大大个，割谷免用还。

（二）抗日歌谣二首

奴仔歌

恁勿看阮奴仔鬼，奴仔细细上色水。

衫袖卷到手臂鼓，裤腿卷到脚大腿。

欲去赶走日本鬼，赶下赶，跳下跳。

给俺一下踢，死翘翘啊死翘翘。

做人切勿做汉奸

叫声儿是中国人，做人切勿做汉奸。

汉奸卖国当走狗，随人指使随人牵。

有人就去探军情，有人就去造谣言。

有人就去落毒药，自己害死自己人。

兄弟姐妹听我言，遇着汉奸勿放松。

掠来刣，掠来割，汉奸除掉正平安。

（摘自新编《潮阳县志》，广东人民出版社1997年版）

（三）其他革命歌谣十首

田主讨租

生债多，田割无，田主佬，上门讨。

讨无钱，踢脚肢，踢到我半死。

牵猪剥鼎真惨凄。

阿爹藏蔗园，阿娘去图死。

俺奴仔，头低低，哭哭啼啼倚门边。

这怎呢？天下间，有此理？

田俺耕，着还伊？

田主佬，食白米，耕田饿到死？

大家团结起，一齐勿还伊，

伊若敢作怪，将伊活活来打死！

（记录人：张旭源）

硪仔苦

硪仔者，苦！苦！苦！

所住涂角厝，所食番薯块。

所着脚屐丕，所穿破衫裤。

睡哩睡塗地，无床共无铺。

寒哩无衫穿，冻到面乌乌。

正月人热闹，俺哩抱屎肚。

硗仔苦，苦！苦！苦！

五十还无儿，四十哩无亩（妻）。

三餐自己熏，衫破无人补。

夜来无被盖，终夜听更鼓。

时节无物拜，家神好扣鹄。

死落脚翘翘，无衫无裤见公祖！

（记录人：叶大强）

生产练兵两不误

持起锄头背上枪，田野阔阔当战场。

生产练兵两不误，增加生产保家乡。

（记录人：陈国显）

喻英奇，坏东西

喻英奇，坏东西，人民死活你不理。

三征苛杂只肥你自己，呸！

潮汕人民摩拳擦掌，咬牙切齿，欲你死！

（记录人：黄鹤生）

奴仔人

奴仔人，奴仔生来面红红。

勿说阮奴仔无中用，阮奴仔团结有力量。

持红旗，跑又走。

走到半路逢着反动派，把伊杀了了。
土豪面猴猴，劣绅肚肿肿。
地主分人嫖，食饱经心事。
害俺无读书，害俺唔识字。
害俺只做生盲牛。

（记录人：陈汉光）

保卫潮汕

日本鬼，真猖狂。
派飞机，炸潮汕。
炸掉俺个厝，炸死俺个人。
得寸又进尺，侵略不放松。
同胞兄弟们，大家着武装。
不抵抗，要亡国，大家怎心甘！
不做亡国奴，不做狗汉奸。
大家联合起，保卫俺潮汕。
赶走日本鬼，大家正平安。

（记录人：郑绵佳）

杀倭奴

月娘光光军号声，投笔从戎去当兵。
哥哥上阵妹吩咐，勇敢杀敌立功名。
月娘光光好开枪，刣（杀）到倭奴叫爹娘。
倭奴害俺无好日，杀尽倭奴保家乡。
月娘光光好相刣（杀），刣（杀）到倭奴叫父媛。

倭奴害俺无好日，杀尽倭奴正回来。

（记录人：陈国显）

我们人民自卫队

我们人民自卫队。

作战最勇敢，放哨无偷惰。

掠奸细、保家乡，目标认得清。

协助抗征队，到处打敌人。

打倒反动派，大家有食有穿都翻身。

大家要翻身，勇敢向前进。

拖洋枪，抬土炮，一齐都上阵。

平时勤作田，训练要加紧。

铲除伪政权，蒋根都歼尽。

实行民主，大家有食有穿享太平。

（记录人：黄鹤生）

注：以上是土地革命战争时期和抗日战争时期在大南山革命根据地广为流传的红色歌谣。

田仔骂田主

嘟嘟嘟，田仔骂田主。

田仔作田作到死，田主在内食白米。

有作有好食，无作就着歇。

大家起来手牵手，来跟田主见输赢。

伊人少，俺人多，胜利一定是俺的！

（作者：李绍发）

注：李绍发，土地革命时期任中共潮阳县委书记。

免死童谣

工农兄弟要知机，豪绅地王在这时。

穿鞋袜，着新衣，摇头摆脑雅滴滴。

清心呾凉话，帽子戴到冷欺欺。

终日逍遥找姿娘，行路脚手体下体。

臭绝种，面横横，色水死。

粟又到大笪，裤袋净毫只。

三顿白米饭，山珍甲海味。

俺哩无鞋兼无袜，所穿破衫裤。

终日做田驴，还着饿到大半死。

收粟担去还富人，米桶干净蜘蛛丝。

想要娶老婆，衫袋断个钱。

这生妖哈好，妖哈出头天。

免用想，长此这样只有死。

要免死，劝大家，团结做一致。

拥护共党苏维埃，抗租抗债抗捐厘。

加入红军游击队，打倒豪绅地主。

没收反动财产，没收富人个田地。

给俺大家来享福，给俺大家来活市。

这些正是哈珍对；大家快乐笑喇嘻！

（潮普惠县文教部"六二三"纪念日印）

注：此件来源于土地革命战争时期历史档案材料。

重大革命事件、革命人物记述文章

一、《彭湃年谱》摘录

1928年　彭湃率红四师向陆丰县东面挺进。在工农革命军的配合下，收复了陆丰县城及附近三四个白旗匪徒作乱的乡村。至此，陆丰全县的反动武装被消灭。之后继续向惠来、普宁、潮阳挺进，开辟了大南山红色区域，与海陆惠紫红色区域连成一片。

1928年3月底　召开红二师、红四师负责人联席会议。决定红二师除留下一营外，其余开往普宁，红四师开赴潮阳，"将潮、普、惠三县造成一个新的割据地"。

1928年7月18日　中共广东省委写信给东江特委：要求分散在惠来、普宁的红二、四师官兵应向海陆丰大部队集中；并决定将东江特委和潮梅特委合并为东江特委，指定彭湃为书记；设立东江特委军事委员会，指定由彭湃、董朗、颜昌颐、黄钊等组成。稍后，彭湃和东江特委机关转移到潮阳县的雷岭。

1928年9月29日　彭湃带同几个警卫人员，到距离雷岭不远的羊公坑村开展工作，突然被敌人包围。在警卫人员和群众的掩护下，彭湃翻过山岭，冲出了敌人的包围圈。

1928年10月上旬　根据中共中央指示，彭湃、袁裕（袁国平）等离开大南山，抵达香港，转赴上海开展革命工作。

1929年8月24日　彭湃在上海被捕。他在法庭上勇敢地回答国民党刽子手说："是的，你们今天可以审讯我，侮辱我，而我只能痛斥你们这些叛徒、杀害人民的刽子手、帝国主义的走狗。但在不远的将来，当我们最终战胜你们时，你们这帮胆小鬼在人民面前坐在被审席上，甚至都不敢说一句为自己辩解的话。"

1929年8月30日午后　中国共产党失去了彭湃和其他两名被处死的共产党员杨殷、颜昌颐，这是一个重大损失。

彭湃同志牺牲了，但是，他为之奋斗的事业，中华苏维埃，中国工农红军，一定会取得胜利。

（摘录自郭德宏编著《彭湃年谱》，中共中央党校出版社2007年版）

二、《中共闽粤赣边区史》节录

1930年10月，中共中央为传达贯彻六届三中全会的决议精神，同时落实党中央对闽粤赣苏区的工作计划，建立闽粤赣苏维埃特区党政军的统一领导机关，决定派邓发（广东省委原常委，在六届三中全会上补选为中共中央委员）赴闽粤赣苏区主持工作。党中央赋予邓发的使命是：停止冒进政策，将闽西苏区有阵地的向东江开展，使闽粤赣苏区打成一片。

11月初，邓发在中共中央军委南方办事处负责人李富春（当时任中共南方行动委员会书记）的偕同下进入东江苏区，并在大南山大溪坝村主持召开了东江苏区党代表会议。会议传达和接受了六届三中全会的决议及党中央确定的方针、任务和工作计划，并着重讨论了进一步巩固和发展闽粤赣苏区的问题。会议根据中央的决定撤销了中共东江特委，成立以邓发为书记的中共闽粤苏区特委，"同时为地域交通关系，为便利指导起见，在东江设（党的）西南、西北分委"，隶属闽粤赣苏区特委领导；西南分委下辖海丰、陆丰、惠阳、紫金、潮阳、普宁、惠来、揭阳、潮安、澄海、饶平等县的党组织，西北分委下辖龙川、五华、兴宁、梅县、大埔、丰顺、蕉岭、平远和赣南寻邬等县的党组织。

（闽粤赣边区党史编审领导小组编《中共闽粤赣边区史》，中共党史出版社1999年版）

三、古大存《红十一军的建立和大南山的斗争》节录

在土地革命战争时期，朱毛红军对东江革命根据地的影响是深远的。正如古大存在《红十一军的建立和大南山的斗争》的回忆录中所说的：

一九二九年五六月间，红四军派陈毅同志来东江联系。我们交换了情况。当时全国红军发展的形势是令人鼓舞的，陈毅同志还说红四军很快就要到东江来。但过了好久还没有来，我们以为不来了。至十月间（廿五日），四军四千多人突然进入梅县。因为突然，东委未作好配合工作。我带了一个传令兵坐船到梅县去迎接。到梅城附近，枪声很紧，便在芦下坝上岸。一上岸便看到几个地主、流氓在欺负我没收队的妇女。我把流氓整了一顿，解救了那几个妇女，并从中知道红四军已到滂溪，当日我赶到滂溪；与朱德同志会见，第二天同往丰顺的马图，朱总给我们的印象是很深刻的。当时我们谈到了红军建设的问题，还谈到了巩固粤东根据地之后，往赣南发展，与江西苏区连成一片。朱总在马

图住了三天，便领红四军撤往福建去了。

朱总离开东江时，命令各团抽出一批干部留下来，作为东江红军骨干。

一九二九年秋，东委成立了东江红军总指挥部，我为总指挥。东江先后建立了几个团，因为当时预定番号为第六军，按三三制每军九个团，故东江红军的番号从四十六团算起。四月，五华、兴宁、丰顺的赤卫模范队集中起来成立四十六团，后来红四军留下的特务连也编入该团，共有五六百人；秋收前，潮、普、惠三县的赤卫模范队集中成立四十七团，有三百多人；秋收时蒋光鼐的教导队在饶平反正，被编为四十八团，但人数很少，只一百八十多人；海、陆、惠、紫组织四十九团，有九百多人；兴宁北部成立第五十团，约五百人；在八乡山还组织了教导队。

在一九三○年五月十九日的东江苏维埃代表大会上，宣布成立红十一军，近三千人（到秋冬近四千人左右），选我为军长，颜汉章为政委（他没到职，由我代理），罗欣然为政治部主任，后由王一莎代。军部设在岳潭，政治部设在滩下。番号仍用原来四十六——五十团。后来教导队扩充为教导团。四十六团团长初是李明光，后是李斌，再后是古宜权，政委吴学哲；四十七团团长何石，何牺牲后由洪楚才继任，再后是李斌，政委陈开芹；四十八团团长是个起义的，忘其名字，政委李明光；四十九团团长彭桂，政委黄强；五十团团长刘光夏，政委唐天际；教导团团长古宜权。

一九三三年秋，敌人围攻大南山，形势很紧张，袁调我回去解围，于是我被调回特委，任东江红军第一路总指挥，卢笃茂为第二路总指挥。其实这时只有一些零星的武装（在南山约有八十多名武装），卢笃茂名为第二路总指挥，却是空头招牌，没有兵，我名为第一路总指挥，只交了一个班十二人给我。

　　我回到南山后，特委开会决定建立游击总队，中央派来周友初为总队长，我为政委。一九三四年初，我到揭阳整顿了武装。经整顿后，东江游击总队又发展至四百多人。名义上几个团，实际上就是大南山的十六个游击小队，每队十八九人，还有西北游击队三十多人，陈〔张〕木葵大队百多人。

　　不久，周友初离东江回中央，游击总队改为红二团，卢笃茂为团长。我则任政治保卫局长。

四、方方《大南山革命根据地的斗争》节录

　　1930年秋末，南方局书记李富春同志（化名一秋）及邓发同志（化名广铭）到南山来召集闽粤赣边区党第一次代表会议（因为闽西、赣南代表不能赶到，故只有惠潮梅各县党的代表出席）。会议主要是讨论如何把三省边界根据地打成一片，以建成巩固的后方而稳步发展的问题。会议强调提出："暴动是艺术。"这就是说，必须发动群众，联系群众，调动更多的群众有组织有计划的行动，尤其是必须环绕着背向苏区巩固苏区来向外发展。会上提出"开展两条战线斗争"，但这个口号很新鲜，大家不懂，当时也解释不太清楚。会议有人要求从思想解决问题，感觉打倒一切不对头，因此提出什么叫辩证法？中国除共产党、国民党以外，还有什么党派，它们的阶级性质、主张是些什么？……都没有讨论开来。因此，会议在提出以闽西为中心时，就发生了争论，大家仍然不愿意"上山"，不愿意将四十七团、四十八团向闽西靠拢，后来虽然一致通过，但思想是不通的。从以后军事行动可以看出：对于靠近闽西赣南的兴、梅、蕉、饶、埔边工作没有加强不能与闽西赣南打成一片，就足以证明。

　　会议是在南山大溪坝村开的，中途也遇敌人进攻，可是敌人退后，我们又继续开会。

会议选出邓发同志为闽粤赣边特区党委书记，并选出一批委员，留一半以上委员名单到闽西去开会选举。

会议开后，邓发同志即分批率方方、肖向荣、蔡端、阙潮（李明光、罗欣然已在闽西）等到闽西工作。东江特委以颜汉章为书记（林道文、杜式哲已调省委）下设西南、东南三个分委。

（摘自《大南山苏区史料汇编》）

五、余赛香回忆录节选

我名余赛香，现年七十二岁，出身红场公社大溪坝大队贫苦农家，是大南山革命时期的红军女战士。我早年丧父，三个哥哥先后参加红军、赤卫队。在兄辈的影响带动下，我十五岁就加入农会，在村里参加革命活动；十八岁时，作为村代表参加在红场召开的工农兵代表大会，同年参加红军，在红二团团部工作。这时，大南山上红旗飘舞，革命声势很大。同我一起入伍的山区青年妇女八九人，大家身穿军装、短裤，打绑腿，背马枪，英姿焕发，每天上操训练，有时随军到各处宣传，开展农运活动。

红军经常同白军遭遇作战。为了医治伤病员，我军在大南山西部梅仔坜地方设立红军医院。我在团部工作一年后，被调到医院搞护理工作。我服从组织分配，一个人管理过十八张病床。当时医疗条件很差，在领导教育下，我工作热情认真，态度诚恳，给伤病员带来了慰藉。我经常同伤病员谈心，耐心护理。一次，一位红军战士在打仗中被子弹打穿脚后跟，我细心地把子弹碎片挟出来。伤员很痛苦，我悉心照料，用革命的乐观主义鼓励伤员坚强战胜病魔。

有一次，我同彭沃、古斌等六位同志到惠来县林樟地方挑粮食，在回来路上与一小队白军遭遇。同志们赶快掩蔽在刺丛里。眼看着彭沃同志三人将被敌人发现，为了同志的安全，我临急生智，宁可牺牲自己，掩护同志。于是冒出刺丛向上方的大石头迅速攀登，故意引开敌人的注意力。当白军集中向我追赶来时，我镇定地绕弯奔跑。敌人的枪弹犹如雨淋地向我射来，我把个人生死置之度外，一心为了吸引敌人，让同志们安全脱险。子弹打穿我腋下的衣服，没能打中我的身躯。这一场追绕过程，把敌人闹得扑朔迷离。眼看夕阳西下，白军不得不悻悻溜走。

在敌人多次向南山"进剿"，我军反"包剿"的战斗中，我多次掩蔽同志，让同志及早脱险。当革命处于困难的时候，我三个哥哥先后被白军杀害，家里房屋被烧毁，母亲又被敌人打伤致死，我虽然十分悲痛，但总是强忍着，继续工作。大革命失败后，大南山革命根据地遭受破坏，我和组织失去了联系，但心里永远存在一个信念："红军一定会回来，革命一定能胜利！"

解放战争时期，南山又沸腾了。红军回来了！党领导的游击队活跃在大南山区，我积极做好支前工作。解放后我在村里参加土地改革运动，担任过乡妇女协会主席，参加各项政治活动。近年来，我被选为出席潮阳县人民代表大会的代表。党的关怀，人民的信任，我虽年逾古稀，但仍要保持革命者的本色，发扬革命光荣传统，教育子孙紧跟共产党，走社会主义道路。

（注：余赛香，出身红场大溪坝村，是大南山土地革命战争时期的红军女战士，已逝世。这是她刊于1983年第1期《潮阳县党史资料》的回忆文章）

六、两英古厝村现存土地革命战争时期宣传标语摘录

没收一切土地！

土地归农民！

实行土地革命！

共产党万岁！

一切革命分子加入共产党！

——共产党宣传队

革命的军人不打工农！

工农兵联合起来！

建（立）苏维埃政府！

——共产党宣传队
（一九二八年二月）

一切青年工农加入青年团！

没收豪绅地主财产分给贫苦工农！

实行土地革命！

铲除封建势力！

打倒屠（杀）工农的国民党！

士兵爱惜工农就是爱惜自己！

兵士的枪不打工农！

兵士是工农的化身！

穷人不打穷人！

共产党是保护一切贫苦农民的党！

拥护共产党！

世界革命成功万岁！

——中国共产主义青年团潮阳县委员会宣传队
（一九二八年二月）

革命领导人物、烈士名录

一、革命领导人物

　　彭　湃（1896—1929），乳名天泉，原名彭汉育，广东省海丰县海城镇人。1921年加入中国社会主义青年团，1924年初由团转入中国共产党。1927年10月，在广东省海陆丰地区领导武装起义。后于海陆丰地区建立中国第一个县级苏维埃政权。1929年8月30日在上海龙华英勇就义。

　　革命时期，彭湃开展农民运动，撰写的《海陆丰农民运动》一书，成为从事农运者的必读书，被毛泽东称为"农民运动大王"、中国农民运动的领袖。

　　1922年7月29晚，他与5位农民组成全国第一个农民协会（六人农会）。1923年1月1日，海丰县总农会成立，彭湃为会长。1924年6月30日，广州开办农民运动讲习所，彭湃为第一届农讲所主任；11月26日，彭湃以国民党中央农民部特派员身份到广宁，开展长达3个月的广宁农民反对地主武装的斗争。1925年2月19日，广宁农民反对地主的武装斗争胜利结束，彭湃赴东江参加东征；5月1日，广东省第一次农民代表大会在广州召开，正式成立广东省农民协会；10月29日，根据中共广东区委的指示，中共海陆丰特别支部改组为海陆丰地委，彭湃任书记。1927年11月，彭湃领导建立海陆丰苏维埃政府。

彭湃领导建立的海陆丰苏维埃政府，为海陆丰革命根据地的建立起到了重要作用，为中国革命胜利建立了不可磨灭的功勋，为以后红色政权的建设在理论和实践上积累了经验，开辟了中国以农村为基地走向胜利的道路。彭湃发表的《没收土地案》，是新民主主义土地革命运动的起点，为中国共产党领导土地革命运动积累了经验，也为全国农民运动开展土地革命提供了借鉴。

1928年3月27日，海陆丰苏维埃政权遭国民党反动军队的夹攻，在东江特委书记彭湃和红军第二、四师董朗、叶镛、徐向前的率领下，东江特委及其军委机关转移到了大南山。

邓　发（1906—1946），原名邓元钊，广东省云浮市附城乡石塘村人，杰出的无产阶级革命家，中国共产党前期领导人之一。

1922年参加香港海员大罢工，1925年加入中国共产党，1927年参加广州起义，1928年后历任中共香港市委书记、广州市委书记、广东省委组织部部长、中共中央委员。1930年10月下旬，时任中共中央委员邓发和中共中央军委南方办事处负责人、中共南方行动委员会书记李富春来到东江特委所在地大南山（今潮南区红场镇）大溪坝村主持召开中共闽粤赣边区第一次代表大会。会上邓发被选为闽粤赣边区特别委员会书记。

李富春（1900—1975），湖南省长沙市人。1919年赴法勤工俭学，做过钳工和火车司机。1921年加入中国共产主义青年团，1922年加入中国共产党。1925年回国参加北伐战争，任北伐军第二军副党代表兼政治部主任，中共江西省委委员、代理省委书记。1927年后，任中共广东省委组织部部长、代理省委书记兼宣传部部
长。1930年，李富春同中共中央委员邓发来到东江特委所在地大南山大溪坝村主持召开中共闽粤赣边区第一次代表大会，成立闽粤赣边区特委。

古大存（1897—1966），原名古永鑫，广东五华县梅林村人。

他早年就读于广东公立法政专门学校。1924年加入中国共产党，参加第一、二次东征，参加创建大南山革命根据地和东江红军，是东江革命根据地的主要创建者之一，先后担任中共东江特委委员、常委、军委书记，东江苏维埃政府副委员长，东江红军总指挥。1930年，中国工农红军第十一军成立，任军长；1933年任东江游击总队政委。

1927年"四一五"反革命政变后，他组织东江人民反击国民党反动派。在东江革命根据地10年的革命战争中，古大存和战友的足迹遍及莲花山、大南山、八乡山等地。1935年在反"围剿"斗争中，他果断带领幸存的17名英勇不屈的红军战士，从大南山转移到饶埔边山区进行隐蔽斗争，秘密开展群众工作，在此艰苦岁月，建立了13个党支部，为大南山及东江革命根据地的革命斗争作出了重大贡献。

方　方（1904—1971），原名方思琼，广东省普宁市洪阳镇人，1926年参加中国共产党。1930年，他到潮普惠交界的大南山大溪坝村参加中共闽粤赣边区第一次党代会，担任大会秘书长。1930年底前往闽西苏区工作，1934年10月红军主力长征后，留福建苏区，任福建省委代理书记。抗日战争时期，任中共闽粤赣边区省委常委兼组织部部长、省委书记。1940年10月，任南方工作委员会书记。土地革命战争时期，方方是大南山革命根据地的领导人之一。

叶　镛（1899—1928），四川省乐至县人。他高小毕业后，因家贫无法升学，投考河南洛阳陆军第三师学兵营，学习军事，1924年秋冬间，转入川滇黔建国联军在湖南常德开办的陆军军官学校。1926年进黄埔军校第4期，在校参加国民党。毕业后，任该校武汉分校第一大队区队长。

1927年，蒋介石发动了"四一二"反革命政变，其时，叶镛在武汉任中央独立师连长，参加讨伐杨森、夏斗寅叛乱。西征胜利结束后，中央独立师回到武汉，改编为国民革命军第二方面军军官教导团，叶镛任国民党负责人和第一营第一连连长。同年随军官教导团进驻广州，任第一营营长，参加了广州起义。起义后部队进行了整编，组建为工农红军第四师，他任师长。接着加入中国共产党。他率领红四师参与领导海陆丰革命根据地的武装斗争。1928年6月，在大南山遇害牺牲。

董 朗（1894—1932），原名董嘉智，号仲明，四川省简阳董家河村人。

1919年在上海受爱国反帝群众斗争的影响，积极投身五四运动。他思想日益进步，于次年上海大中华纱厂以工作身份为掩护开展工人运动。1924年，他考入黄埔军校第一期，加入中国共产党。1927年8月参加南昌起义，南下途经潮南。后在中共东江特委领导下的工农革命军第二师（又称红二师）任师长，并兼任第四团团长。参与和领导海陆丰革命根据地的武装斗争，并发挥了重要作用。1929年初离开东江，经香港赴上海。

颜昌颐（1898—1929），字燮甫，又名国宾，湖南省安乡县白螺湾人。1924年入莫斯科东方大学学习。1925年初，颜昌颐与叶挺、聂荣臻等20多人被调入苏联红军学校中国班学习军事。1926年，担任中共湖南区委军事部部长。同年9月，他被调回中央军委，协助周恩来和赵世炎的工作，参加组织和指挥了上海工人三次武装起义。

大革命失败后，颜昌颐随周恩来领导的中共中央军事部来到武汉。南昌起义后，他任起义军第十一军第二十四师党代表。1927年10月，起义军主力在广东潮汕一带遭到敌人围攻失败，颜昌颐和董朗等集合第二十四师余部1000余人，艰苦转战在东江地区，后参加彭湃领导的海陆丰武装起义，为建立和发展海陆丰苏维埃政权作出了贡献。1927年11月，以彭湃为书记的中共东江特委重新成立，颜昌颐为特委委员、特委军委主任，任红二师政委。随后，他按党的要求撤离东江，辗转香港，于1928年11月来到上海，担任中央军委委员兼江苏省军委委员、江苏省军委秘书，协助彭湃工作。1929年8月28日，在上海龙华英勇就义。

袁国平（1906—1941），湖南邵东人。1927年12月11日，参加广州起义失败后，部分起义军撤退至花县（今广州花都），整编为工农革命军第四师，他任该师党代表。1928年1月初，抵海丰，1928年3月率领红四师转战大南山。同年夏，调往中央根据地工作。抗日战争时期，任新四军政治部主任，1941年1月在皖南事变中壮烈牺牲。

颜汉章（1903—1931），海丰县陶阿村人。1925年加入中国共产党，曾任揭阳县委书记，1929年1月，他调离揭阳，先后任中共东江特委委员、秘书长、常委、书记。1930年5月在丰顺八乡山成立红十一军，任政委。1930年10月东江特委转移至大南山，任东江特委书记。1931年11月被错杀。中共十一届三中全会后予以平反。

陈魁亚（1898—1933），海丰县城人。1925年加入中国共产党。曾任海丰总农会负责人、中共东江特委委员、东江特委宣传部编辑委员会主任；后调任普宁县委书记、潮普惠苏维埃政府主席。1930年5月任东江苏维埃主席。1933年4月，在大南山雷岭镇龟山湾遭敌人袭击牺牲。

许玉磬（1908—1932），女，又名许玉庆、许冰，广东省揭阳市榕城人，是彭湃的革命伴侣。

土地革命战争时期，许玉磬伴随彭湃转战大南山革命根据地，是粤东工、青、妇运动的先驱；是海陆丰革命根据地的巩固和发展者之一；在武装斗争和秘密战线上既是杰出的战士又是优秀的领导者。1929年，她在彭湃被捕牺牲后，请求党组织收回委派她到莫斯科学习的成命，主动要求重回海陆丰及大南山革命根据地，继承彭湃遗志。1930年夏，奔赴大南山继续和红军、群众战斗在一起。1931年春，当选为中共东江特委委员，夜以继日地工作。

1932年2月，由于叛徒告密，她在普宁大坝社香寮村被敌人包围，于激战中被捕，被押往汕头市。她在敌人的酷刑中坚贞不屈，没有泄露党和军队的机密，最后被敌人杀害。

李坚真 （1907—1992），女，广东丰顺县小胜镇大南村人。1926年夏接受工农革命的宣传教育，在彭湃的教育下，积极参加农民运动，被选为第四区农民协会委员；1927年6月加入中国共产党。土地革命战争时期，在大南山革命根据地，她任东江特委妇女主任。

二、第二次国内革命战争时期潮南主要英烈简介

位于大南山北麓的汕头市潮南区仙城镇红色村庄深溪村，土地革命战争时期曾出过7位为革命而英勇牺牲的革命英雄，在潮汕地方史上，是海陆丰大南山革命根据地的前哨。

刘大刚（1906—1932），生于深溪村。1922年就学于潮阳县立东山中学，次年转学厦门集美学校。其间积极参加学运，1926年在该校加入中国共产党。次年春，刘大刚就读于广东省政法学院。1927年4月，他受党委派，于是年夏回到了家乡深溪，组织农协会，被选为执委。农会在本村老祠高竖犁头徽红旗。提出"减租减息"等口号。其时地方豪绅勾结反动民团，企图吃掉农协会。刘大刚等带领赤卫队和农会骨干奔赴大南山，与中共潮阳县委取得联系。在大南山坚持革命斗争。1929年，刘大刚先后担任二区（海门）区委书记、九区（陈店）苏维埃政府主席、中共潮阳县委委员，潮阳县革命委员会主席。1930年11月，潮（阳）普（宁）惠（来）县苏维埃政府成立，刘大刚当选为副主席。1928—1932年，刘大刚先后带领工农革命军和赤卫队奔袭深溪乡公所，伏击进犯大南山的国民党驻军和地方警卫团队，巩固了农会组织和苏维埃政权，壮大了革命武装。在反"围剿"斗争中，刘大刚经常冒着危险下山向土豪劣绅征粮借枪，解决部队给养。敌人绘了他的肖像，四处张贴，悬赏2000光洋通缉他。1932年冬，刘大刚奉命，到潮阳小北山南阳、谷饶一带组织农军打敌之后院，因叛徒出卖被捕。在狱中，敌人给他钉上脚枷，严刑拷打，最后用铁线穿过他的手心，妄图逼他说出党和红军的机密。刘大刚坚贞不屈，用脚趾夹笔写下了"我只有一个主义，就是为实现共产主义奋斗终身"的豪言斥敌；敌又用高官厚禄利诱，但他毫不动摇。是年11月23日在陈店就义。刘大刚牺牲后，还被敌人残忍地砍头示众。

刘明合（1898—1933），又名榕树，生于深溪村。1927年夏参加农民协会，不久加入中国共产党。1928年2月4日，刘明合协助刘大刚指挥袭击深溪乡联防队战役，收缴反动武装枪支弹药一批。是年夏，国民党驻军配合地方反动武装反攻倒算，刘明合全家受迫害，他带着妻子上山参加革命。1929年3月，刘明合率领第一赤卫大队在赤放伏击进犯大南山的国民党军，毙伤敌近100人，俘30多人，缴获枪支弹药一批。6月，任第九区联防队队长。1930年4月国民党军2000多人进犯大南山林招。刘明合率赤卫大队布防下厝仔村，配合红军第四十七团、四十九团作战，出色完成阻击任务。后任潮普惠苏维埃政府军务部部长。1932年3月，国民党反动军队"围剿"大南山，刘明合率部截击从惠来方面来犯之敌，再次负伤，用鲜血保卫了东江革命根据地。1933年夏，刘明合等18名赤卫队员，被敌围困于红场乌头厝村猪母岭山洞。敌人逼降，不遂。刘明合等在洞里坚持了20多天，弹尽粮绝，除病故者外，只剩下刘明合和4名赤卫队员。5月19日深夜，刘明合组织突围，未果被捕。在狱中，刘明合不为酷刑所屈，不为利诱所诱，组织难友挖墙越狱，然因其脚镣沉重，其难友逃脱，他则被严加监护。1933年深秋于潮阳县城东校场从容就义。

刘眯目（1909—1929），生于深溪村，为打油工人刘阿娃之子。1927年夏参加革命活动。不久，经刘明合介绍加入中国共产党。1927年，广东"四一五"反革命政变后，刘眯目和刘仰田等人，被刘大刚、刘明合挑选前往大南山大溪坝参加军训，成为潮阳赤卫大队的敢死队员。刘眯目后任潮阳县赤卫队特务长。他灵活善战，是位神枪手，在大南山很有名气。1929年2月下旬，他率领小分队往陈店刺探敌情，被陈店区署联防总队发现，在陈厝围激战中，他肩臂中弹，血流如注，命令战友马上撤退，自己却独胆阻击敌人，不幸再次中弹。他不愿落入敌手，跳下厕池，壮烈牺牲。

刘镇坤（1916—1940），生于深溪村，是穷家孩子，他读过几年私塾，常上山放牛，被人们称为"孩子王"。在刘大刚的引导下，他参加了村里的劳动童子团，后来找到了刘明合，当上了小通讯兵，经常向大南山赤卫队、红军传递情报，1929年秋，成为潮阳赤卫大队的号兵。1930年，他被调往彭杨军校第四分校受训，被选为号兵班班长。他跟随军校校长朱炎多次抗击敌人的"围剿"，不久成为大南山区闻名的号手。1930年3月，国民党反动派团长陈叮冬率兵"围剿"大南山革命根据地。东江特委下令反攻，刘镇坤临危不惧，吹响军号，大振军威，大败敌军。1940年8月，他和战友奉命下山执行任务，途经梅林船埠尖石一带，和国民党军队数十人相遇，双方展开枪战，他腿部中弹，为掩护战友撤退，他且战且退，吸引敌人，流尽了最后一滴血，壮烈牺牲。

刘亚臣（1907—1930），又名刘臣，生于深溪村。童年因家贫，无法读私塾，捡柴拾粪。童年时与刘明合等熟稔。

1927年夏，刘大刚在深溪村率先发动农友组建农协会，刘亚臣在刘明合的串联下参加了该村的农协会和赤卫队。

是年秋，国民党反动派的军警"围剿"深溪村农协会，刘大刚、刘明合率农协会员、赤卫队员转移大南山区坚持革命斗争。其时，新婚中的刘亚臣毅然说服双亲和妻子，紧跟刘大刚、刘明合挺进大南山革命根据地。

1928年2月，刘亚臣参加了拔除国民党军盘踞的深溪炮楼之战。1929年4月，参加了赤放伏击战，掩护战友，英勇杀敌，受到上级表彰。1929年7月正式编入红军第四十七团。1930年夏，他奉命下山执行刺探敌军编制、装备及驻扎点的特殊任务，不幸在普宁大长陇乡被捕，被押往潮阳县城，经受了严刑迫供，始终保守地下党和红军机密，在潮阳县城被杀害。

刘亚盾（1908—1932），生于深溪村。因家贫无法上学，7岁起，登山拾柴、拾粪，帮干农活。

1927年夏，在刘大刚、刘明合的带动下，刘亚盾成为农协会、赤卫队的出色成员。1927年秋，为粉碎国民党反动派的"围剿"，刘亚盾跟随刘大刚、刘明合挺进大南山。1928年2月4日，参加了拔除国民党军据点、炮楼的战斗，敢冲敢杀，立了战功。1929年4月，参加了刘明合指挥的赤放伏击战。相继又参加林招排金山的阻击战。1930年底，红军第四十七团、四十九团合编为中国工农红军独立第二师，刘亚盾为红军该师第二团的战士。

1932年3月，国民党军张瑞贵率兵"围剿"大南山革命根据地。时刘亚盾身染重病，暂住于大长陇老乡家中疗养。因病情恶化，秘密转回深溪老家后被国民党反动军队搜村时逮捕，当天于深溪北门沙坝英勇就义，时年25岁。

刘德丰（1898—1930），深溪村人。家庭世代务农，青少年时期，打短工、挑"八索"（卖货郎），生活苦不堪言。

1927年夏，刘大刚受党派遣，回家乡深溪搞农运，向农友宣传彭湃的英名和海陆丰农运事迹，率先在深溪组织农协会和农民赤卫队，开展"减租减息"的斗争。刘德丰喜出望外，率先第一个报名入会，成为出色的农民赤卫队员。

1927年，潮阳赤卫大队成立时，刘明合任大队长，刘德丰被任命为潮阳赤卫队深溪分队队长。刘德丰带领赤卫队员筹粮、筹枪、筹集物资送往大南山区，又配合红军主力作战。在深溪反"围剿"和赤放伏击战中立下功勋，成为敌人通缉的"要犯"，刘德丰不为敌人的嚣张气焰所吓倒，积极配合红军主力伏击敌人。

1930年4月，国民党军分三路围攻海陆丰大南山革命根据地，在红场大溪坝的激烈战斗中，刘德丰中弹不下火线，最后壮烈牺牲。

张炳光（1902—1925），潮南区陇田镇南埔村人。

1923年1月，海丰农会组织成立后，东江地区的农民运动迅速发展。张炳光常到惠来、陆丰县一带打听农运情况，是年10月初，张炳光便与其兄张炳青秘密串联本乡进步青年农民张宏江等14人，筹备成立农协会。10月底，南埔乡农民协会秘密成立。张炳光被推选为主席，农协会组织不断壮大和发展，会员600多人。

后张炳光参加农民自卫军，国民党反动军警曾二次到南埔村搜捕张炳光。部分农会会员遭到反动军警的毒打，张炳光家的房屋和所种的农作物都被毁坏，其母也受毒打和辱骂。但张炳光仍坚持革命斗争。

1925年12月中旬，张炳光和另外两个战友往石船执行任务。刚踏进山村时，突然遭到十几名反动军警的包围。在这危急关头，他掩护战友脱险，自己不幸被捕。被捕后，敌人对张炳光威迫利诱，但他不为所动。敌人进一步使用惨无人道的手段折磨他。尔后，被敌用专车武装押送到石船枪决。刑场上，张炳光怒视敌人，从容就义。

郑　简（1895—1928），潮南区陇田镇兴陇乡人。

1926年秋，海陆丰农运的火种传到了第七区（沙陇），各乡农民协会相继成立，郑简在第七区农会领导人马锡灏、郑熙杷等的启发教育下，参加了乡农民协会和农民自卫军，与农友一起坚持革命斗争。

1927年阳春，郑简和其他农友密切配合，担负了保卫县部委安全的任务，有时通宵达旦。他几次冒险到棉城搜集情报，还主动帮助农友为农军做饭、炒菜、送开水。在革命形势处于低潮时，郑简昼伏夜出多次避过反动军警，翻山越岭，摸黑把地下党组织筹集的粮、油、盐、药等给养品送上大南山。

1928年2月底，已经担任工农革命军潮阳第三独立团小队长的郑简，和战友配合，摸黑秘密到港头乡侦察，了解掌握国民党教导团的布防、地形地物、路径。3月1日，郑简充当队伍的向导，带队冲杀到港头乡寨前。他率领的小分队配合队伍，毙敌70余名、缴获枪支弹药一批。

是年3月中旬，郑简借协助乡亲办丧事，搜集敌情和筹粮、筹药。不幸被敌人发现，危急之中，郑简把情报往腹里咽，后因寡不敌众，不幸落入敌手。敌人用酷刑逼供，但他坚贞不屈。

1928年5月23日，郑简英勇就义。

林亚蟹（1902—1928），潮南区成田镇西宅村人。

1926年，林亚蟹毅然加入农民协会，在农会干部的带动下，林亚蟹参加了农民自卫军。

1927年秋，潮阳农民武装队伍与普宁县武装队伍会合，举行暴动，攻占了潮阳县城。林亚蟹参与这次暴动。次年3月1日，他又参加了袭击港头乡国民党驻军的战斗。他凭着机智、胆识，完成了任务。而他从离家后近两年的时间，多次活动在自己的家乡沙陇，但他为了革命却始终放弃探家。1928年他在执行革命任务时，在宁湖村被敌人包围，壮烈牺牲。

郑熙杷（1900—1929），潮南区陇田镇东波乡水门仔人。

1926年秋，在海陆丰农运的推动下，潮阳一、四、五、七区的农运火种越烧越旺。郑熙杷和郑奕正等，发动沙陇农民组织农民协会和农民自卫军。

1929年3月下旬，郑熙杷接受了县独立团的任务，潜回家乡筹粮征枪，在农民郑月弟之家歇脚，遭地痞恶棍出卖被捕，郑熙杷在敌人监牢中遭受敌人严刑拷打，但他始终坚贞不屈。

1929年5月初，郑熙杷壮烈牺牲。

周勤汉（1907—1928），潮南区峡山街道峡山居委人。

周勤汉参加以李春涛为顾问的汕头青年进步组织岭东砺青学社。1925年冬，任汕潮揭普电话公司职工。1926年秋由马远行、马伟卿介绍加入中国共产党。1926年12月，汕头市总工会委员长杨石魂，赴揭阳指导工运工作，被揭阳国民党反动派勾结潮梅警备司令何辑伍绑架密藏于潮阳柳岗乡，阴谋暗杀。周勤汉积极组织营救斗争，后被选为中共汕头电话总支部支委。后被委任为电话总支部代理书记。1928年2月9日，他被选为中共汕头市委委员，他所在的汕潮揭普电话公司作为党的接头联络点。常受市委委托到香港向上级党汇报工作，出色完成任务。后由于叛徒出卖被捕，狱中在敌人淫威下坚贞不屈，6月23日于汕头市英勇就义。

陈俊英（1901—1930），又名陈春庆，潮南区成田镇蓝美乡东寮村人。

1925年，彭湃从海丰派农运干部吴涵到潮阳县一、四、五、七等区开展革命活动。陈俊英积极组织和领导村里的农民协会，并与沙陇的郑良平、郑奕正、郑熙杷和成田的马锡灏等筹建第七区农民协会。1926年初，参加了中国共产党。

大革命失败后，潮阳县委机关和工农武装转移进大南山。时陈俊英为县委委员兼工农红军第三独立团第一营党代表，根据县委的指示，他经常带领几名红军化装为农民，自己则化装为打镰刀的工人或以曾参加周潜的伪保安总队为掩护，到白色恐怖的七区沙陇、成田、井都等乡村开展革命活动。

1929年冬，他化装为农民，从大南山出发，深入白色地区的井都、沙陇一带的地下交通站，继续组织农军，惩办土劣豪绅，突袭敌人。其间遭小人出卖不幸被捕。在狱中，敌人威迫利诱，陈俊英丝毫没吐露党内一点机密。1930年春末，被国民党反动派杀害于潮阳县东校场。

黄 道（1897—1931），乳名崇锐，又名瑞德、奋生。生于潮南区胪岗镇泗黄村一个富裕商人家庭。其父和黄道4个弟弟，因他参加共产党，上山闹革命，而逃难至海外谋生。

1924年起他便秘密参加岭东工会所组织的街头宣传，清查日货。1926年初，参加中国共产党。

1927年四一二反革命政变后，他秘密从汕头市转移到潮阳的大南山周边搞地下活动。

当时汕头地委组织部部长刘锦汉，经党组织的派遣，于4月19日离开汕头，到惠城时，便被当地国民党"三青团"截获，押送到惠来的保安大队，囚禁于惠来监狱。黄道奉县委和方惟精之命，积极组织营救，使刘锦汉获得了自由，出色地完成了党组织交给的任务。

1927年10月，汕头市的反动军警查封了他家在汕头市的利泉豆饼行和其叔父的同丰火船行；潮阳"剿共"保安大队长吴汉初，也于同年12月间抢尽了泗黄村他家里的财物，又纵火烧毁其房屋，搞得黄道倾家荡产。

敌人的凶残，没有动摇黄道革命的决心。1928年1月，在县党的代表大会上，他被选为潮阳县委委员，兼任广东省工农革命军潮阳第三独立团第一营营长，后任团政委。

1930年春，敌军分兵三路向苏区大南山的林招大举进犯，4月28日上午，战斗在林招村后的排金山打响，黄道负责弹药等军需物资供应。他准确无误地指挥后勤部门士兵及时运送子弹供应前线，及时送茶水、送饭，使红军大获全胜。

1931年4月16日，黄道和爱人李甲蓝到山区五丰村开展革命活动，由于红口峒叛徒的出卖，遭敌"围剿"。黄道临危不惧，率领卫兵与十倍之敌战斗，终因寡不敌众。最后，黄道在突围战斗中不幸连中数弹，壮烈牺牲。

吕甜梨（1913—1933），女，潮南区雷岭镇松林村人，出身贫苦农家。1931年冬天，19岁的吕甜梨参加了红军，并加入中国共产党。

1932年，国民党派独立第二师师长张瑞贵率领军队和集中各地反动武装，对大南山革命根据地疯狂"围剿"，施行残酷镇压，到处烧山毁林，拆毁民房，企图把红军赤卫队和党政机关工作人员困死饿死。在这危急之际，吕甜梨接受党组织交给的运输粮食和军需品任务，频繁往返于惠来县华湖、池畔半山区一带，押运粮食、药品和带机密文件进山。她采取灵活多变的巧妙办法，与敌人周旋。有时化装成商人的女儿，有时化装成官家的小姐，有时化装成农家妇女，一次次巧妙地避过敌人的耳目和岗哨，顺利地完成了任务。

1933年2月3日晚，省委通讯员陈壬癸（麻竹埔人）被捕叛变投敌，供出了"布袋洞"东江特委驻地领导同志和吕甜梨等人。于是，敌人便派兵员围困"布袋洞"特委驻地，并到处搜捕吕甜梨。2月10日，吕甜梨送粮食到"布袋洞"附近，发现敌兵，原来敌人已在此围困7昼夜了。这时吕甜梨在群众掩护下，立即转移至附近的蕉坑石洞，旋被敌军重重包围。敌人声言要把石洞炸平，把周围群众杀光。吕甜梨为了保护群众，毅然从石洞里走了出来，挺身而出，被捕入狱。在狱中备受敌人严刑拷打，吕甜梨始终坚强不屈。是年2月15日，吕甜梨高呼"中国共产党万岁！""中国红军万岁！"而英勇就义。

陈开芹（1905—1933），又名福泮、开水，曾用名亚三，大长陇村人。出身农家。1926年2月，陈开芹受到汕头商业学校演讲的中央粤区区委学生运动委员会书记恽代英启迪，积极投身于国民革命运动，同年加入了中国共产党。

1928年1月，陈开芹被选为中共潮阳县委常委。3月，彭湃带领东江特委机关及红军转移至大南山。陈开芹同彭湃一起在深溪、潘岱一带活动。

1929年初，陈开芹主持重建中共潮阳县委，并被选为县委书记。1929年7月，潮、普、惠三县的农民武装集中在一起，成立了中国工农红军第六军第四十七团，团长何石，陈开芹担任政委。

1930年4月28日，国民党军警大举进犯大南山林招。红四十九团在彭桂团长的指挥下，沉着迎战来犯之敌，固守排金山；驻下厝仔的红四十七团，在团政委陈开芹的率领下，在地方赤卫队的协攻下，两面夹攻，击溃敌军。是役毙敌300余人，俘敌23人，缴获枪支200多支及一批军用物资。

1930年12月，红十一军改编为东江红军独立师，陈开芹先后担任过红二团和红一团的团政委。

1933年4月，陈开芹在掩护海陆紫县委机关转移中，于激石溪黄狗地与数倍于己的海丰敌军钟超武部展开了激战。为减少己方伤亡，他命令部队迅速掩护县委机关转移，自己带着传令兵殿后阻击。血战中，不幸中弹英勇牺牲。敌人发现他的身份后，残忍地砍下他的头颅，带往海丰向其上司邀功。

李良清（1899—1933），又名李吮清。潮南区两英镇柯围村人。出身贫苦农民家庭。

1926年秋天，柯围村在马脚埔老祠堂成立了农民协会，李良清任农民协会执委，1927年参加了村赤卫队，同年加入了中国共产党。在李良清的启发下，他的妻子也参加了赤卫队，担任炊事员。

李良清在历次战斗中经受了考验，1933年1月，李良清被任命为中国工农红军第十一军第二师第二团政委。

1933年6月初，因革命形势逆转，驻扎于南山的红军队伍开赴福建省与红军会合，李良清按照上级指示，带领部分红军队伍开至大埔县三河坝。由于特务告密，过河时遭敌伏击。

李良清率领随行人员与船上的敌人展开搏斗，最后由于翻船，李良清和红军战士与船上敌人一起落水，同归于尽。李良清壮烈牺牲时。

余秀叶（1910—1934），余秀叶出生于潮南区红场镇大溪坝村的一个穷苦农民家庭。余秀叶常跟母亲上山割草，独自拾粪、放牛。

1928年，彭湃带领武装队伍，转移到大南山，建立苏维埃政权。余秀叶的哥哥参加赤卫队，在斗争中献出了宝贵的生命，弟弟是小侦探员，母亲也是乡里的积极分子。余秀叶参加农会、赤卫队，加入共产主义青年团。

余秀叶的丈夫参加红军，为革命牺牲。她带着遗腹子返回大溪坝村娘家，擦干眼泪，投入了"打倒地主豪绅，分田分地"的土地革命运动。1934年春，余秀叶加入中国共产党。

大溪坝革命运动的深入发展，使敌人惊恐万分，对共产党员余秀叶恨之入骨。敌人密谋袭击抓捕余秀叶等人，但其阴谋被余秀叶发觉，她连夜上山，及时把消息报告红军。当国民党军和地主武装气势汹汹扑向大溪坝村，红军早在那里严阵以待，把敌人打得落花流水，狼狈逃窜。

敌人并不死心，几个月后，敌军百余人，突袭大溪坝村。党组织负责人余阿水和余秀叶不幸被捕，他们坚贞不屈。1934年11月下旬，敌人先杀害了余阿水，随后指着烈士的尸首威胁余秀叶，要她供出组织的情况。余秀叶义正严辞，痛斥反动派，并高呼"中国共产党万岁！打倒国民党反动派！"英勇就义。余秀叶的母亲李多年十几天后也被敌人围捕杀害。

张进坤（1898—1935），张进坤，又名张德光，别名张长脚，潮南区仙城镇径口村人，出身半农半商的家庭。

1927年四一二反革命政变后，到处出现白色恐怖，陈店区各乡的农会仍秘密进行活动。在赤卫队大队长刘明合等引导教育下，张进坤积极主动帮助红军，暗中代为购买粮食和军需用品。同时，东江特委的领导人还常在他家住宿，径口的地下运输站得以建立起来。

张进坤入党后，先后任潮普惠苏维埃政府财政员、红军第四十七团地下运输站站长、潮普惠苏维埃政府和红军第四十七团的调粮主任。他仍以永兴干果店作掩护，吸收他的老朋友参加地下运输站的工作。白天他们前往各地采购物资，晚上把粮食、布匹、药品、枪支、炸药、情报运送至红军驻地林招、牛角丘、潘岱等地。张进坤率领的20多人秘密地战斗在运输线上。

1932年，由于径口村里赌徒告密，张进坤遭敌逮捕，永兴号也被查封。后经县委等营救获释。

张进坤被释放后革命意志更加坚定，坚持于夜间把粮食物资、枪支弹药等巧妙地运送到苏区。

1934年秋，敌军不断"进剿"大南山革命根据地，县委郑奕正及张进坤等隐蔽于盐岭石洞，因多数人患病，不得不暗中派人往惠来药店买药治疗，不料被国民党密探发觉，敌派军警几百人包围了盐岭山，张进坤、郑奕正等7人被捕，都坚贞不屈。至1935年6月23日，全部被杀害于惠来城东门外校场。

张木葵（1903—1935），潮南区两英镇仙斗村人。出身于贫苦家庭。十几岁跟大南山名匠翁千学习打石、切石、刻字。

1928年，他参加潮阳工农自卫军，经战火锤炼，转战大南山一带，1929年初，他回乡秘密组织赤卫队。翌年春，他带领赤卫队突袭两英警察所，身先士卒，毙敌多名，被誉为"虎胆英雄"。

1932年后，国民党军"进剿"大南山，大南山革命根据地革命斗争面临困难。张木葵受东江特委、军委之命，组织农军抵御敌人，保护革命根据地。1933年初，他到仙城的径口村地下交通站和张进坤密商组织转运物资和枪支弹药送上大南山事宜，由于有人告密而被包围。危急关头，张木葵沉着应战，命令队员们先行撤离，自己则奋不顾身，双枪齐发，打死打伤敌人多名，冲出重围。

1933年10月，东江特委把原来的武装队伍改编为东江游击总队，张木葵担任第三大队大队长，后任总指挥。1934年冬，张木葵率1个中队，伏击敌军派去运粮和办年货的1个连队。在其指挥和中队战士的配合下，是役打死打伤敌人40多人，俘虏30多人，缴获枪支弹药一批。

1935年初，国民党第三军第九师师长邓龙光，接替独立第二师师长张瑞贵，"进剿"大南山革命根据地。是年6月，东江游击总队总指挥张木葵带领200多人，从大南山向揭阳五房山转移，7月11日于五房山与敌军遭遇，在争夺高地和掩护队伍突围的血战中，张木葵壮烈牺牲。

三、解放战争时期潮南主要英烈简介

郑左扬（1928—1949），乳名郑伟川，又名郑宝强，潮南区陇田镇东仙乡人。出身农民家庭。

1943年春，郑左扬到砺青中学读书，1946年夏初中毕业，1946年秋，他到成田中民小学任教。

1948年初夏，在沙陇地下党组织的启发下，他毅然参加潮汕人民抗征队第五大队，后为闽粤赣边纵队第二支队第五团，他在

该团第一连任文化教员（政训员）。一到宿营地，便见缝插针，为官兵上政治课、文化课。他经常通宵达旦，写出了一首首有血有肉的诗歌，鼓舞人心士气，被大南山区的人民和部队官兵称为"大南山诗人"。

郑左扬主动抽空参加军事训练，熟悉军事技术。1949年2月21日，国民党军700多人，从潮阳县城出发，经两英，过雷岭，企图增援惠来县城守敌。根据上级部署，第二支队第五团3个连队埋伏于雷岭公路东侧的麻竹埔一带山头阻击。郑左扬主动向连长林培请缨，配合打埋伏战，歼灭敌人。由于前沿打埋伏哨的民兵不慎暴露了目标，敌人用密集的火力向连队猛烈射击，郑左扬不幸被敌人的子弹射中，血洒山坡，光荣牺牲，为革命献出了可贵的青春，时年仅22岁。

张朝光（1923—1949），又名思铭、少非，潮南区胪岗镇港头乡新中村人，出身贫苦家庭。1932年春，张朝光进本乡小学读书，因家贫而辍学。

1944年冬，日本侵略者流窜潮汕腹地，潮阳内地沦为敌占区，1945年春，他由张衡介绍参加青抗会，散发、张贴抗日的捷报、传单、文告。

1948年，全国解放战争形势越来越好，潮汕地区人民武装蓬勃发展。6月中旬，他由港头乡地下党负责人张衡介绍，参加大南山潮汕人民抗征队第五大队（后改为第五团）第二中队。入伍仅3个月，便由五团总支书记林雄介绍，参加了中国共产党，10月，提任二连副连长，11月提任二连连长。

1949年2月9日，张朝光带领二连全体战士与五团指战员紧密配合，截击惠来县城援敌。是役，毙伤敌15名，俘敌45名，并缴获枪支、子弹一批。

同年2月20日，国民党军700多人，从潮阳城出发，经两英，过雷岭，企图增援惠来县城守敌。

是日上午，埋伏于麻竹埔山头五团二连的士兵，在连长张朝光的率领下，以居高临下之势，集中火力，压退了敌搜索部队的好几次进攻，共毙伤敌人10多名。中午过后，敌人派遣大队人马反攻。张朝光临危不惧，指挥战斗，并身先士卒，亲持轻机枪对准敌人猛烈射击，不幸中弹倒下。因身躯几处中弹，伤势严重，流血过多而牺牲。

连荣坚（1926—1949），又名连忠，字家祥，潮南区司马浦镇大布上乡人，出身贫苦人家。

1948年秋天，连荣坚约同村的连林成、连荣科等穷苦兄弟，寅夜赶奔大南山第二支队第十一团营地，要求参军参战。入伍后不久便被提任为三连一班的副班长。

1949年农历四月二十四日夜晚10时多，连荣坚和另一位同志，提着炸药包，巧炸敌人炮楼孔溪楼，立了二等功。

1949年5月20日凌晨6时许，在流汾水战斗中，连荣坚胆量过人，总是冲锋在前，但由于敌众我寡，为了掩护其他同志安全撤退，他自己一人趴在坟碑后面殿后，勇敢阻击敌人，不幸身中数弹倒下昏迷，被冲上来的敌人用刺刀戳开胸腹而壮烈牺牲。

陈　裕（1930—1949），乳名陈永南，潮南区峡山街道洋汾陈村人出身贫苦家庭。因家穷仅念3年初小便辍学，在家帮助父兄种田度日。

1948年5月，在峡山地下党组织的动员教育下，陈裕毅然奔赴大南山，参加了潮汕人民抗征队第五大队，投身革命武装斗争。是年9月，他光荣地参加了中国共产党。

1948年6月间，他参加夜袭港头乡、利陂乡2个乡公所，并捕获港头乡联防队中队长张朝阳（教育后释放），共缴获轻机枪1挺，长短枪40多支。7月下旬的一个夜晚，他带领第二小队队员，配合抗征队第三大队第二中队，袭击惠来县甲子镇警察所，击毙该所警长、警兵5名，缴获长短枪20多支。

1949年2月9日晨，他在团部和二连连长的指挥下，率领第二排的战士，开赴惠来关门东陇乡，负责伏击从小路返回惠来县城之敌。在赤洲渡抢船逃往神泉，其余60多名残兵败卒，于赤洲附近被解放军全部歼灭。在追歼逃敌的战斗中，陈裕冲杀在最前头，击毙敌机枪手并缴获1挺轻机枪，受到团领导的表彰。1949年2月21日，他按照团部的部署，在二连连长的指挥下，率第二排战士，参加闻名潮汕的雷岭阻击战。在该次激战中，陈裕不幸头部中了数弹，血流如注，壮烈牺牲。

四、革命烈士名录

（一）大革命、土地革命战争时期（343名）

马锡灏	古亚托	刘亚继	吕兴来	江才元
马赛凤	古金利	刘吊灯	吕应利	江马有
方亚香	叶水莲	刘如林	吕进元	江木荣
贝才利	叶亚通	刘朱兰	吕和安	江邓木
贝必伟	刘大刚	刘阿六	吕林成	江亚围
贝必肃	刘友安	刘明合	吕金里	江妈进
贝必谢	刘木有	刘娘蔡	吕金和	江成有
贝妈来	刘木坤	刘容弟	吕春金	江转吉
贝朝和	刘玉花	刘桂成	吕秋桃	江城页

（续上表）

冯有沫	刘乌来	刘眛目	吕顺才	江润水
冯海味	刘亚臣	刘德丰	吕甜梨	江脚汤
冯锦花	刘亚贞	吕木枝	吕蜂枝	江锦合
卢进顺	刘亚盾	吕关清	朱贞利	许快来
许荣利	张财式	李太炳	李顺捷	陈亚长
何三江	张进坤	李文英	李娘合	陈亚猫
何亚贫	张明合	李木才	李偏头	陈亚蔗
余中和	张松水	李木成	李堂水	陈吉兴
余元金	张林城	李永白	李添丁	陈戍琴
余龙水	张河顺	李礼炳	李添财	陈成志
余亚水	张狗尾	李记顺	李移来	陈成林
余秀叶	张金丰	李亚木	李赐金	陈纪发
余阿成	张炳光	李亚臣	李锦承	陈利强
余莲弟	张炳荣	李亚坤	李锦祥	陈希鸿
吴 毛	张炳象	李亚贵	李锦添	陈来江
张 文	张独目	李亚根	连三珠	陈秀平
张三贤	张娘来	李亚笑	连来添	陈进隆
张广合	张娘泉	李亚蕙	连春茂	陈奇河
张丰荣	张斋安	李来友	连神荣	陈招弟
张之文	张祥发	李秀莲	连梅花	陈明金
张乌弟	张捷兴	李良清	连焕奎	陈武成
张木弟	张清江	李足和	邱元德	陈虎狮

（续上表）

张水宏	张裕源	李进平	邱炳荣	陈俊英
张水粉	张新坚	李陈才	陈 大	陈娘保
张东城	张锡寿	李和有	陈为奴	陈娘得
张甲文	张锦福	李坤荣	陈文进	陈样弟
张石榴	张懿白	李松发	陈木泉	陈崇云
张亚猫	李 坤	李松林	陈东叶	陈阔嘴
张妈发	李九林	李林春	陈巧莲	陈德顺
张妈发	李大宗	李林清	陈戊巳	周锦勤
张妈阳	李中顺	李炳利	陈永存	林乌头
张成吉	李友顺	李秋兴	陈永南	林乌鉴
张李叶	李双利	李顺文	陈永春	林元泉
张芳仔	李壬贵	李顺松	陈亚歹	林木利
林木来	罗永清	钟鹊佛	彭仙保	蓝成发
林木花	罗甲顺	钟锦春	彭兴来	蓝成正
林木海	罗乌成	钟锦顺	彭妈珍	蓝张弟
林长成	罗进有	徐亚铃	彭技德	蓝和存
林亚元	罗春锦	翁 毛	彭阿鹅	蓝细奴
林亚城	郑 简	翁 记	彭其章	蓝金秋
林亚炳	郑亚专	翁长水	彭炳合	蓝春水
林亚翁	郑亚蟹	翁甲乙	彭寄港奴	蓝春来
林亚清	郑希水	翁亚千	彭德和	蓝春桂
林亚猪	郑志德	郭汝鸿	韩亚齐	蓝顺喜

（续上表）

林亚斑	郑良平	黄　道	韩亚然	蓝顺喜
林机九	郑涂猪	黄水狄	韩亚整	蓝桂英
林来水	郑意正	黄龙合	韩妈成	蓝清和
林良花	姚文进	黄亚银	韩成合	詹水和
林花仔	姚坤顺	黄亚森	韩细春	詹亚来
林芳仔	姚海金	黄茂发	韩逐峯	赖木泉
林进水	柯　平	黄金河	韩清甲	雷明水
林陈利	柯友成	黄金河	韩湖林	雷添顺
林流民	赵亚丑	黄金泉	蓝　亚	廖妈玉
林海清	赵怀清	黄得弟	蓝友成	廖芳仔
林海森	钟乞食	黄淑玉	蓝天赐	廖林强
林得兴	钟平弟	黄添水	蓝水金	廖镇钦
林淑江	钟兴益	黄锦江	蓝玉顺	蔡娘圆
林猫母	钟成发	彭才叶	蓝亚摆	潘幼仔
林德添	钟有仔	彭月技	蓝合古（蓝矮来）	潘亚瑞
欧赛明	钟更仔	彭木水		

（二）抗日战争时期（14名）

刘镇坤	李亚斑	陈二才	陈勇奴	黄水心
许文钊	李和尚	陈妈亮	陈炳成	詹元和
吴森记	李炳泉	陈克平	胡国龙	

（三）全国解放战争时期（26名）

马辉杰	李 廷 （李锦清）	郑佐阳	詹记水	雷进坤
古元进	钟元城	詹任水	廖奴仔	吕三顺
连荣坚	钟坤泉	詹春安	蔡 泉	吕水顺
陈乌奴	彭 兴	詹振和	张世顺	陈水来
韩乌目	詹德明	张朝光	陈淮波	蓝木城
雷文喜				

老区革命斗争大事记（1919—1949 年 10 月）

1919年

5月，潮阳进步师生响应五四运动，成立潮阳县学生联合会，举行集会游行，在街头演讲，向群众进行爱国宣传。

11月5日，在县学联的组织发动下，县城学生举行反帝爱国大行动，组织罢课罢市，查禁洋货。

是年，护法军舰队南下广州，出身陇田浩溪的旅泰侨领陈美堂往广州谒见孙中山，捐巨款支援海军，得到孙中山先生的嘉奖。

1920年

6月，潮阳县首份宣传新文化的刊物《新潮报》在县城创刊出版。

7月上旬，县内船户相继罢工，反对民团局抽收苛捐杂税。

1921年

旅泰潮籍侨领陈耀衢带募款到广州递交孙中山的国民政府。侨领马元利也捐献巨款，并在暹罗（今泰国）广为劝捐，支援国民政府。

1922年

春，广东社会主义青年团负责人委托汕头的叶纫芳在汕头建立分团。

4月19日，少共国际代表苏联人C.A.达林和中国共产主义青年团全国大会筹备处代表张太雷途经汕头，与汕头的先进青年会晤，介绍俄国十月革命的情况，并作《社会主义问题》的报告。

5月，潮汕地区社会主义青年团、工运负责人叶纫芳以潮汕地区青年团代表身份参加了在广州召开的全国第一次劳动大会。

1923年

年初，由潮州进步青年经营三年之久的新刊贩卖部发展为青年书店。该书店经营的数十种进步读物广销潮汕各地，宣传社会主义、马克思主义。

11月，彭湃在汕头市成立惠潮梅农会筹备处。当时加入该农会的有海丰、陆丰、潮阳、潮安等10个县。

是年，陈星阁从越南回乡，在杨石魂（时任社会主义青年团广东区执委）帮助下，成立农民协会及农民自卫队，创办农民夜校，宣传民主革命。

1924年

1月31日，孙中山任命周潜（胪岗镇溪尾人）为潮梅守备司令。

1925年

2月，广东国民革命军进行第一次东征，解放潮汕。

3月，为响应东征军，国民党潮梅军第一路司令周潜在潮阳起义，改称潮阳民军，配合张民达师（叶剑英为参谋长）攻克潮阳，进逼汕头。

春，陆丰农运干部吴涵，接受彭湃的委派来潮阳县四、五、七区等乡村开展活动，发动群众组织农民协会。

上半年，司马浦、大布、溪尾朱、华里西、仙港等乡组织"犁民会"，挂起白布底，中央画一把犁的旗帜，他们集会游行，宣传维护农民利益的革命活动。

6月，方惟精、方方（方思琼）受潮汕党组织指派到峡山建立潮汕地区第一支武装队伍——农民自卫军独立营。

9月27日国民革命军举行第二次东征，为配合东征军行动，峡山农民自卫军独立营夜袭军阀洪兆麟部队驻关埠留守处。

9月，省农协特派员林国英等到潮阳发展农运，同时派共产党员黄琪等9人到各区开展组织农协工作。

同月，广东省总工会特派员方汝楫（中共党员）到潮阳组织成立县总工会委员会。

11月，东征军再次占领汕头。国民革命军两次东征期间，周恩来以国民党东江党务组织主任身份主政东江。潮汕地区的国民革命运动得到了很快发展，潮阳的学生组织先后恢复了活动。

11月12日，共青团潮阳支部成立。

12月，潮阳县第一个中共支部在潮阳国民党党部秘密建立，隶属中共潮梅特委领导，书记文农（其公开身份为国民党特派员）。

是月，中共潮梅特委成立，妇女工作由邓颖超负责。在邓颖超的指导下，汕头成立了妇女解放协会。1926年11月，潮阳县妇女解放协会成立。全县各地相继建立劳动童子团组织，人数达1000多人。

1926年

1月,潮阳县总工会正式成立。主席李志锐,会址设于棉城镇姚氏祖祠。各地也相继成立了分会,全县参加工会组织的会员达1万多人。同年秋,县总工会建立了工人纠察队,队长蔡致祥。队部设于姚氏七祖祠。

2月,潮梅海陆丰办事处委任吴涵、文农、周元苈、马君武为潮阳农民运动特派员,根据省农会扩大会议决定和周恩来关于取缔假农会的通令,开展对农会组织的整顿和发展工作。

是年秋,潮阳在县城召开全县农民代表大会,12月再次在县城召开全县农民代表大会,正式成立了潮阳农民协会。后在县城陈氏祖祠设立农民自卫军总部,常驻总部的农军发展到拥有300多人的大队,大队长为上级党组织派来的黄埔军校第四期毕业生钟鼓。

12月11日,中共汕头地区工农运动领导人杨石魂被揭阳"新国民社"的周伯初指示歹徒绑架,密囚于潮阳西北山洞中,触发潮汕各县工农群众纷纷示威游行,彭湃又亲往交涉,迫使反动派不得不释放杨石魂。

是年,旅泰侨领陈耀衢、马元利代表旅泰侨民向广东国民政府捐献水上飞机一架,并派3名飞行员支援北伐战争。

1927年

1月,中共潮阳县部委会在县城大盐巷尾同善社乾坛楼秘密成立,书记文农。时全县党员40多人。部委机关初设县文祠,后迁石狮巷。

3月,潮阳县部委书记文农调往潮安工作,郑之初接任书记兼组织部部长。

4月23日，贵屿各地的农军与普宁农军紧密配合，组织了数百人的农军队伍，对驻贵屿杨厝寨的潮普惠保安队及贵屿的反动封建势力头子进行回击。贵屿玉窖村因此遭受国民党部队的大洗劫。

4月中下旬，潮阳县城及沙陇、达濠、海门、深溪、玉窖等地先后举行武装暴动。

8月31日，林国英、马英俊等同从汕头转到潮阳参与组织武装暴动的方惟精一起，率领各地农民武装与前来支援的普宁农军共300多人在华阳集合，部署进攻潮阳县城，占领了潮阳县衙。

8月中旬，潮梅特委秘书长赖先声（赖玉润）被派到汕头组织武装暴动。原汕头地委委员杨石魂与潮阳部委主要负责人之一的林国英于武汉接受彭湃的指示后，也分别回到汕头和潮阳，组织武装暴动。

9月下旬，贺龙、叶挺率领部队进抵潮安、揭阳后，潮阳部委再次率领农民武装攻占潮阳县城。

9月24日，南昌起义军进抵潮汕后，汕头迅速建立了工农政权——汕头市革命委员会。

9月30日潮州失守，汕头市失去依托，以周恩来为书记的起义军前敌委员会和汕头市革命委员会领导当晚果断决定撤离汕头，起义军在前委、革委的率领下主动撤离汕头市，在揭阳县炮台镇会合，渡过榕江，取道潮阳县境，经过关埠、赤寮、贵屿，经普宁流沙等地，开赴海陆丰。

1928年

1月2日，潮阳县在省委巡视员叶浩秀的亲临指导下，在大南山的圆山村两英镇召开了潮阳县第一次中共党员代表大会，有32名党员代表参加了会议。会议组建了13人的中共潮阳县委员会，林国英担任县委书记。

2月4日，刘大刚、黄道、刘明合率工农革命军200多人和深溪赤卫队及普宁部分农军，分四路攻打深溪乡公所，一举攻占该地4座炮楼，击溃联防队近100人，逮捕土豪劣绅13名（号称"十三候补"），处决恶霸4名（号称"四霸"）。

2月14日，徐向前率领红军与彭湃同志带领的队伍会合，同大南山农民自卫军和赤卫队一起攻打惠来县城后，国民党反动派黄旭初等部队拼命反扑，"围剿"大南山潮普惠苏区。

2月22日，潮阳、普宁、惠来、海丰、陆丰、惠阳、紫金7县农民自卫军配合彭湃、徐向前领导的红军第四师攻克惠来县重镇葵潭，拔除普宁县反动地主武装的最大据点果陇。

2月27日，中共潮阳县委公开发表了《中共潮阳县委号召全县工农兵大暴动宣言》，号召全县工农兵团结起来，举行大暴动，建立工农兵苏维埃政权。次日，潮阳第三独立团也以广东工农革命军第三独立团为署名印发了《为潮阳大暴动告工农兄弟书》，号召工农起来暴动，打倒国民党反动派。

3月1日，工农革命军第三独立团袭击驻港头的国民党第十一军教导团，毙敌70多人，缴获枪支弹药一批。

5月5日至12日，东江特委书记彭湃在大南山林樟村主持召开了潮、普、惠三县县委联席会议，会议成立了三县暴动委员会，并制定了三县暴动计划。会议还决定将留在潮、惠、普的红军300多人及三县的赤卫队，合并组成红军第五师，以袁国平为师长。会议还决定立即分别召开三县的工农兵代表大会，具体安排并实施各县的暴动计划。

5月20日，在中共东江特委指导下，在大南山召开中共潮阳县第二次代表会议，到会代表48名，会议指定马英俊等5人为临时常委。

6月12日，潮阳县委召开扩大会议，改选马英俊、许炳等5人为县委常委，以常委制代替书记制。

11月7日，中共潮阳县委在大南山的红场镇林招村召开全县农民代表大会，选举马英俊为县农会主席。

12月中旬，东江特委副书记方汝楫分别到惠来、潮阳、普宁帮助恢复健全三县县委领导机构。

1929年

1月，陈开芹担任潮阳县委书记。县委机关从大南山潮南区红场镇水头的牛角丘迁至和平，开展平原党组织的恢复发展工作和农会的组织活动。

4月7日，国民党潮、普、惠三县警卫队与民团千余人，分三路对大南山再行"围剿"。中共潮阳县委闻讯后，立即联合惠来、普宁的革命武装协同作战，在牛角丘的赤放横坑胜利伏击进犯之敌，史称"赤放伏击战"。

6月1日，中共东江特委副书记方汝楫和特委秘书处秘书方其颐赴省委汇报请示工作，途经潮阳和平被捕。潮阳县委获悉消息，立即组织营救，调动南山武装和各区农民武装夜间攻城劫狱，营救未遂。7日早两人惨遭杀害。

6月，成立中共大南山临时军事委员会，陈海云任临时军委主席，统一大南山三县革命武装力量的调度指挥，相继两次打败了进犯之敌。7月5日，敌人大队人马进攻大南山时，大南山的武装队伍即迁回到平原的仙门城乡一带打游击。

7月，经广东省委请示中央同意，东江地区建立了中国工农红军第六军，潮、普、惠三县原来的工农革命军3个团和部分县区精干的常备赤卫队合编为中国工农红军第六军第四十七团。县区也同时建立常备武装。

秋，为开展白区工作，中共潮阳县委机关秘密转移到四区和平港尾村，恢复平原地区党的组织建设和活动。

10月11日，东江特委建立东江各县联席会议，潮、普、惠、揭4县的联席会议称"四联会"（化名"施联辉"）。根据"四联会"决定，潮阳县委调派枪支、人员支援红军四十七团扩编，并在潮阳建立了一个红军连队。

10月20日，在中共东江特委常委林国英直接指导下，中共潮阳县在大南山召开了第三次扩大会议，会议主要内容是总结党组织恢复和发展以来的工作，改组县委和部署新的工作。

10月，当朱毛红军进军大埔梅县时，趁国民党在潮、普、惠的驻军抽调一空之机，中共潮阳革命武装突袭潮阳县城城南警署。

10月底至11月初，红军四十七团在农会组织的配合下，先后袭击了成田、和平、关埠等地乡公所，缴获枪械一批。

1930年

1月7日，中共潮阳县委书记李绍发，东江特委委员、县委常委、县农会主席马英俊在和平里美地下交通站开会，遭叛徒暗算遇难牺牲。林锦梅接任县委书记。

4月28日，国民党张瑞贵派毛维寿旅的1个主力团，令张炳奎纠集潮、普、惠三县警卫队共2000多人，兵分三路进犯大南山。红军四十七、四十九团及赤卫大队和潮阳刘明合的游击大队及大南山东部各村（属潮南区）的赤卫队，协同作战，在林招的排金山击败进犯之敌。史称"排金山大捷"。

6月，中共潮阳县委在红场镇林招村成立了潮阳县革命委员会，刘大刚担任革命委员会主席，方方任党团书记。之后，颁布了土地政纲，开展土地革命运动。至此，潮、普、惠三县的党组织已在大南山上各自建立了紧密联系的革命据点，形成了东江地区的一个重要革命根据地。

8月，中共东江特委从丰顺的八乡山迁到大南山石船（今属潮南区红场镇）。

10月下旬，中共中央委员邓发和中共中央军委南方办事处负责人、中共南方行动委员会书记李富春来到东江特委所在地大南山，于11月1日在大溪坝村余氏祖祠（今属潮南区红场镇）主持召开了中共闽粤赣边区第一次党代会。

11月中旬，中共潮普惠县委在大溪坝村石狮埔召开了全县工农兵代表大会，成立了潮普惠县苏维埃政府，选举县苏维埃政府委员17人（其中常委5人），由方光庆、刘大刚任政府正、副主席。县苏维埃政府内设财政部、军务部、土地部、文化教育部等机构。随后有7个区分别召开工农兵代表大会，成立了区的苏维埃政府。继县、区苏维埃政府成立后，全县又成立了560个乡级政府。

11月20日，苏区召开潮普惠团员代表大会，成立了共青团潮普惠县委，高继成任书记。全苏区拥有共青团员900多人。

是年初，中共东江特委、东江苏维埃政府与军委等领导机关驻扎大南山叠石、大溪坝等村后，在林招乡创办红军第六军第十六师军校第四分校，为纪念在上海遇难的彭湃和杨殷（中央军事部部长），军校改名为彭杨军校，校长先后为东江特委委员朱炎（曾留学苏联）、陈荣。因校址祠堂外墙刷红，故被命名为"红宫"。

是年底，为纪念潮普惠苏维埃政府的成立，革命石匠翁千（现潮南区成田镇后坪村人）在石狮埔的大石上刻下"惠潮普工农兵第一次代表大会万岁"等4条大字标语。

1931年

2月，为策应蒋介石向中央红军的第二次"围剿"，广东军阀陈济棠派张瑞贵、邓龙光两个独立师"围剿"大南山革命根据地及全区各县苏区。张瑞贵率匪军及潮阳1000余人，分3路进犯林招、牛角丘、叠石等地，红二团及赤卫队采用游击战术与敌周旋，使敌人到处扑空。

4月6日清明节，国民党军骆凤翔团进攻大南山，红二团运用游击战术在雷岭的鹅地村前伏击，歼敌1个排，缴获枪械一批。

11月，全国掀起了抗日救亡运动。潮汕大地，也迅速点燃了抗日烽火。汕头学生抗日救国联合会组织中小学校抗日罢课、示威游行和请愿。潮阳东山中学率先成立了学生抗日救国会，组织抗日罢课和示威游行，查禁日货。在其带动下，全县城乡各地都相继成立了抗日联合会，开展抗日宣传和查禁日货运动，时间持续数月。

是年，潮普惠县委和苏区政府在四面环山的飞鹅山下平整了一片平地作为广场，先后建起了简便的戏台、球场、秋千场，并由石匠翁千在其旁边巨石上刻上"巩固苏维埃政权"标语，还凿了16级台阶通往巨石顶部，成为阅兵台。东江特委书记徐国声把这里命名为"红场"。

1932年

3月25日，国民党第三军的独立第二师师长张瑞贵率领该师3个团和潮、普、惠三县警卫队全部兵力，"围剿"大南山苏区，实行"移民"等残酷镇夺政策。至4月中旬，大南山区被烧毁30多个乡村，群众被抓走500多人，被枪杀的150多人，被驱赶、逃离山区的群众死伤难以计数。

4月15日，国民党军队退驻大南山区周围，对大南山实行封锁，并继续组织进山搜索。18日，东江特委在大南山召开有潮普惠、揭阳、陆惠、海陆紫、潮澄饶等地30多名代表参加的扩大会议，会议中心议题是研究冲破国民党军队的"围剿"和度春荒。会议还改组中共东江特委，选李茂崇为特委书记，潮普惠县委书记周大林为特委委员。会议决定停止错误的肃反斗争，并为受处理的同志撤销处分。19日，在红二团团长古宜权指挥下，在云落联队和赤卫队的紧密配合下，红军主力在牛牯尖山伏击国民党军陈腾雄的独立团，歼敌近100人，缴获枪械及军用物资一批。

5月初，中共东江特委派出潮普惠常备赤卫队第三大队到北山特区开展游击战争，以组织反"围剿"斗争。

8月，中共东江特委决定成立中共潮普惠揭县委，领导以北山特区为中心，联通潮、普、惠、揭等地区的斗争。

9月6日红军集中红二团、军校学员和潮普惠第三赤卫队约500人袭击三坑国民党驻军。10月上旬，红二团分兵到陆惠、潮普揭平原开展游击斗争。在此期间，特委、县委、区委的领导同志以及武装队伍的指战员多人牺牲。

11月23日，潮普惠苏维埃政府副主席刘大刚到赤寮、贵屿一带活动，由于叛徒告密，在赤寮被捕。26日英勇就义。

1933年

1月10日，李茂崇主持召开了中共东江特委扩大会议，从江西瑞金回来的特委委员徐国声传达中央指示精神，中共潮普惠、陆惠、海陆紫等县委和南山军委及红军的负责人参加了会议。

4月初，以刘明合为首的潮普惠第一游击大队于大南山兰高山石洞被敌人包围，游击队员坚持战斗18天，因弹尽粮绝最后全部壮烈牺牲。

10月，中共东江特委决定将红一、红二路军改编为东江红军游击总队，总队长周友初，政委古大存，参谋长卢笃茂。

1934年

年初，周友初奉命调回中央，古大存调任东江特委政治保卫局局长，游击总队又改为红二团，由卢笃茂任团长，在大南山及潮普揭一带开展游击斗争。

年底，在古大存的主持下，中共东江特委在大南山召开了第五次党代会，会议研究了转入秘密斗争和特委领导人的问题，决定把部队和地方武装整编成东江游击队，由张木葵任总指挥，下设3个中队，约100人。

12月31日，张木葵率领游击队在大南山碗仔村鲈鳗洞伏击国民党运粮队，毙敌40多人，俘敌30多人，缴获枪支弹药及粮食一批。

1935年

5月，由于东江特委书记李崇三和潮普惠党政负责人黄德田先后叛变投敌，党政军机关面临困境。在古大存主持下，中共东江特委在大南山西部的大溜山山洞中召开最后一次会议，决定部队和所有干部分成16个游击小组冲出重围分散打游击。先后转到丰顺县和大埔县一带坚持斗争。

6月，古大存率领特委保卫队17人从大南山冲出重围，转移到丰顺、大埔一带坚持斗争。东江游击队总指挥张木葵率队转移到揭阳一带。

10月1日，国民党政府在大南山成立了"南山管理局"。至此，坚持斗争长达8年之久的潮普惠大南山革命根据地丧失了，革命转入低潮。

12月，潮阳县各地的中小学生在县一中学生抗日救国会的组织带动下，连续罢课3天，强烈抗议日本帝国主义的侵略。各地的进步师生和社会进步青年也纷纷积极投入抗日救亡的斗争。

1936年

春，共产党员钟萍洲受中共广州市委外县工作委员会的派遣，来到大南山开展抗日活动。组织了方维新、钟廷明、钟震等30多名会员的南山青年进德会。

9月，中共南方临时工作委员会在香港成立。10月，南方临时工委派李平到汕头恢复党的组织，开展抗日救亡斗争。12月，华南抗日义勇军潮汕大队在汕头市成立，并在潮汕各县发展义勇军队员。大队长曾应之，政治指导员李平。

11月，李平等在潮阳三区马滘启明小学建立了来自各县共300多名会员的岭东小学教师救国会（会址原拟设在汕头市，因国民党当局监视而改在马滘），并在该会成员中发展义勇军战士。

12月11日，潮阳国民党当局调军警包围潮阳上练公学，逮捕发行《海岸线》刊物的校长郭启澄和进步教师郭沙等，史称"海岸线"事件。

1937年

年初，中共韩江临时工作委员会成立后，李平派陈初明到普宁工作，并为马士纯接上党的组织关系。随后，马士纯积极发展新党员，并建立职工党支部。

春，曾在兴文中学读书的进步学生陈克平，在陈店文光村以其舅父的中药店为据点，组织了一个有70多人参加的"华声社"，编演了《张家店》《烈女传》等话剧，积极开展抗日文艺宣传活动。

8月13日，汕头市的抗日救亡团体在中共汕头市工作委员会的秘密组织下，联合成立了具有合法地位的抗日组织——汕头青年救亡同志会（简称汕青救），并借助国民党军队的力量，组建抗日队伍（汕青救随军工作队），到潮汕各县开展工作，建立基层青救会。

8月下旬，中共汕头市工委调派共产党员王波（王孟泽）到潮阳加强青救会的组织领导工作。

9月上旬，南山青年进德会主要骨干钟萍洲与汕头青救会联系后取得中共韩江工委指导，利用其在南山管理局合法身份，争取社会各界支持，建立了南山青年救亡同志会，积极开展抗日活动。

10月，中共韩江工委潮汕分委派共产党员张鸿飞从汕头回潮阳赤寮发展党组织和开展抗日救亡活动。

11月间，中共韩江工委调派从北平回潮汕的共产党员吴英（吴师光）和汕青救戏剧演出队的马毅友到潮阳和平里美村开展工作。

年底，刚从泰国回到汕头的共产党员姚念经组织安排到井都开展抗日救亡活动。

1938年

春，中共普宁工委受上级组织的委托，选派共产党员曾鸣（曾绍宽）、洪幼樵、黄淑瑶（黄剑鸣）到峡山乡校和六都中学受聘任教，开展抗日救亡活动。

同期，汕头市大中中学恐汕头市沦陷而迁至潮阳铜盂村，在中共潮阳组织的指导帮助下，在潮阳县城召开了各中学学生代表座谈会。

3月，经潮汕中心县委批准，中共潮阳县中心区委在和平里美下寨乡校成立，区委书记余永端。潮阳县中心区委成立后，在下寨乡校召开潮阳各地青抗会代表会议，决定成立潮阳青抗会巡视团，以指导全县城乡青抗工作。

是年初，由吴英领导的上练公学校长、共产党员郭启澄，积极培养吸收进步教师入党，并建立了党支部。峡山成立了中共潮阳五区委员会后，以峡山乡校为核心，把全区13所学校以青抗小组形式组织起来。4月至6月，各地基层党组织陆续建立。

7月，潮阳中心区委改为中共潮阳县工作委员会，隶属潮汕中心县委领导。机关仍设于和平里美下寨乡校，书记余永端（12月起由洪幼樵继任，1939年3月由林川继任）。

8月至10月，潮阳和大南山各地青、妇抗会响应岭东通讯处号召，发起纪念"九一八"签名运动，全县有7万人签名，4万多封应征慰问信，并筹捐了一批钱物慰问支援抗日前线部队。

10月中旬，中共闽西南潮梅特委书记方方到潮汕地区巡视和部署战时准备工作。在他指导下，中共潮汕中心县委在澄海县第四区岐山乡召开了执委扩大会议。会上，方方传达了中共中央关于"华南工作一切为着准备抗日游击战争"的指示，并作重要讲话，要求尽快在桑浦山、凤凰山、大南山，潮梅边界山区建立巩固的抗日游击支点。

10月，中共潮汕中心县委决定以普宁工委为基础，成立潮汕中心县委领导下的潮（阳）普（宁）惠（来）南（山）分委。会后，闽西南梅特委书记方方到和平里美下寨，主持成立潮普惠南分委，书记陈初明。分委机关设于普宁流沙合利书店。

冬，广东省第八区（即潮普惠揭地区）民众抗日自卫团统率委员会改组为广东省第八区抗日游击区司令部，翁照垣任司令。中共潮普惠南分委通过统战工作促成翁照垣向各县派出战备督导队。派任潮阳县的督导队由林梧春任队长，潮普惠南分委统战部长马士纯任副队长。林梧春负责做乡保甲工作，马士纯负责做"实力派"的统战工作。

1939年

1月，为落实岐山会议精神，中共潮普惠南分委统战部部长马士纯等在普宁流沙教堂以"青年学术讲座"名义举办游击干部训练班，为期20天，潮普惠南的共产党员和青年救亡工作者200多人参加。潮阳和大南山数十人分别由潮阳工委军事统战部部长马毅友和南山青抗会总干事钟萍洲带队参加。

2月，成立中共潮普边区委员会，机关设于石桥头迅敏小学，书记李鸿基。

3月，潮阳县城各界召开国际妇女节纪念大会，会后上街宣传游行。

是月，中共潮普惠南分委通过抗战工作，发动成立暹罗（今泰国）华侨青年抗日同志会农村工作队，名誉队长江晓初（归国华侨）。宣传抗日，募捐支前。

是年初，成立中共南山特区工作委员会，隶属潮普惠南分委领导，机关设于两英古厝公学。南山特区工委书记曾鸣。

5月，马士纯在普宁流沙主持召开岭东青抗会临时代表会议，推动潮汕青年抗日运动的开展。

6月21日，汕头沦陷，日机轰炸潮阳县城，下旬，澄海和潮州等地也相继被日军侵占。

6月，县城青抗会、妇抗会基干队与达濠青抗会基干队联合，组成潮阳战时工作队，在县城、海门、大南山周围乡村开展抗日救亡工作。

7月，撤销中共潮普惠南分委，成立中共潮普惠揭中心县委，直属中共闽西南潮梅特委领导，机关设于普宁流沙合利书店。书记陈初明，副书记林美南。辖潮阳、普宁、惠来、揭阳全境和丰顺部分地区的党组织。潮普惠揭中心县委建立后，潮普边区委改为中共潮普北边区委，机关设于潮阳的赤寮，书记张鸿飞（后方明生和王家明）。潮普惠揭中心县委将南山特区工委改为中共潮普南边区委，直接受中心县委领导，机关设于两英古厝公学，书记曾鸣（后李鸿基）。

是年，国民党当局强令解散青抗会，各区、乡青抗会和妇抗会在中共潮阳县工委领导下转入地下活动。

1940年

2月，潮普惠揭中心县委抽调吴英、马毅友等人组成秘密武装小组，以南阳山樟树仔为立足点，开辟抗日游击据点。

4月，中共潮普惠揭中心县委改组为潮普惠县委和揭阳县工委。潮普惠县委机关设于普宁县池尾山湖村的"鸣和居"，书记罗天。设立青年工作委员会，青年书记林川（兼）。

5月15日拂晓，日军100余人、伪军约200人，分3路进攻凤岗、马滘、岗背；凤、马失陷。县长沈梓卿调民团驰援，先后收复凤岗、马滘，敌伪死伤100余人。

7月下旬，在中共潮普惠南中心县委军事部部长张鸿飞领导下，南阳山武装小组骨干马毅友、黄玉屏等10人组成征枪行动小组，征得第六区（谷饶）大坑乡豪绅枪支弹药一批。

9月，中共潮普惠县委决定把潮普北边区委辖下的潮属地区党组织与北边区委分开，成立潮阳县六区委员会，归属潮阳县工委领导。同时，潮普惠县委决定将整党后惠来县仅有的一个总支委员会，归属潮阳县工委领导。

1941年

1月，中共潮阳县地下党人量印发关于皖南事变的快邮代电，张贴声讨国民党蒋介石反动暴行的标语。

3月24日夜，日本侵略军2000余人，在飞机掩护下，自达濠经河浦鸡心石、马滘和海门进犯潮阳县城，次日县城沦陷。日伪潮阳县政府自达濠迁县城。潮阳县政府、国民党潮阳县党部内迁胪岗，后迁港头、鹤洋等地。自此，和平桥东侧为沦陷区，西侧为后方区。

3月25日，日本侵略军侵占海门后，经常过海侵扰井都古埕乡，抢掠财物，开枪滥杀群众无数。古埕人民在乡长、原青抗会负责人姚俊崖等人的组织下，迅速组建一支60多名青年参加的抗日保乡队，开展抗日自卫还击战，多次击退小股日伪军的袭扰，打死打伤日本侵略军多名，智取日兵枪支，活捉日本兵。

7月20日，日伪军分水、陆两路进犯和平、成田、溪头、河陇，县长沈梓卿指挥防军部队应战，次日尽复失地。是役，日伪伤亡数十人。和平被日伪焚掠，毁屋30余间，死7人。同月30日，日军搜刮县城物资运往海门转往汕头。

冬，小北山两侧的竹林等乡村先后办起7个拳馆，入拳馆青年300多名。郑希、吴扬、的郭春等中共地下党员向青年宣传抗日救国道理，为建立抗日地下游击小组做准备。

1942年

8月，为避免受"南委事件"牵连破坏，中共潮梅特派员林美南派普宁县特派员吴南生回潮阳，负责掩护南委和潮梅特委领导的安全转移工作。陈勉之于8月抵重庆向中央南方局书记周恩来及组织部长孔原汇报，周恩来指示南委、潮梅特委应坚决执行

"荫蔽精干，长期埋伏，积累力量、以待时机"的方针。

9月，中共潮普惠等县党组织负责人罗天先后两次到潮阳陈禾陂、上练公学和县城，分别向中共潮惠南特派员罗彦、副特派员郑希和郑流阳传达上级关于对"南委事件"作出的决定和指示，强调暂时停止党的组织活动。

1943年

9月，日军多次窜抵西胪劫掠奸杀，自卫队队长陈邦宽带领乡民奋起反抗，击退日伪军的进犯。

12月26日，西胪军民袭击桑田日军据点，据点日军仓皇逃窜。28日，日军反攻西胪，被击败。

1944年

1月23—25日，日兵两次窜犯西胪，被西胪自卫队击退。

3月30日午夜，驻军一八六师五五七团与西胪自卫队和群众1000多人，分水陆两路夹击驻桑田日军，获大胜，晨7时返防。

5月14日夜，日伪纠集200多人兵分两路再袭西胪，被驻军和自卫队阻击。凤山民众和当地驻军把一股进犯之敌围歼于堘田烂泥之中。是役共毙日军49名，伪军多名，俘获伪兵5名和枪支弹药一批。史称"西胪抗日自卫反击战"。

8月6日，日军暗经孤坑山小径，围袭第六区河陇村，被自卫队协同保安队击败。

11月，中共潮梅特委在揭阳组织处决了叛徒姚铎（原南委秘书长，在重庆叛变），使潮梅闽西南党组织避免了一次大的破坏。

12月12日至31日，日军数次进犯第八区虎山、泉塘和店后山，西胪自卫队抗击日军多次，互有伤亡，西胪等乡寨遭日军劫掠焚毁。西胪自卫队队长陈邦宽率队转移至赤寮（今谷饶）深洋，征集附近各乡300多人，成立潮阳县国民兵团独立大队，守乡杀敌。

12月，中共潮普惠南党组织负责人林川到壬屿李凤家会郑希，指定郑希负责潮惠南党组织的恢复工作，建立抗日武装，开展武装斗争。

年底，中共潮惠南党组织负责人郑希依照潮梅党组织负责人林美南指示，以金浦为恢复党组织的联系点，逐级分头审查，恢复党员的组织关系，复建农村党支部。

1945年

年初，中共潮阳县党组织根据上级指示精神，以农村党支部为核心，于和平、两英等地秘密组织20多个抗日游击小组（每组10至30人），先后发动50多人到普宁县的牛血坑秘密参加潮汕人民抗日游击队。

2月22日，占据沙陇的日军200余人，经风吹寮犯鹤洋，为县政警大队阻击；同日，两英被日军侵占；24日，日军窜犯径头村，被村民及西胪自卫队击退；26日晨，日军坂本部及伪军100余人，潜袭南阳三尖山，陈邦宪带领独立大队与敌激战，毙敌指挥官；27日上午，日军窜扰溪内村，中午窜占柳岗村，大肆掠杀作恶。

3月11日晚，游击队开赴大南山的锡坑，后在大窝村建立了司令部、后方办事处和党务工作委员会，同时设置了宣传、民运、后勤等工作机构。13日，向社会公开发布《潮汕人民抗日游击队成立宣言》，给乡土沦亡的潮汕人民带来了希望，在社会上引起强烈反响。

3月，潮普惠地区全面恢复党的组织活动，中共潮普惠县委建立，书记林川。潮阳各区党组织恢复特派员制。青抗会、妇抗会也随之恢复，并成立潮阳县青抗会领导小组，郑希任组长。这些组织都主动配合潮汕人民抗日游击队开展活动，筹募钱粮、武器，收集情报等，支援游击队。

4月，潮阳抗日武装小组成立，组长蔡南，由潮惠南党组织直接领导。

5月下旬，潮汕人民抗日游击队发展至500多人，扩编为2个大队和1个警卫连。

8月14日，日本宣布无条件投降。次日晚，贵屿、两英等乡镇师生举行大规模灯火炬游行，庆祝抗战胜利。

9月28日，日本第二十三军司令田中久一派代表富田直亮在汕头市签署了投降书。至此，潮汕人民的抗日斗争胜利结束。

1945年

8月中旬，潮汕国民党军挺进总队袭击普宁流沙游击根据地，韩纵二支队由支队长兼政委林川指挥，转移到大南山东部地区坚持斗争。

9月3日，在支队长林川和潮普惠县委常委郑希指挥下，韩纵二支队和两英党组织紧密配合，袭击了南山管理局和两英警察所，收缴其全部武器装备。

10月上旬，林美南到大南山锡坑召开潮普惠县委会议，分析形势，把潮普惠县委从普宁转移到潮阳，并调整策略和工作分工。会后，潮普惠县委在潮阳下尾欧（今潮南区华里西）召开会议，贯彻锡坑会议精神，转变斗争策略，在疏散隐蔽中坚持斗争。

10月，韩纵第二支队在大南山雷岭遭国民党军袭击，军需处主任张珂敏等3人被捕，韩纵二支营救不成，翌日被杀害。

是月，中共外围组织青救会、妇抗会改为中国民主同盟的基层组织，配合党组织开展革命活动。

11月，根据潮汕特委决定，建立中共潮阳县委员会，书记郑希。两英和惠来的党组织均属中共潮阳县委领导。

冬，国民党大规模进行"清乡"。中共潮汕特委由张希非带领的短枪突击队隐蔽在潮阳，帮助开展反"清乡"斗争。

1946年

上半年，潮汕国民党当局在广东省第五"清剿"区行政督察专员兼保安司令郑绍贤的指挥下，进行残酷的"清乡"。在南山管理局所在地两英设立潮普惠南联防办事处，指挥"清剿"共产党。

6月，中共韩江纵队北撤时留下的和在地方工作暴露身份而撤至潮阳县的90多人，经潮阳县委妥善安排，到各地学校以教书为掩护，继续坚持斗争。

10月，中共潮阳县委于铜盂下岐村召开各区负责人参加的整风会议。会议由县委书记郑希主持。会议开展革命坚定性教育，开展批评和自我批评。

1947年

5月下旬，中共潮汕特委组织部部长吴坚参加香港会议回来，和受命担任潮汕地委副书记的刘向东一起到潮阳金浦，向中共潮汕地委书记曾广作会议精神的传达。

6月7日，根据中共潮汕特委的决定，特委直属武工队和普宁、潮阳武装经济工作小组及原韩江纵队部分军事骨干共70多人，在大北山天宝堂召开潮汕人民抗征队成立大会。抗征队设立司令部，司令员刘向东。

6月下旬，中共潮汕特委在大北山粗坑村召开特委扩大会，参加会议的有特委领导人曾广、刘向东、吴健民、抗征队的领导人陈彬及各县委领导人共20多人。会议传达贯彻了党中央和香港分局的指示精神，讨论了潮汕地区开展武装斗争的方针任务。

9月29日，潮汕人民抗征队把原来的一个中队扩编为北山队和南山队。

10月，北山队扩编为第一大队，南山队扩编为第三大队。同月20日，第三大队在大队长李习楷、政委陈彬的率领下开赴大南山，担负创建大南山和南阳山根据地的任务。中共潮阳县委及当地党组织紧密配合，积极参与开辟大南山革命根据地。

是年，潮汕人民抗征队第三大队在大南山建立了情报交通站，设立7条交通干线，其中2条经潮阳分别与汕头市和惠来县联系。

1948年

1月，国民党第五区保安司令兼督察专员喻英奇在潮安召开"剿共"会议，叫嚷要在一至三个月内"剿灭"大南山及大北山的抗征队和根据地。根据中共潮汕地委的指示和大南山东区情况，抗征队第三大队先发制人，组织队伍东征，东征历时半个月，共缴获手提机枪2支，长短枪80多支，弹药一批。

1月24日，东征队回师后，配合抗征队第三大队袭击惠来隆江镇警察所、区公所和集结队，缴获短枪40多支。之后，在大南山东区建立东区武工队，队长马毅友，副队长周洪。

2月2日，广东省第五区行政督察专员兼保安司令绥靖总指挥喻英奇派兵200人，进攻雷岭双溪村一带。3日晚，东区武工队智取普宁大长陇乡公所，开仓济民，并缴获武器弹药一批，俘虏大长陇乡长及警员30多名。后回师进驻潘岱，清除该村及周围乡村的反革命分子,为创建东区根据地奠定基础。

3月21日,小北山武工队、大南山东区武工队统一行动,烧毁广汕公路的太和、和平、作新、西洋、溪尾、陈厝围6座桥梁,使磊口至流沙段交通中断,军运停顿。喻英奇的第一次"围剿"宣告失败。

4月5日,喻英奇调动3个营1000多人,分3路进攻八乡山。抗征队第一大队组织群众坚壁清野,在1000多民兵配合下分路反击。抗征队第三大队出击大南山东区。经过10天战斗,毙伤喻部110余人,粉碎其第二次"围剿"。

4月,中共潮汕地委根据中共香港分局的指示,设立中共潮普惠南分委,书记吴坚、副书记郑希。加强了这一地区反"清剿"和发展平原游击斗争的领导。

5月,中共潮汕地委决定在大南山东部地区设立中共惠南县委,书记郑流阳。

6月,潮普惠南人民行政委员会在大南山林樟乡成立,主任委员陈绍贡。此后,石船、雷岭等解放区先后建立乡人民政权,成立乡民兵大队、村民兵队,开展减租减息,除奸反霸。

8月,根据中共潮汕地委决定,撤销中共潮阳县委,建立中共潮惠南边县工委和中共小北山县工委,分别由彭笃民、吴扬任书记(8月吴扬未到任,由吴表凯代理书记)。潮惠南边县工委机关驻大南山沙陂村。小北山工委机关驻六区龙港等地。

是月,中共潮惠南边县工委成立。县工委组建了四七武工队,队长吴铎,指挥员李作宜。四七武工队以大南山为依托,面向练江南岸及惠来东区的广大平原。活动范围是:潮阳的四、五、七区及九区部分地区,还有大南山东区、惠来东区等地。

8月中旬,潮汕人民抗征大队第二主力团第五大队马毅友部,沿华湖、田心、华林、简朴等一带袭击敌人,粉碎了沙陇反动头子郑星企图建立沙陇、田心、华林3乡联防的阴谋，牵制了马汉初部，使其无法进攻大南山解放区。

冬，四七武工队根据潮惠南边县工委指示，先后炸毁大南山边沿山区风吹、仙斗、圆山、鹤洋、庐岗等乡炮楼，以牵制国民党部队对大南山革命根据地的"进剿"，同时为武工队在平原的活动扫除障碍。

1949年

1月，中国人民解放军闽粤赣边纵队在大埔县樟溪村成立，下辖5个支队，潮汕部队为第二支队（简称边纵二支），支队司令员刘向东，政委曾广，副司令员张希非。

2月，中共潮惠南边县工作委员会改建为中共惠潮县委，书记彭笃民。撤销潮惠南边县人民行政委员会，成立惠潮县人民行政委员会，主任方维新。行委机关于大南山的沙陂、茶园、潘岱一带流动办公。

5月6日，边纵主力部队东征，与边纵二支队配合，解放鲤湖、流沙，乘胜进攻陈店，守敌90多人投降，陈店解放。

5月8日，二支队十一团配合边纵主力和二支队一团、四团联合作战，解放两英。是役，全歼守敌一个大队260多人，缴获枪支弹药一批，活捉南山管理局局长林达。两英军管会成立，主任方维新。

7月1日，中共潮阳县委会同边纵二支队十一团在仙斗小学召开建党28周年纪念大会。既是祝捷大会，也是迎接全县解放的誓师大会。

7月5日，边纵二支队第一、三、四、五、九、十一团共3000多人联合作战，解放谷饶。全歼守敌110多人，毙伤从县城前来增援的敌人60多人，活捉县保卫团第三营营长黄少初，缴获枪械及军用物资一批。同月,边纵二支队十一团沿小北山进攻芦塘、东坑、柳岗、灶浦、铜盂等乡公所,展开全面攻势。同月,沙陇、成田、简朴、华林、井都相继解放。

9月14日,二支队十一团配合二支队一、三团包围了敌驻和平的保安团第二营,由于地下党及武工队事先策反,加上被解放军重重围困,敌营长林运济率全营官兵150多人携械投诚。和平、峡山相继解放。

9月20日,成立潮阳县迎军动员委员会,方维新等7人为委员。之后,各区政府做好迎接中国人民解放军南下部队的各项准备工作。

9月,中共潮汕地委决定小北山县工委和惠潮工委合并,组成中共潮阳县委,书记吴扬。边纵二支队十一团、十二团合编为边纵二支队十一团,团长钟震,政委吴扬,政治处主任吴表凯。成立潮阳县青年、妇女工作委员会,书记李凤,副书记马世政。同时建立青妇工作队,分赴各地开展工作。

9月底至10月初,中共潮汕地委召开扩大会议,部署配合南下大军作战,歼灭残敌,解放全潮汕和接管城镇,建立城市革命秩序等工作。尔后,中共潮阳县委吴扬在两英主持召开会议进行贯彻落实,同时研究设置接管城镇的工作机构和人事安排。

10月20日凌晨,负责闽粤赣边纵队西路军指挥的陈扬、郑希派出钟震、朱泽涛、叶常青带领的40多名精干短枪队作为解放潮阳县城的先头部队进入棉城镇,在棉城镇党组织的配合下,迅速控制了电话通讯,查封了国民党政府的机关单位。由于边纵二支队特工科事先做好潮阳警察局廖先文的策动工作,当夜,国民党的潮阳警察局及县城自卫大队官兵160多人宣布起义。同日上午,中共潮阳县委及其机关工作人员,边纵二支队四团、九团和十一团部队开进棉城镇,潮阳县城宣布解放。当日,潮阳军事管制委员会和潮阳县人民政府宣告成立。军管会主任郑希，县长吴扬。同日下午，边纵二支队十一团派一营配合边纵二支四团、九团挺进南塘、海门，追歼残敌。边纵二支队十一团参谋叶常青奉命带侦察连与边纵二支队九团的一个连共100多人开赴岩石，国民党汕头警察局岩石分局的局长带30多名官兵宣布起义。

10月22日，边纵二支队部队乘胜追歼达濠、广澳一带残敌，部分敌人乘船从海上逃跑。至此，潮阳全境解放。

参考文献

中共潮阳市委党史研究室编：《中共潮阳地方史：新民主主义革命时期》，中央文献出版社1999年2月版。

中共广东省委党史研究委员会等编：《大南山苏区史料汇编》，广东人民出版社1987年版。

闽粤赣边区党史编审领导小组著、林天乙主编：《中共闽粤赣边区史》，中共党史出版社1999年6月版。

郭德宏编著：《彭湃年谱》，中共中央党校出版社2007年9月版。

潮阳市地方志编纂委员会编：《新编潮阳县志》，广东人民出版社1997年10月版。

《潮阳市志》编纂委员会编：《潮阳市志（1979—2003）》，广东人民出版社2012年7月版。

中共汕头市潮阳区委党史研究室等编：《潮阳大事记》，汕头大学出版社2005年8月版。

中共广东省委党史研究室著：《中国共产党广东地方史（第一卷）》，广东人民出版社1999年8月版。

中共汕头市委党史研究室等编：《中共潮汕地方史》，中共党史出版社1998年6月版。

《潮阳党史选编（1925—1949）》（内部资料）。

《中共潮阳地方组织大事记（1925—2014）》（内部资料）。

《潮阳英烈传》第一、二辑（内部资料），1985年版。

《潮阳县水利志》（内部资料），1991年版。

广东省档案馆编：《中共东江特委档案选编（1927—1934年）》，1982年3月。

《中共汕头市潮南区委第四次代表大会工作报告》。

《中共汕头市潮南区委四届二次全会工作报告》。

《中共汕头市潮南区委四届三次全会工作报告》。

《潮南区人民政府工作报告（2016—2017）》。

《汕头市潮南区国民经济和社会发展第十三个五年规划纲要》。

后记

　　《汕头市潮南区革命老区发展史》（以下称本书）经过近两年的积极努力，终于定稿，如期出版了。本书的出版，能够存史资政，教化育人，传承红色基因。对于每个参与本书编辑、审核等工作的同志来说，为促进老区建设发展尽一份绵薄之力，是一种莫大的欣慰。

　　本书正文内容设有六个章及附录。各章、节及附录撰稿人分别是：第一章《革命老区概况》第一、二节陈丰强，第三节郑会侠；第二章《大革命、土地革命战争时期》、第三章《抗日战争时期》、第四章《解放战争时期》郑会侠；第五章《新中国成立后至潮南设区前建设时期》陈丰强；第六章《建区以来的发展变化》第一节、第二节陈镇文，第三节陈丰强；附录一《革命遗址、文物、纪念场馆》陈丰强、吴伟东；附录二《革命历史文献、资料》郑会侠；附录三《重大革命事件、革命人物记述文章》、附录四《革命领导人物、烈士名录》郑会侠、陈丰强；附录五《老区革命斗争大事记（1919—1949年10月）》陈丰强、吴伟东；彩页由陈丰强负责设计。全书由庄明耀负责统稿。

　　本书编纂工作在省、市老促会编史指导小组的指导下，在区委、区政府的重视和指导下，成立本书编委会，由区老区建设促进会、区委党史研究室牵头，专门组织人员进行深入调查研究，广泛搜集史料，查阅大量有关资料，并仔细分析甄别，去伪存真，去粗取精，于2018年9月形成了本书初稿。为确保本书质量，专门组成审核小组，请市、区党史、地方志等方面的专家学者及区委办、区政府办审核，并广泛征求各方面的意见，经多次修改完善，至2020年4月定稿，交由广东人民出版社编校、出版。

在本书编辑工作中，有关部门及热心人士提供了有关图片资料，许多部门单位和个人也给予热情的配合和支持。谨此，对所有参与、关心、支持本书撰写、编校、审核、出版工作的各位同志，特别是广东人民出版社编校人员致以敬意和谢意！

本书编辑工作由于时间仓促、资料庞杂，水平所限，难免存在不足之处，希望读者给予批评指正。

汕头市潮南区革命老区发展史编委会
2020年4月